◎江苏省社会科学基金重大项目(21ZD005)
◎国家留学基金项目(202106095003)

高起点推进美丽江苏建设关键问题研究

徐盈之 著

东南大学出版社
SOUTHEAST UNIVERSITY PRESS
·南京·

内容提要

美丽中国建设思想顺应绿色发展和可持续化的时代浪潮，是合理解决我国资源短缺和环境恶化问题的最根本途径和全面建成小康社会的必然要求。美丽中国建设的提出与实施是缓解资源短缺和环境恶化、深入推进可持续发展战略和生态文明战略的重要手段。江苏省作为制造业大省和数字经济强省，高起点推进美丽江苏建设，树立美丽中国江苏典范是践行生态文明理念、走在全国发展前列的重要战略任务。因此，江苏省在拥有绿色转型发展的产业优势下，应当积极制定一系列战略措施，从源头治理、财政支持、示范项目等多方面深入推进美丽江苏建设。

本书在二十大进一步为建设美丽中国做出部署安排，并提出统筹产业结构调整、污染治理、生态保护、应对气候变化重要举措的政策背景下，以推进美丽中国建设的相关研究为范本，科学把握高起点推进美丽江苏建设的概念内涵、现状、面临的困境、亟须解决的关键问题及其必要性，从"源头防控""协作共治""共同参与""新型城镇化""产业结构升级"五个视角对高起点推进美丽江苏建设的关键问题进行深入剖析，为实现美丽江苏建设，促进人口资源环境均衡发展、永续发展提供理论支持和决策参考。该成果丰富和发展了有关美丽中国建设和机制的研究内容和研究方法，为我国其他地区实现美丽中国建设的路径选择提供理论指导和思路借鉴，为我国选择环境保护和经济增长双赢的发展道路提供支撑，同时具备应有的学术价值和应用价值。

图书在版编目(CIP)数据

高起点推进美丽江苏建设关键问题研究 / 徐盈之著. — 南京：东南大学出版社，2022.12
　　ISBN 978-7-5766-0506-8

Ⅰ.①高… Ⅱ.①徐… Ⅲ.①区域经济发展－研究－江苏②生态环境建设－研究－江苏 Ⅳ.①F127.53 ②X321.253

中国版本图书馆 CIP 数据核字(2022)第 242850 号

高起点推进美丽江苏建设关键问题研究

著　　者：徐盈之
出版发行：东南大学出版社
社　　址：南京四牌楼 2 号　邮编：210096　电话：025－83793330
网　　址：http://www.seupress.com
电子邮件：press@seupress.com
经　　销：全国各地新华书店
印　　刷：广东虎彩云印刷有限公司
开　　本：700mm×1 000mm　1/16
印　　张：19
字　　数：373 千字
版　　次：2022 年 12 月第 1 版
印　　次：2022 年 12 月第 1 次印刷
书　　号：ISBN 978－7－5766－0506－8
定　　价：68.00 元

本社图书若有印装质量问题，请直接与营销部调换。电话(传真)：025－83791830

责任编辑：刘庆楚　封面设计：王玥　责任印制：周荣虎

前　言

美丽中国建设的提出与实施是缓解资源短缺和环境恶化、深入推进可持续发展战略和生态文明战略的重要手段。改革开放四十余载，尽管江苏省的经济体量已经领跑全国，但人口集聚与环境承载间的突出矛盾、多煤多化的产业结构、仍需规范的生态环境秩序成为美丽江苏建设的发展短板。江苏省作为制造业大省和数字经济强省，高起点推进美丽江苏建设，树立美丽中国江苏典范是践行生态文明理念、走在全国发展前列的重要战略任务。江苏省在拥有绿色转型发展的产业优势下，应当积极制定一系列战略措施，从源头治理、财政支持、示范项目等多方面深入推进美丽江苏建设。总而言之，研究如何高起点推进美丽江苏建设、突破关键问题约束成为重中之重。

本书旨在科学把握高起点推进美丽江苏建设的概念内涵，厘清高起点推进美丽江苏建设所包含的内容，对高起点推进美丽江苏建设的现状、面临的困境、亟须解决的关键问题及其必要性进行客观分析与水平测度，从"源头防控""协作共治""共同参与""新型城镇化""产业结构升级"五个视角对高起点推进美丽江苏建设的关键问题进行深入剖析，以求进一步加深对高起点推进美丽江苏建设的理解，实现建设美丽江苏的最终目标。

首先，本书明确了高起点推进美丽江苏建设的相关概念，总结了分析高起点推进美丽江苏建设问题所需的理论基础，从经济建设、政治建设、社会建设、文化建设四个方面分析了高起点推进美丽江苏建设的必要性及其与生态文明建设的关系，从美丽中国和美丽江苏建设、高起点建设、美丽中国建设的测度方法及实践路径四个方面进行了文献综述与评价，并从"源头防控""协作共治""共同参与""新型城镇化""产业结构升级"五个方面进行了相关政策梳理和机理分析。

其次，本书在全面把握美丽中国建设现状的情况下，对现阶段美丽江苏建设现状和水平进行准确评价与客观分析。具体为：①对美丽江苏建设的相关评价方法进行概述；②构建合理的美丽江苏建设的指标评价体系；③对美丽江苏建设现状进行统计性分析;④对美丽江苏建设水平进行准确评价与分析。

再次,本书基于对美丽江苏建设水平的准确评价与分析的结果,从"源头防控""协作共治""共同参与""新型城镇化""产业结构升级"五个角度深入分析了高起点推进美丽江苏建设的驱动机理、影响效应与存在的问题。具体为:①明确"源头防控"在高起点推进美丽江苏建设中的必要性与关键性,利用面板门槛模型分析"源头防控"对高起点推进美丽江苏建设的线性与非线性影响效应以及环境规制在其中的调节效应,最后利用 VAR 模型探索"源头防控"与美丽江苏建设的互动关系;②明确"协作共治"在高起点推进美丽江苏建设中的必要性及区域间制度矛盾,构建高起点推进美丽江苏建设中"协作共治"的演化博弈模型,并对其进行仿真分析与机制效应分析;③明确高起点推进美丽江苏建设中"共同参与"的主体与共治机制,利用一般均衡理论求得高起点推进美丽江苏建设中"共同参与"模型的均衡解,并从"共同参与"视角对高起点推进美丽江苏建设进行影响效应评估;④明确在高起点推进美丽江苏建设中推进"新型城镇化"发展的现实困境,利用综合评价模型对江苏"新型城镇化"的发展水平进行有效测度,并进一步利用耦合协调度模型分析"新型城镇化"发展与美丽江苏建设的耦合协调关系;⑤对"产业结构升级"进行新结构经济学的解释以明确"产业结构升级"在高起点推进美丽江苏建设中的作用,从产业结构整体升级、产业结构合理化、产业结构高级化三个角度对江苏"产业结构升级"进行水平测度和现状分析,利用面板回归模型分析"产业结构升级"对高起点推进美丽江苏建设的影响效应。

最后,基于上述研究,本书得出以下主要结论:①从整体上看,2009—2019年的 11 年间,全省各个地级市的美丽江苏建设水平呈现出一个持续上升的趋势,美丽江苏建设水平的推进态势良好。其中,美丽江苏建设发展水平在空间上存在显著的"南高北低"式的差异,南京、苏州、常州等苏南地区的增长态势更为明显。②环境规制与技术创新是"源头防控"视角下高起点推进美丽江苏建设的重要抓手和关键着力点,但环境规制与技术创新对美丽江苏建设不同维度的建设水平存在差异影响且存在显著的门槛效应。环境规制对美丽江苏建设的推动作用具有显著的短期冲击作用,技术创新在推进美丽江苏建设水平方面具有较强的可持续特征。此外,环境规制的创新激励效应随着时间的推移存在衰减特征。③在不建立"协作共治"机制的情形下,区域倾向于选择放任污染。"协作共治"机制的建立会改变区域的策略选择,当"协作共治"机制发挥作用的概率超过

0.6时,区域决策将以极快的速度趋于严格治理污染。退出成本的提升将会增强"协作共治"机制的影响效应。协作成本的提升将会削弱"协作共治"机制的影响效应,并将其发生作用的阈值提高到0.9~1.0。惩罚力度的适当增加将会增强"协作共治"机制的影响效应,并将其发生作用的阈值降低至0.4附近。④"共同参与"的多元共治机制是有效的,在政府和企业形成一个合作共赢的治理局面之下,引入适度的公众参与可以形成良好的福利效用提升效果。政府在高起点推进美丽江苏建设中占据着绝对的领导地位,当政府越重视江苏经济、社会、生态等各方面的建设时,美丽江苏的建设水平将会越高。企业是经济发展的核心主体,企业的经营目标不仅应当注重短期效益,更应当着眼于长期效益。江苏公众是美丽江苏建设的直接参与者,高起点推进美丽江苏建设离不开社会公众的监督与评价,使社会公众的意愿能够得到回应与满足,是高起点推进美丽江苏建设的根本目标。⑤2015—2019年江苏各地级市的新型城镇化水平基本呈增长趋势,苏南地区和苏北地区的新型城镇化水平差异明显,以南京为代表的苏南地区新型城镇化发展水平整体高于苏北地区。"新型城镇化"与美丽江苏建设的协调发展状态较好,大部分地级市至少处于初级协调水平,南京及大部分苏南城市处于中高级协调,苏北城市协调度略低,造成这一现象的原因可能与人口规模、城乡差距、地方财政实力、产业集聚等因素有关。⑥江苏不同层面的产业结构升级水平差异较大,且存在一定的区域异质性。其中,产业结构整体升级水平和产业结构高级化水平方面均表现为"南高北低"式的差异。而在产业结构合理化水平方面,苏南地区在产业结构演进过程中,对产业结构合理化的控制较好,偏离均衡状态程度最低。此外,不同层面产业结构升级对美丽江苏建设水平的影响效应不尽相同,城镇化率和对外开放是抑制美丽江苏建设的关键因素,信息化水平则能够有效助力美丽江苏建设。本书最后提出了高起点推进美丽江苏建设的机制与对策。

关键词:美丽江苏建设;源头防控;协作共治;共同参与;新型城镇化;产业结构升级

目　　录

第一章　绪论 … 1
第一节　研究背景 … 1
一、美丽中国建设的现实背景 … 1
二、高起点推进美丽江苏建设的现实条件 … 6
第二节　研究目的与意义 … 9
一、研究目的 … 9
二、研究意义 … 10
第三节　创新之处 … 11
第四节　结构安排 … 13

第二章　高起点推进美丽江苏建设的相关概念 … 16
第一节　高起点推进美丽江苏建设的概念内涵 … 16
第二节　高起点推进美丽江苏建设的必要性 … 18
一、经济建设 … 19
二、政治建设 … 20
三、社会建设 … 21
四、文化建设 … 23
第三节　高起点推进美丽江苏建设与生态文明建设的关系 … 24
一、美丽江苏政治建设与生态文明建设的关系 … 25
二、美丽江苏文化建设与生态文明建设的关系 … 26
三、美丽江苏社会建设与生态文明建设的关系 … 27
四、美丽江苏经济建设与生态文明建设的关系 … 28
第四节　高起点推进美丽江苏建设的政策梳理 … 29
一、"源头防控"相关政策梳理 … 29
二、"协作共治"相关政策梳理 … 31

三、"共同参与"相关政策梳理 …… 32
　　　四、"新型城镇化"相关政策梳理 …… 33
　　　五、"产业结构升级"相关政策梳理 …… 35
第三章　高起点推进美丽江苏建设的理论基础与机理分析 …… 37
　第一节　理论基础 …… 37
　　　一、可持续发展理论 …… 37
　　　二、生态保护理论 …… 38
　　　三、协同理论 …… 39
　　　四、利益相关者理论 …… 40
　　　五、适度人口理论 …… 40
　　　六、区位理论 …… 41
　　　七、聚集扩散理论 …… 42
　　　八、外部性理论 …… 42
　　　九、公共物品理论 …… 43
　　　十、交易成本理论 …… 43
　第二节　国内外相关文献综述 …… 44
　　　一、美丽中国和美丽江苏建设的相关概念研究 …… 44
　　　二、高起点建设的概念内涵 …… 46
　　　三、美丽中国建设的测度方法研究 …… 47
　　　四、美丽中国建设的实践路径 …… 48
　　　五、文献评述 …… 52
　第三节　"源头防控"视角下高起点推进美丽江苏建设的机理分析 …… 53
　　　一、环境规制对高起点推进美丽江苏建设的影响机理 …… 54
　　　二、技术创新对高起点推进美丽江苏建设的影响机理 …… 54
　第四节　"协作共治"视角下高起点推进美丽江苏建设的机理分析 …… 55
　　　一、协作共治机制的建立：集体及制度形成 …… 55
　　　二、退出成本的提高：稳定环境成本内部化 …… 55
　　　三、协作成本的降低：提升环境污染共治效率 …… 56
　　　四、奖惩机制的建立：明确污染治理权责 …… 56
　第五节　"共同参与"视角下高起点推进美丽江苏建设的机理分析 …… 57

一、政府参与对高起点推进美丽江苏建设的影响机理 …… 57
　　二、企业参与对高起点推进美丽江苏建设的影响机理 …… 58
　　三、公众参与对高起点推进美丽江苏建设的影响机理 …… 58
第六节 "新型城镇化"视角下高起点推进美丽江苏建设的机理分析 … 59
　　一、新型城镇化对高起点推进美丽江苏建设的直接影响 …… 59
　　二、新型城镇化对高起点推进美丽江苏建设的间接影响 …… 60
第七节 "产业结构升级"视角下高起点推进美丽江苏建设的机理分析
　　　　……………………………………………………………… 61
　　一、产业结构整体升级对高起点推进美丽江苏建设的影响机理 … 62
　　二、产业结构合理化对高起点推进美丽江苏建设的影响机理 …… 62
　　三、产业结构高级化对高起点推进美丽江苏建设的影响机理 …… 63

第四章　美丽江苏建设的评价研究 …………………………………… 64
　第一节　美丽江苏建设的相关评价方法概述 ………………………… 64
　　一、评价指标确定方法 ……………………………………………… 64
　　二、综合评价方法 …………………………………………………… 67
　　三、权重(隶属度)的确定方法 ……………………………………… 71
　　四、原始数据处理方法 ……………………………………………… 74
　第二节　美丽江苏建设的评价指标体系构建 ………………………… 75
　　一、指标设计的理论依据 …………………………………………… 76
　　二、指标设计的指导原则 …………………………………………… 77
　　三、评价指标体系的构建 …………………………………………… 78
　第三节　美丽江苏建设的统计性分析 ………………………………… 81
　　一、生态维度 ………………………………………………………… 82
　　二、经济维度 ………………………………………………………… 85
　　三、城乡维度 ………………………………………………………… 88
　　四、文化维度 ………………………………………………………… 90
　　五、社会维度 ………………………………………………………… 92
　第四节　美丽江苏建设的现状评价 …………………………………… 93

第五章　高起点推进美丽江苏建设——"源头防控"专题 …………… 98
　第一节　"源头防控"的必要性及关键问题剖析 …………………… 98

一、"源头防控"在高起点推进美丽江苏建设中的必要性 ………… 98
　　二、"源头防控"在高起点推进美丽江苏建设中的关键问题 ……… 100
第二节　"源头防控"视角下高起点推进美丽江苏建设的机制检验…… 102
　　一、模型、变量与数据 …………………………………………… 102
　　二、"源头防控"机制对美丽江苏建设的影响效应分析 ………… 105
　　三、"源头防控"机制对美丽江苏建设的非线性影响 …………… 112
　　四、环境规制的调节作用检验 …………………………………… 115
第三节　"源头防控"与美丽江苏建设的互动关系研究……………… 117
　　一、模型构建 ……………………………………………………… 117
　　二、平稳性检验与最优滞后阶数选取 …………………………… 118
　　三、PVAR 模型的系统 GMM 估计 ……………………………… 119
　　四、脉冲响应与方差分析 ………………………………………… 120
第四节　"源头防控"视角下高起点推进美丽江苏建设的实践案例
　　　　——江苏省常州市创新探索开发区源头治理……………… 124
　　一、案例背景与分析 ……………………………………………… 124
　　二、存在的问题与启示 …………………………………………… 126
第五节　本章小结……………………………………………………… 128

第六章　高起点推进美丽江苏建设——"协作共治"专题………… 129
第一节　"协作共治"与区域间制度矛盾……………………………… 129
　　一、"协作共治"推进美丽江苏建设的必要性分析 ……………… 129
　　二、美丽江苏建设的区域间制度矛盾分析 ……………………… 135
第二节　"协作共治"演化博弈模型的构建…………………………… 139
　　一、基本假设 ……………………………………………………… 139
　　二、参数变量 ……………………………………………………… 139
　　三、动态演化博弈策略矩阵 ……………………………………… 140
　　四、环境污染"协作共治"博弈模型分析 ………………………… 142
第三节　"协作共治"演化博弈模型的仿真分析……………………… 149
　　一、变量赋值 ……………………………………………………… 149
　　二、博弈主体行为决策的仿真分析 ……………………………… 150
　　三、"协作共治"机制效应的影响因素 …………………………… 153

第四节 "协作共治"视角下高起点推进美丽江苏建设的实践案例
——以太湖流域协同治理为例 ······ 156
一、典型案例选取 ······ 156
二、太湖流域协同治理的现实背景 ······ 156
三、太湖流域"协作共治"机制的构建、运行及创新 ······ 158
四、太湖流域"协作共治"的治理成效 ······ 162
第五节 本章小结 ······ 163

第七章 高起点推进美丽江苏建设——"共同参与"专题 ······ 167
第一节 "共同参与"的主体与共治机制 ······ 167
一、高起点推进美丽江苏建设的利益相关者识别 ······ 168
二、高起点推进美丽江苏建设的共治机制解构 ······ 172
第二节 基于一般均衡理论的"共同参与"模型构建 ······ 175
一、高起点推进美丽江苏建设"共同参与"模型的前提假设 ······ 176
二、高起点推进美丽江苏建设"共同参与"模型的均衡求解 ······ 177
第三节 "共同参与"视角下高起点推进美丽江苏建设的影响效应评估 ······ 179
一、研究方法、变量选择与数据来源 ······ 180
二、"共同参与"视角下高起点推进美丽江苏建设的影响效应评估结果 ······ 183
第四节 "共同参与"视角下高起点推进美丽江苏建设的实践案例
——江苏省交通厅的交通智能化案例 ······ 187
一、案例背景介绍 ······ 187
二、案例分析与启示 ······ 189
第五节 本章小结 ······ 191

第八章 高起点推进美丽江苏建设——"新型城镇化"专题 ······ 193
第一节 "新型城镇化"与高起点推进美丽江苏建设的现实困境 ······ 194
一、新型城镇化的内涵与演进历程 ······ 194
二、江苏省新型城镇化建设的政策措施与发展模式 ······ 195
三、高起点推进美丽江苏建设在新型城镇化建设方面的现实困境 ······ 198

第二节 "新型城镇化"的内涵及发展水平测度 ················ 199
　　　一、"新型城镇化"的内涵 ································ 199
　　　二、江苏"新型城镇化"发展的水平测度 ···················· 200
　　第三节 "新型城镇化"与美丽江苏建设的耦合协调分析 ········ 205
　　　一、研究方法与数据来源 ································ 205
　　　二、"新型城镇化"与美丽江苏建设的耦合协调分析 ·········· 208
　　第四节 "新型城镇化"视角下高起点推进美丽江苏建设的实践案例
　　　　　——以沭阳县新型城镇化发展为例 ····················· 213
　　　一、江苏省沭阳县简介 ·································· 213
　　　二、坚持优化统筹的城乡体系结构 ························ 214
　　　三、坚持以人为本的中心城镇建设 ························ 216
　　　四、改善生态环境与特色风貌 ···························· 218
　　第五节 本章小结 ··· 220

第九章 高起点推进美丽江苏建设——"产业结构升级"专题 ········· 221
　　第一节 "产业结构升级"的新结构经济学解释 ················ 221
　　　一、产业结构 ·· 221
　　　二、新结构经济学 ······································ 223
　　　三、"产业结构升级"的新结构经济学解释 ·················· 225
　　第二节 "产业结构升级"的衡量标准、测度方法与现状分析 ···· 226
　　　一、产业结构整体升级 ·································· 226
　　　二、产业结构合理化 ···································· 230
　　　三、产业结构高级化 ···································· 234
　　第三节 "产业结构升级"对高起点推进美丽江苏建设的影响效应研究
　　　　　··· 239
　　　一、研究方法、变量描述与数据来源 ······················ 239
　　　二、"产业结构升级"对美丽江苏建设的影响效应分析 ········ 240
　　第四节 "产业结构升级"视角下高起点推进美丽江苏建设的实践案例
　　　　　——南京市打造软件和信息服务产业地标行动计划 ······· 244
　　　一、案例背景介绍与分析 ································ 245
　　　二、存在的问题与启示 ·································· 248

第五节　本章小结……………………………………………… 250
第十章　高起点推进美丽江苏建设的机制与对策……………… 252
　　第一节　高起点推进美丽江苏建设的机制设计……………… 252
　　　一、协调机制　…………………………………………… 252
　　　二、监督机制 ……………………………………………… 253
　　　三、保障机制 ……………………………………………… 254
　　　四、合作机制 ……………………………………………… 255
　　　五、预警机制 ……………………………………………… 255
　　第二节　高起点推进美丽江苏建设的生态环境制度体系建设……… 256
　　　一、生态环境保护制度 …………………………………… 257
　　　二、生态环境修复制度 …………………………………… 257
　　　三、生态环境补偿制度 …………………………………… 258
　　　四、环境治理责任制度 …………………………………… 259
　　　五、环境应急管理制度 …………………………………… 260
　　第三节　高起点推进美丽江苏建设的对策措施……………… 261
　　　一、落实源头防控，实现环境问题的纵向治理 ………… 261
　　　二、加强整体规划，推动跨区域协作共治 ……………… 264
　　　三、创新共同参与模式，完善政策法规保障，建立共同参与大格局
　　　　　……………………………………………………… 267
　　　四、调结构稳规模，加速推进新型城镇化进程 ………… 269
　　　五、提升自主创新能力，加速化工产业转型，推动产业结构优化
　　　　　升级 ………………………………………………… 270

总结与展望……………………………………………………… 272
参考文献………………………………………………………… 275
后　　记………………………………………………………… 289

第一章
绪 论

第一节 研究背景

当前我国正处于国际国内新形势和新变化下的高质量发展转型时期,资源约束趋紧、生态环境恶化、发展方式粗放等矛盾和问题不断涌现。美丽中国建设的提出与实施是缓解资源短缺和环境恶化,深入推进可持续发展战略和生态文明战略的重要手段。基于可持续发展的资源约束、水体污染与大气污染突出等现实问题,我国将美丽中国建设作为生态文明战略的重要内容,作为制造业大省和数字经济强省,高起点推进美丽江苏建设,树立美丽中国江苏典范是践行生态文明理念、走在全国发展前列的重要战略任务。而江苏省在拥有绿色转型发展的产业优势下,积极制定了一系列战略措施,从源头治理、财政支持、示范项目等多方面深入推进美丽江苏建设。

一、美丽中国建设的现实背景

(一) 可持续发展的资源约束趋紧

生态资源是人类生存和发展的主要物质来源,良好的资源禀赋是人类永续发展最重要的前提,同时也是人类赖以生存、社会得以安定的基本条件。我国虽然资源总量大、种类全,但矿产资源中难选冶矿多、土地资源中难利用地多、空间配置失调约束着经济发展的可持续性。

从我国能源生产及消费情况来看,在美丽中国建设提出的近十载我国能源消费总量始终高于能源生产总量,差值从2010年的4.9亿吨标准煤增加至2020年的9亿吨标准煤,能源生产与消费缺口不断扩大。在当前世界经济处于深度调整、复苏动力不足的情况下,依赖能源进口填补消费缺口将会使我国可持续发展面临能源安全与地缘政治影响的双重困境,增加发展的不稳定性。同时,非可再生的化石能源消费量占比始终居高不下(图1-1),无论是原油、原煤还是天然气生产都无法满足国内消费,其中原油、天然气的消费与生产之间的缺口呈显著的扩大趋势,原煤产量因消费量居高不下,在2012年至2015年期间经历短暂下滑后重新上升至27亿吨左右,占据着我国能源消费结构的主体性地位(图1-2)。然而,煤炭能源的使用不仅仅带来了雾霾污染问题,同时还面临可持续利用问题——早在2008年至2011年国家陆续划定的69个典型资源枯竭型城市中,就有54%的城市属于煤炭城市,许多因煤炭而兴起的城市如鄂尔多斯、山西阳泉、陕北神木等都因过度开发而面临资源枯竭的困境。

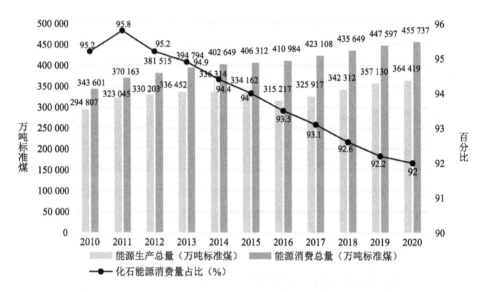

图1-1　2010—2020年中国能源生产消费与化石能源消费占比情况

从土地资源的利用情况来看,我国耕地总体质量较差,资源趋紧且后备资源少,粮食安全问题面临巨大挑战。而城镇用地超标与新兴企业用地紧张问题并存,在空间上呈现城镇土地利用的东西部显著差异,不仅威胁到我国经济安全发展,而且影响着我国在城乡和区域发展上的平衡。如图1-3所示,2010年以来我国耕地面积呈持续下降趋势,2021年我国人均耕地面积为0.007平方公里,仅为世界人均耕地面积的1/4,近年来增加耕地的面积并未填补减少的耕地面积的空缺。而现有耕地面积中,山地、高原和丘陵占到69%,宜机化的盆地和平原占29%,优等及一等质量的耕地仅占40%,尚未利用的土地面积中宜

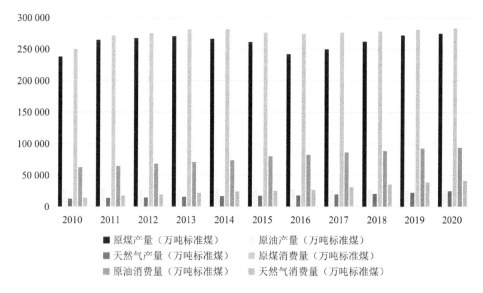

图 1-2　2010—2020 年中国化石能源生产与消费情况

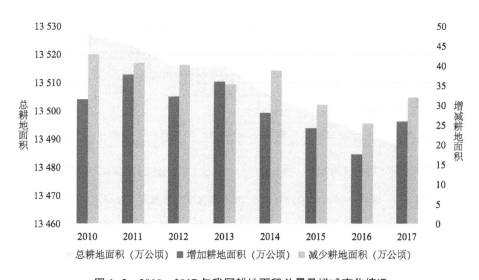

图 1-3　2010—2017 年我国耕地面积总量及增减变化情况

作耕地开垦的土地仅为 133 333 平方千米,表明我国耕地资源依旧面临着生产力低且供应不足的困境。

图 1-4 展示了我国建设用地扩张及空间差异情况,2010—2020 年间我国城市万人建设用地面积呈波折上升趋势,表明土地城市化增长快于人口城市化的

增速。与此同时,因乡村振兴引进的大量下乡资本始终存在建设用地指标的获取难题。建设用地的资源分配不均问题同样存在于区域空间,如图1-4所示,人口较少、产业集聚程度较低的西部省份人均建设用地远高于人口及产业集聚程度较高的东部地区或一线城市。根据中国城市建设统计年鉴数据,2010—2017年城市用地增长最快的是西部城市,建成区总面积由8 466.09平方千米增加到12 892.93平方千米,年均增速达到6.19%,高于全国平均增速的4.41%;167个城市中有97个城市扩张速度超过全国平均速度,而东部210个城市中超过全国平均速度的有93个,表明我国土地资源利用在空间配置上存在明显失调。

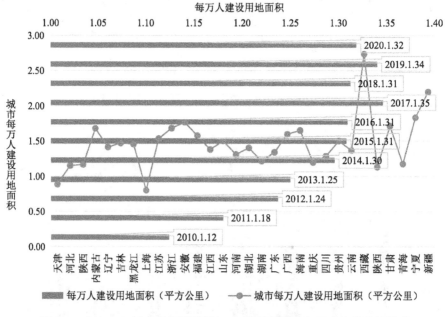

图1-4　2010—2020年中国整体及2020年区域城市每万人建设用地情况

(二) 水体污染与大气污染问题突出

生态文明强调人与自然环境的相互依存、相互促进、共处共融。环境污染的治理是生态文明建设的重点工作,同时也与我国在全球气候雄心峰会上所提出的碳排放目标高度同根同源。我国突出的环境污染问题主要表现在水体污染和大气污染上:2020年主要水系的断面水质评价结果显示(如图1-5所示),我国主要水系中无法被饮用的水源占比从3.3%至36%不等,淮河、海河、辽河的3类以上水质断面占比均在20%以上,水体污染情况依旧亟须改善。因河水污染还衍生了相关流域城市的地表水资源短缺问题,如2020年淮河流域的河南省地

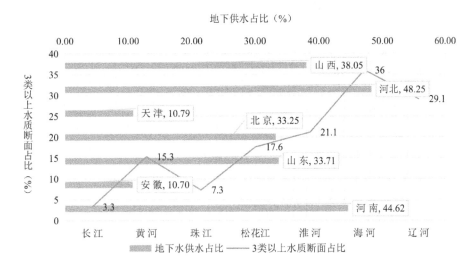

图 1-5 2020 年我国各流域非饮用水占比及相应地区的供水情况

下水供应达到水资源总供应的 44.62%,山东省达到 33.71%,海河流域的北京市达到 33.25%,辽河流域的山西和河北地下水供应达到 38.05% 和 48.25%。地下水的过度开采不仅会增加地表塌陷的风险,同时还会导致地下水漏斗的逐渐扩大,进一步加剧水资源衰竭。

从大气污染的情况来看,如图 1-6 所示,美丽中国建设提出前的 2011 年中国二氧化硫年排放量高达 1 857 万吨、烟尘 1 159 万吨、工业粉尘 1 175 万吨,大气污染十分严重。经过长达 10 余年的重点治理,我国二氧化硫及颗粒物排放量

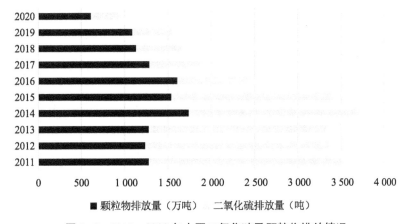

图 1-6 2011—2020 年中国二氧化硫及颗粒物排放情况

在 2014 年进入转折期，呈现逐年下降的趋势。2020 年我国二氧化硫排放量降至 318.2 吨，颗粒物排放总量 611.4 万吨，339 个地级及以上城市实现了平均空气质量优良天数 87.5％以上，这也表明美丽中国建设提出后，我国的大气污染问题得到有效缓解。

二、高起点推进美丽江苏建设的现实条件

（一）高起点推进美丽江苏建设的经济基础

1. 实体经济实力雄厚

实体经济是江苏省最大的经济优势，在近两年统筹疫情防控和经济社会发展、构建"双循环"的新发展格局中，这一优势体现得格外明显：制造业是实体经济的重要基础，而江苏是全国制造业规模最大、产业门类最全、产业链配套能力最强、产业国际化程度最高的地区之一，拥有 31 个制造业大类、179 个中类和 609 个小类，制造业规模占全国的 1/8，2021 年制造业增加值突破 4 万亿元，对地区生产总值的贡献为 35.8％，占比全国最高。江苏新型电力（新能源）装备、工程机械、物联网、软件和信息服务、纳米新材料、新型碳材料等 6 个集群入围国家先进制造业集群，数量占长三角一市三省的 1/2，列全国第一；2021 年全省 16 个先进制造业集群规模占规上工业比重达到 70％左右，比 2012 年增加 10 个百分点以上。获评省级以上新型工业化产业示范基地 93 家，其中国家级 30 家，总数位列全国第一；2021 年示范基地实现工业增加值 2.85 万亿元，占全省工业增加值的 64％。重点打造的 30 条优势产业链中，特高压设备及智能电网、晶硅光伏、风电装备等 7 条产业链基本达到中高端水平，2021 年晶硅光伏组件占全国市场份额的 54％，智能电网、动力电池市场份额占全国 40％以上，海工装备、风电装机的市场份额占全国 30％以上。

2. 数字经济引领转型

发展数字经济是实现制造业绿色转型，优化美丽江苏建设产业结构的有效手段。2021 年江苏两化融合发展水平指数达到 64.8，比 2015 年提高 15.9，连续七年保持全国第一；关键工序制造设备数控化率达到 60.1％，比 2015 年提高 32.3 个百分点。数字经济核心产业发展提速，发展水平稳居全国第一方阵，2021 年软件和信息服务业收入达 1.2 万亿元，实现增加值占 GDP 比重约为 10.3％，对 GDP 增长的贡献率超过 16％，工业软件、大数据、人工智能、区块链等产业发

展势头强劲。下辖地级市中,南京、无锡分别获批中国软件名城、中国软件特色名城,苏州、无锡分别获批国家区块链产业发展先导区、国家车联网先导区,全省拥有8家全球"灯塔工厂",累计建成省级智能制造示范工厂138家、示范车间1 639个。省级重点工业互联网平台86个、行业级工业互联网标杆企业135家,上云企业累计超过35万家。

在目前国际形势诡谲多变、国内疫情阻碍发展的情况下,江苏省保持制造业稳定发展,不仅能够为推进美丽江苏建设提供雄厚的经济资源,同时也为产业结构的绿色转型奠定了坚实基础。而江苏省数字经济的快速发展加速了产业结构转型升级的过程,大数据、数字化平台的应用使各类资源要素快捷流动,实现有效对接和精准匹配,提高能源生产、传输、消费的效率,一定程度上缓解了江苏省能源资源约束问题。

(二) 高起点推进美丽江苏建设的政策脉络

1. 美丽中国建设的提出

面对资源约束趋紧、环境污染严重、生态系统退化趋势难以遏制的严峻形势,经济、社会与环境的协调发展逐渐成为我国经济发展的战略目标与发展方向。党的十七大首次明确提出建设生态文明的目标,并在"十二五"规划中突出绿色发展的理念。党的十八大延续生态文明建设路径,并首次提出"建设美丽中国",强调把生态文明建设放在突出地位,融入经济建设、政治建设、文化建设、社会建设各方面和全过程。十九大进一步对建设美丽中国做出部署安排,并将其纳入社会主义现代化强国目标,明确到2035年基本建成美丽中国。

2. 美丽江苏建设的政策梳理

图1-7为高起点推进美丽江苏建设的政策脉络梳理图。具体而言,在党和国家的号召下,江苏省积极响应、贯彻落实"美丽中国"建设思想,2020年召开的省委十三届八次全会对美丽江苏建设做出专门部署,并于2020年8月印发了《关于深入推进美丽江苏建设的意见》,提出要把美丽江苏建设作为一项重大战略任务,以及新形势下推动高质量发展的重要抓手,深化"强富美高"创新实践,高起点推进美丽江苏建设;同年,江苏省发展和改革委员会、江苏省生态环境厅联合印发了《关于进一步加强塑料污染治理的实施意见》,明确江苏进一步加强塑料污染治理的时间表、任务书、路线图以助力美丽江苏建设;2021年江苏省

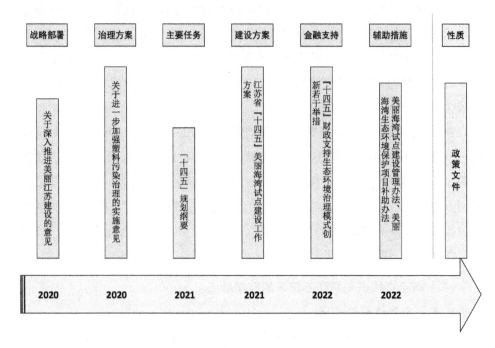

图 1-7　高起点推进美丽江苏建设的政策脉络梳理

"十四五"规划纲要首次把美丽江苏建设作为五年规划的一个主要任务进行阐述,这一部署坚持生态优先、绿色发展,统筹做好治污、添绿、留白三篇文章,争创美丽中国建设示范省份;2021年《江苏省"十四五"美丽海湾试点建设工作方案》印发实施,旨在推动地方改善海洋生态环境质量,进一步挖掘江苏海湾、滩涂特色,发挥滩涂湿地和海洋生物资源在降碳固碳方面的功能作用,最终实现以点带面,在全省带动打造一批生态优美、宜居宜业宜游的高品质亲海空间。为支持美丽江苏建设,2021年江苏省印发《"十四五"财政支持生态环境治理模式创新若干举措》,明确提出对"绿岛"项目、"美丽海湾"示范项目等美丽江苏建设项目的支持;2022年江苏省印发《美丽海湾试点建设管理办法》《美丽海湾生态环境保护项目补助办法(试行)》(简称《补助办法》),强化制度保障与政策激励,持续推动美丽海湾建设。

第二节 研究目的与意义

一、研究目的

江苏省作为我国的重要经济大省,长期以来在长江经济带乃至全国的改革发展中发挥着重要的示范作用。在党和国家的号召下,江苏省积极响应、贯彻落实"美丽中国"建设思想,于2020年8月印发了《关于深入推进美丽江苏建设的意见》,提出要把美丽江苏建设作为一项重大战略任务和新形势下推动高质量发展的重要抓手,深化"强富美高"创新实践,高起点推进美丽江苏建设,努力在美丽中国建设中走在前列、成为典范。改革开放四十余载,尽管江苏省的经济体量已经领跑全国,但人口集聚与环境承载间的突出矛盾、多煤多化的产业结构、仍需规范的生态环境秩序成为美丽江苏建设的发展短板。因此,研究如何高起点推进美丽江苏建设、突破关键问题约束成为重中之重。

本研究拟解决的总体问题有:

(1) 如何科学把握高起点推进美丽江苏建设的概念内涵? 高起点推进美丽江苏建设包括哪些方面的内容?

(2) 如何测度与分析美丽江苏建设的现状? 面临的困境有哪些? 高起点推进美丽江苏建设亟待解决的关键问题包括什么? 高起点推进美丽江苏建设的必要性体现在哪些方面?

(3) 高起点推进美丽江苏建设的作用路径有哪些? 如何科学评估作用路径的影响效应?

(4) 如何进行高起点推进美丽江苏建设的机制设计和政策优化?

基于以上问题,本研究围绕高起点推进美丽江苏建设这一主线,以高起点推进美丽江苏建设的理论研究为研究起点,依托美丽江苏建设的基本现状和关键问题,以探寻高起点推进美丽江苏建设的具体作用路径为研究主体,以高起点推进美丽江苏建设的机制设计与对策研究为研究落脚点,对高起点推进美丽江苏建设的理论研究、推进美丽江苏建设的路径分析与效应评估以及高起点推进美丽江苏建设的机制设计与对策研究等问题逐一展开论述,最终实现为高起点推进美丽江苏建设提供行之有效的政策菜单这一研究目的。

二、研究意义

（一）学术价值

改革开放四十余载，江苏在经济建设方面取得了令全国瞩目的成就，但同时也付出了极大的环境代价和社会成本。近年来江苏省不断推进生态环境领域改革，生态文明建设取得重要进展，但同时人口集聚与环境承载间的矛盾持续深化、多煤多化的产业结构难以调整，高起点推进美丽江苏建设任重而道远。本研究结合国内外最新的理论和实践，融合区域经济学、技术经济学、生态学、管理科学与工程等多学科知识，对于丰富美丽江苏建设的理论基础，拓展美丽江苏建设研究的新领域，具有重要的理论创新价值，体现了本研究的重要学术价值。

（二）应用价值

党的十八大延续生态文明建设路径，首次提出"美丽中国"的概念，强调把生态文明建设放在突出地位，融入经济建设、政治建设、文化建设、社会建设各方面和全过程。十九大进一步对建设美丽中国做出部署安排，并将其纳入社会主义现代化强国目标，明确2035年基本建成美丽中国，二十大明确了推进美丽中国建设的具体举措，为助力绿色发展提供了新思路和新方向。本研究将从高起点推进美丽江苏建设的内涵概念分析出发，基于"源头防控""协作共治""共同参与""新型城镇化""产业结构升级"五个视角，深入探析高起点推动美丽江苏建设的影响机制，丰富不同视角下高起点推进美丽江苏建设的作用路径，为美丽中国建设提供思路，具有重要的指导意义，这也是本研究应用价值的集中体现。

（三）社会意义

改革开放以来，粗放型的经济发展模式一直是中国经济增长的主要推动力，但同时也成为阻碍中国经济—社会—生态和谐发展的主要因素。良好的生态环境是最普惠的民生福祉，要实现生态环境质量的根本好转，切实满足人民对日益增长的优美生态环境的需要，需要以高起点推动美丽江苏建设作为保障：一方面，本研究深入探索高起点推动美丽江苏建设的具体路径，对于推进污染防治，实现节能减排，改善生态环境，保障经济社会可持续发展具有重要的现实意义；另一方面，本研究以高起点加快推进美丽江苏建设，促进人与自然和谐共生为研究目的，并探讨行之有效的机制设计与对策措施，为实现经济发展与环境保护的双赢奠定更加坚实的基础。

第三节 创新之处

本研究的创新之处主要体现在以下四个方面：

（1）对美丽江苏建设进行全面解析，为高起点推进美丽江苏建设、深化"强富美高"新江苏提供可靠的数据支撑。本研究从生态、经济、城乡、文化、社会维度全面把握美丽江苏建设的发展现状，并对高起点推进美丽江苏建设的空间演变格局进行分析。基于美丽江苏建设的发展现状，拓展性地从"源头防控""协作共治""共同参与""新型城镇化""产业结构升级"五个研究视角，全面探讨了高起点推进美丽江苏建设的作用机理，为突破高起点推进美丽江苏建设关键问题提供了思路。

（2）突破原有对美丽江苏建设的研究范式，创新性地探究高起点推进美丽江苏建设的作用路径和影响效应。本研究突破以往的研究范式，从影响高起点推进美丽江苏建设的路径出发，紧密结合江苏省省情，对推进美丽江苏建设的传导路径进行准确识别，着眼于"源头防控""协作共治""共同参与""新型城镇化""产业结构升级"五个视角，对不同视角下高起点推进美丽江苏建设的不同影响效应进行分析，从而能够因地制宜、因材施策，实现江苏环境保护与经济增长的"双赢"局面。

（3）联结研究结论与经典案例，分析不同视角下高起点推进美丽江苏建设的成功实践经验。本研究综合江苏省省情，在明晰美丽江苏建设的概念内涵及理论基础、把握高起点推进美丽江苏建设的作用路径和影响效应后，借鉴美丽江苏建设的成功案例，促进理论分析与实践经验深度融合、同向发力，为高起点推进美丽江苏建设打出一套"组合拳"。

（4）针对现阶段的实质变化，本研究在深入剖析美丽江苏建设的发展现状及关键问题，明确现阶段江苏正在发生的一系列全局性、长期性的新现象、新变化和新特征后，结合研究结论和案例启示，设计科学合理的协调、监督、保障、合作和预警机制，构建生态环境制度体系，并为政府在高起点推进美丽江苏建设方面提供切实可行的对策措施。

本课题的突出特色主要体现在以下四个方面：

第一，问题选择上，本研究从当前美丽江苏建设与"35 目标和 50 愿景"的差距与短板入手，从"源头防控""协作共治""共同参与""新型城镇化""产业结构升级"五个视角出发，在宏观、中观、微观三个层面对高起点推进美丽江苏建设的关键问题进行具体分析，提出切实推进美丽江苏建设的对策措施，为实现"强富美高"新江苏提供全面、系统、科学的政策菜单。

第二，研究内容上，本研究以高起点推进美丽江苏建设为主线，从概念内涵、关键问题识别及其成因、作用路径、机制设计等方面展开研究，层层递进、逻辑严密地搭建研究框架，为推动江苏在高质量发展上走在前列、成为典范，打造现实样板提供参考。

第三，研究方法上，本研究强调实证研究与规范研究、理论研究与应用研究、静态研究与动态研究相互结合、互为一体的研究范式，综合运用应用经济学、环境科学与工程、生态学与统计学等多学科的研究方法，共同构筑科学合理、独特创新的研究方法体系。具体而言，本课题在运用文献梳理、逻辑推演和理论分析等基本研究方法之外，重点运用问卷调查法、统计分析方法、综合评价法、熵权TOPSIS 法、演化博弈分析、仿真模拟分析、经济计量模型、耦合协调分析模型与 SWOT 分析等多种研究方法，实现多学科研究方法的融合与创新。

第四，分析工具上，为了保证上述研究方法的顺利实施，本研究所借助的分析软件包括 SPSS 统计分析软件、EViews 计量分析软件、Stata 计量分析软件、Deap 分析软件、ArcGIS 10.6 软件、Matlab 软件以及 GAMS 软件等。

本课题的主要建树主要体现在以下三个方面：

第一，全面把握高起点推进美丽江苏建设的理论基础和研究动态，探究影响美丽江苏建设的作用机理，为现阶段高起点推进美丽江苏建设发展奠定了坚实的理论基础；通过构建评价指标体系，对高起点推进美丽江苏建设水平及其时空演变格局进行准确测度，以此把握美丽江苏建设的现状及关键问题。

第二，深入挖掘高起点推进美丽江苏建设的作用路径及影响效应。具体地，利用 PVAR 模型、演化博弈分析、仿真模拟分析、Tobit 模型、耦合协调度模型以及面板计量分析，分析"源头防控""协作共治""共同参与""新型城镇化""产业结构升级"视角下高起点推进美丽江苏建设的影响效应及其作用路径，为高起点推进美丽江苏建设提供了崭新的工作思路。

第三,从高起点推进美丽江苏建设的机制设计入手,明确了未来江苏在遵循新时代国家经济社会可持续发展规律、自然资源永续利用规律和生态环境保护规律的要求下,以人与自然和谐共生为目标的省域经济建设、社会建设和生态建设,拓展了新江苏蓝图的发展思路和发展模式,并针对性地提出了相应的政策建议,为江苏形成城乡统筹、陆海统筹、发展与保护统筹的可持续发展新格局提供了决策参考。

第四节 结构安排

本研究按照"提出问题—分析问题—解决问题"的研究思路,首先基于有关生态文明建设、美丽中国建设等内容的研究梳理和评价结果,聚焦本研究的主要问题,其次对美丽江苏建设的现状进行考察与评价,紧接着从"源头防控""协作共治""共同参与""新型城镇化""产业结构升级"五个方面对高起点推进美丽江苏建设进行研究,最后基于上述分析结果提出高起点推进美丽江苏建设水平的可行机制与对策建议。本研究的技术路线图如图1-8所示。

基于以上研究思路和技术路线,本研究共分十章对高起点推进美丽江苏建设问题进行研究:

第一章为绪论,主要包括研究背景、研究意义以及创新之处等内容。

第二章为高起点推进美丽江苏建设的相关概念,主要包括高起点推进美丽江苏的概念内涵、高起点推进美丽江苏建设的必要性、高起点推进美丽江苏建设与生态文明建设的关系以及高起点推进美丽江苏建设的政策梳理等研究内容。

第三章为高起点推进美丽江苏建设的理论基础与机理分析,主要包括理论基础、国内外相关文献综述以及"源头防控""协作共治""共同参与""新型城镇化""产业结构升级"五个视角下高起点推进美丽江苏建设的机理分析等研究内容。

第四章为美丽江苏建设的评价研究,主要包括美丽江苏建设的现有评价方法、美丽江苏建设的评价指标体系、美丽江苏建设的描述性统计分析以及美丽江苏建设的现状评价等研究内容。

第五章为高起点推进美丽江苏建设——"源头防控"专题,主要包括"源头防控"的必要性及关键问题剖析、"源头防控"视角下高起点推进美丽江苏建设的机

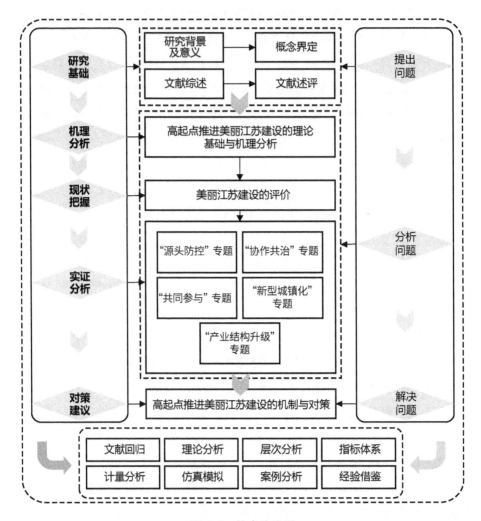

图 1-8 技术路线图

制检验、"源头防控"与美丽江苏建设的互动关系研究以及"源头防控"视角下高起点推进美丽江苏建设的实践案例——江苏省常州市创新探索开发区源头治理等研究内容。

第六章为高起点推进美丽江苏建设——"协作共治"专题,主要包括"协作共治"与区域间制度矛盾、"协作共治"演化博弈模型的构建、"协作共治"演化博弈模型的仿真分析以及"协作共治"视角下高起点推进美丽江苏建设的实践案例——以太湖流域协同治理为例等研究内容。

第七章为高起点推进美丽江苏建设——"共同参与"专题,主要包括"共同参与"的主体与共治机制、基于一般均衡理论的"共同参与"模型构建、"共同参与"视角下高起点推进美丽江苏建设的影响效应评估以及"共同参与"视角下高起点推进美丽江苏建设的实践案例——江苏省交通厅的交通智能化案例等研究内容。

第八章为高起点推进美丽江苏建设——"新型城镇化"专题,主要包括"新型城镇化"与高起点推进美丽江苏建设的现实困境、"新型城镇化"的内涵及发展水平测度、"新型城镇化"与美丽江苏建设的耦合协调分析以及"新型城镇化"视角下高起点推进美丽江苏建设的实践案例——以沭阳县新型城镇化发展为例等研究内容。

第九章为高起点推进美丽江苏建设——"产业结构升级"专题,主要包括"产业结构升级"的新结构经济学解释、"产业结构升级"的衡量标准、测度方法与现状分析、"产业结构升级"对高起点推进美丽江苏建设的影响效应研究以及"产业结构升级"视角下高起点推进美丽江苏建设的实践案例——南京市打造软件和信息服务产业地标行动计划等研究内容。

第十章为高起点推进美丽江苏建设的机制与对策,主要包括高起点推进美丽江苏建设的机制设计、高起点推进美丽江苏建设的生态环境制度体系建设、高起点推进美丽江苏建设的对策措施。

第二章
高起点推进美丽江苏建设的相关概念

第一节 高起点推进美丽江苏建设的概念内涵

2012年11月8日,党的十八大提出把生态文明建设放在突出地位,融入经济建设、政治建设、文化建设、社会建设各方面和全过程,努力建设美丽中国,实现中华民族永续发展。这是美丽中国首次作为执政理念提出(王首然、祝福恩,2021;秦书生,2018)。随着近年来生态文明建设的不断深入,二十大报告进一步总结了美丽中国建设的具体举措,美丽中国建设目标正在不断推进,新时代的发展背景与发展目标要求各省域空间积极推进生态文明建设,实现美丽省域建设目标(黄贤金、曹晨,2020),进而实现美丽中国建设目标。省域空间不仅承接了美丽中国建设的要求,也是推进落实市、县乃至乡镇空间开展美丽中国建设的重要载体,因此,美丽省域是承上启下推进美丽中国建设的重要空间单元。

江苏省顺应美丽中国建设的时代要求,在新时代的美丽省域建设方面走在前列。努力使"美丽江苏"与"美丽中国"建设齐头并进,使江苏省成为全国建设的先锋和榜样。在习近平总书记亲自勾画的新江苏蓝图中,明确赋予了"环境美""社会文明程度高"的殷切期望(吴江,2021)。在此基础上,美丽江苏的概念也在被不断明确。美丽江苏建设,就是在遵循新时代国家经济社会可持续发展规律、自然资源永续利用规律和生态环境保护规律的要求下,以人与自然和谐共生为目标的省域经济建设、社会建设和生态建设。实现环境秀美、城市宜美、乡村富美、格局优美、文化醇美、生活和美的建设方略,并形成城乡统筹、陆海统筹、发展与保护统筹的可持续发展新格局(刘冬梅、尹贵斌,2019;黄蕾蕾,2019;段晨,2021;庞立昕、崔三常,2018)。

近年来,学者们深入探究美丽江苏的基本内涵,为美丽江苏的发展奠定了共同基础。

首先,从总体要求上看,美丽江苏的建设要坚持"绿水青山就是金山银山"的政策理念,要坚定不移地走生产发展、生活富裕、生态良好的道路,将江苏省建设成为生态环境、城乡格局、文化精神、生活水平全面和谐发展的美丽省域。让"美丽江苏"美得有形态、有韵味、有温度、有质感,成为"强富美高"最直接最可感的展现,成为江苏基本实现社会主义现代化的鲜明底色。其次,指导原则反映了美丽江苏的美好愿景和规划。深入推进美丽江苏建设,要坚持生态优先的绿色发展方式,坚持以人为本、服务为先的发展理念。最后,从目标任务上看,到2025年,美丽江苏建设的空间布局、发展路径、动力机制基本形成,生态环境质量明显改善,城乡人居品质显著提升,文明和谐程度进一步提高,争创成为美丽中国建设的示范省份。到2035年,全面建成生态良好、生活宜居、社会文明、绿色发展、文化繁荣的美丽中国江苏典范(中共江苏省委省政府,2020)。

"美丽江苏"的内涵包括经济、社会、生态等多个方面,虽然"美丽"是最可感的特征,但关键还在于践行绿色发展理念,实现经济、社会、生态等多个方面的高水平协同发展。

(1)生态美是美丽江苏建设的前提。人类的生产发展离不开美丽的自然环境,以牺牲环境为代价获得的发展并不能称之为发展。要做到尊重自然、顺应自然、保护自然,通过生态保护、环境治理实现天地人和谐相处(邵光学,2019)。美丽江苏有山清水秀的自然环境,人类文明与自然环境和谐相融、相互促进,自然环境为人类文明的发展提供了良好的条件,人类文明的发展又反过来为保护自然环境提供了更多的技术条件。

(2)城市美是美丽江苏建设的核心。城市代表着先进生产力和科技创新,代表着强有力的物质生活保障。在经济发展受阻、生产力的提升遇到瓶颈时,城市会自觉将发展重心转移到创新上来,通过创新和产业结构升级来推动经济增长,这就要求政府对科技创新有足够的投入,同时落实节能减排政策,提升城市的资源环境承载力(牛月等,2022)。

(3)乡村美是美丽江苏建设的关键。乡村承载着乡愁和烟火气,富美乡村就是指乡村的环境得到了有效整治,农业发展模式有着显著的创新和改革,农村生活水平得到了大幅提升。村庄布局能够更加优化,乡村聚落与自然环境的协同性、融合性得到了鲜明的体现(周凯,2020)。同时,乡村治理过程受居民监督、成果由居民共享,美丽乡村是人们真正的宜居宜业的美好家园。

(4)格局美是美丽江苏建设的着力点。要做好城乡统筹,围绕新型城镇化和城乡融合发展的要求,通过结合农业自身潜力挖掘与工业反哺农业,结合扩大农村就业与完善农业转移人口市民化政策机制,推动城乡发展和城乡建设进入质量提升的新阶段,形成城乡互动、城乡共荣的发展格局(张伟等,2021)。通过新型城镇化推进科学发展、集约高效、功能完善、环境友好、社会和谐、个性鲜明、城乡一体、大中小城市和小城镇协调发展的。

(5)文化美是美丽省域建设的内在动力。文化是一个国家和民族的灵魂,是生存和发展的根基,更是持续推进美丽省域建设的内在推动力(陈永辉,2013)。随着城乡居民文化消费水平的持续提升,大众精神文化需求增长强劲,美丽江苏建设离不开文化建设。因此要做到唱响地方文化,积极打造特色的文化品牌,从而创造出更多可供投资的文化项目,进一步提升文化消费水平。

(6)生活美是美丽省域建设的最终目标。生活和美的本质特征在于关注民生、以人为本、人民至上。因此,美丽省域建设需要始终坚持以人民为中心的发展思想,把握城乡发展的阶段性特征,努力提高人民生活质量,让人民群众享有高品质的生活空间和便利的生活环境,例如构建更为完善的公共卫生体系,投入的生活设施更多更为便利,更好地服务居民,这是美丽江苏得以永续存在和不断发展的重要前提(蔡澄,2021)。

第二节 高起点推进美丽江苏建设的必要性

建设美丽中国是习近平总书记亲自布局的重大举措,而自然条件优越、经济相对较为发达的江苏省又是带动美丽中国建设的"排头兵"。因此,习近平总书记对高起点推进美丽江苏建设提出了殷切的期望。进入新时代,我们有责任把新江苏带向一个更加美丽、生态宜居的光明未来。在阐明高起点推进美丽江苏建设概念内涵的基础上,本节从经济—政治—社会—文化四个视角展开,分别分析在双循环格局、美丽中国建设战略、后疫情社会和跨文化传播四个背景下,高起点推进美丽江苏建设的必要性。同时,本节将从多主体参与环境治理出发,分析高起点推进美丽江苏建设,提升环境治理能力对后疫情时代优化环境、保障公共卫生的重要意义。

一、经济建设

自新中国成立以来,经济建设在我国国家建设中就拥有无可替代的中心地位,经济建设也是高起点推进美丽江苏建设的核心。加快形成以国内大循环为主体、国内国际双循环相互促进的新发展格局,是党中央着眼国内外形势变化做出的重大决策部署。本部分基于双循环经济发展格局,以绿色发展打通国内市场、提升全球价值链水平的视角,分析高起点推进美丽江苏建设,实现产业优化升级、环境友好型发展对畅通国内外双循环的重要意义。

(一)高起点推进美丽江苏建设促进国内经济的大循环

高起点推进美丽江苏建设倡导绿色发展,为我国实现国内经济大循环提供新动力。众所周知,我国传统经济发展模式严重依赖不可再生的化石能源,并且容易造成温室气体的大量排放,引发严重的环境污染和生态破坏问题。高起点推进美丽江苏建设,不再是以往所指经济体量的"变大",而是要实现兼顾环境的绿色发展。绿色发展通过产业结构调整和技术革新,不断提高清洁可再生能源的使用比例,逐步摆脱对化石能源的依赖。这不仅减少了经济发展对矿物资源的消耗和生态环境的损害,而且长期来说降低了各大企业使用化石燃料以及处理因使用化石能源排放出的废水废气等有害物质的高昂成本。同时,有效利用水能、风能等清洁能源将提高西部欠发达地区的资源利用率,缓解当地经济欠发达的状况。清洁可再生能源是我国生产制造行业的新动力,更是我国实现国内经济大循环的新动力(路甬祥,2014)。

高起点推进美丽江苏建设倡导绿色发展,加快目前国内产业结构的调整,实现产业结构的快速优化升级。高起点推进美丽江苏建设的落实,将从源头上扭转江苏生态环境不断恶化的趋势(史方圆,2019)。高起点推进美丽江苏建设旨在创造良好生活环境,实现环境友好型发展。实施建设的过程中,淘汰落后的高能耗、高污染产业,让对环境友好的产业成为新的经济支柱。降低对环保标准较低的传统重化工业的依赖,降低对低附加值工业尤其是对物质资源消耗大的工业的依赖,从降低两个"依赖"入手,加快实现我国产业结构的优化升级,大力提升产业结构的水平,从而推进国内经济健康、稳定地展开循环

(Wang and Li,2022)。

（二）高起点推进美丽江苏建设畅通国内国际经济双循环

无论从国际绿色发展趋势，还是现阶段国内发展循环经济取得的成效看，我国都应保持战略定力，将畅通国内国际经济双循环作为经济发展的重要途径，坚持不懈推动循环经济发展（谢海燕，2020）。高起点推进美丽江苏建设作为江苏省主导的区域发展新理念，推动"双循环"新发展格局提升了中国在世界经济中的地位，加强了中国与世界的经济联系，为世界各国提供了更广阔的市场机会（李曦辉等，2021）。

首先，高起点推进美丽江苏建设，扭转了企业的经营理念和经营模式，使得我国经济发展格局从"被动型"向"主动型"转变（黄群慧，2021），降低对欧美市场原料供应等的依赖，开拓新的国际市场和形成新的国际供应链（裴长洪和刘洪愧，2020）。其次，绿色经济的发展使得我国企业产出的产品具有低成本、环保等特点，从而具有更高的附加值，增加了国外产业对中国供应链和产业链的依赖。最后，高起点推进美丽江苏建设在实现产业优化升级的同时，将缓解我国现阶段发展不平衡不充分的社会主要矛盾，提高人们的生活质量，实现"乡村中产化"（于立和王艺然，2021），增大国内消费市场。中国巨大的消费市场将吸引世界各国争相投资，推动世界各国的共同发展和更高水平开放型经济的建设。因此，高起点推进美丽江苏建设是 21 世纪国内国际双循环的交汇点，是国内国际双循环新发展格局形成的关键环节，对于形成国际合作和竞争新优势发挥着重要作用（黄群慧和倪红福，2021）。

二、政治建设

习近平总书记在党的二十大上明确指出推进美丽中国建设，坚持山水田林湖草沙一体化保护和系统治理，统筹产业结构调整、污染治理、生态保护、应对气候变化。本部分基于江苏省在美丽中国建设中的战略地位，从这一重大战略任务出发，分析高起点推进美丽江苏建设对引领战略推进的重要意义。

江苏省作为我国的重要经济大省，长久以来在长江经济带乃至全国的改革发展中发挥着重要的示范作用。在党和国家的号召下，江苏省积极响应、贯彻落实"美丽中国"建设思想，2020 年召开的省委十三届八次全会对美丽江苏建设做出专门部署，并于 2020 年 8 月印发了《关于深入推进美丽江苏建设的意见》，提出要把美丽江苏建设作为一项重大战略任务,以及新形势下推动高质量发展的重要抓手,深化"强富美高"创新实践,高起点推进美丽江苏建设,努力在美丽中国建设中走在前列、成为典范。

"美丽中国"建设思想的提出,是对生态文明和物质文明的整合和重塑,是顺应绿色发展和可持续化的时代浪潮,更是合理解决我国资源短缺和环境恶化问题的最根本途径和全面建成小康社会的必然要求(Chen et al.,2020)。在生态文明制度建设领域,江苏省积极贯彻党的十九大、二十大精神和习近平总书记对江苏生态文明建设做出的重要指示,在江苏省内加快出台各项关于环境治理与保护制度的详细方案以及执行计划,积极开展高起点推进美丽江苏建设,为建设"美丽中国"做出表率。具体包括:积极主动推进重要环境信息公开,引导和推广绿色化的生产与生活方式,积极响应"美丽中国"战略中节能减排的号召;全面实施固废法及相关法律法规,重复循环利用各类固体废弃物使其资源化,减少固体废弃物的堆积或焚烧给环境带来的巨大破坏,并大力推进固体废弃物集中处置设施建设;加快实施蓝天、清水、绿地工程,引领"美丽中国"迈向"绿水青山就是金山银山"的良性循环状态;此外,江苏省各级地方政府同样积极贯彻实施高起点推进美丽江苏建设的政策,以生态文明示范区创建为抓手,利用江苏省得天独厚的地理区位优势和较为发达的经济水平,率先在全国范围内开展"河长制"、"绿色 GDP"考核、企业环境信用管理等创新实践,并取得了显著成效,为"美丽中国"战略的实施做出巨大政治贡献(陈娟,2021)。

三、社会建设

习近平总书记指出:"生态环境是关系党的使命宗旨的重大政治问题,也是关系民生的重大社会问题"(王雨辰,2021)。2020 年新冠肺炎疫情的暴发和蔓延,空前地凸显了坚持绿色发展理念、提升公共环境卫生安全水平的特殊性和重要性。本部分基于现阶段后疫情时代特征,分析高起点推进美丽江苏建设,提高公共环境治理能力对公共卫生的影响。

(一)高起点推进美丽江苏建设提高了人居环境治理能力

后疫情时代下的一大特征就是疫情及疫情防控趋向于常态化。突发疫情在对经济造成重创的同时,也提高了各级政府对提升社会公共卫生服务水平的重视程度。高起点推进美丽江苏的社会建设,提高了环境治理能力,尤其是人居环境治理能力,使得全省人民衣食住行得到更好的公共卫生保障。

一方面,由政府主导提高了全省人居环境治理能力。政府相关部门根据高起点推进美丽江苏建设的总要求,做好居民人居环境质量的提升工作。公共场所、道路、水体等的清洁卫生、维修养护工作交由专人负责,制定明确的工作内容和工作标准,并由其负责居民公共环境和公共设施的保洁、消毒、维修、保养,做好记录并定期检查,从治理上提高了公共卫生安全水平。另一方面,由人民自发提高了全省人居环境治理能力。通过在全省居民中加强宣传以提高全省人民的健康防护意识。虽然江苏省的医疗水平相对来说较为发达,但是提升全省人民的健康防护知识,培育全省人民良好的生活习惯和公共卫生意识仍显得尤为重要。将"勤洗手"、"戴口罩"、"保持合理的社交距离"、"文明出行"等观念植入全省公民的脑海,从源头上提高了公共卫生安全水平。将高起点推进美丽江苏建设的参与者扩大至全省人民,更加有利于提升全省公民的参与度和幸福感。

(二)高起点推进美丽江苏建设提高了医疗环境治理能力

医疗环境建设事关人民群众生命安全和身体健康,重构江苏省高效的公共卫生治理体系来应对突发重大卫生安全事件,提高公共卫生服务能力水平,是高起点推进美丽江苏建设的必然要求。

现阶段,江苏省医疗环境在全国来说处于较高水平,但是仍然有一些地方需要改进。比如,省内区域之间医疗水平发展尚不平衡。2021年7月南京禄口机场暴发疫情以来,南京市作为省会城市能够较为快速地应对并控制疫情,但是随后疫情蔓延至扬州出现短暂的医疗物资、医护人员短缺的现象,代表着其公共卫生基本应急物资储备体系不够健全。再者,公共卫生机构对于突发事件的预警能力和管理能力尚存不足,不完善的管理导致公共卫生资源分散,难以实现有效整合,尤其在突然爆发公共卫生事件时,难以迅速形成强大的合力。

高起点推进美丽江苏的社会建设,旨在通过提高医疗环境治理能力改善上述问题。第一,高起点推进美丽江苏的社会建设可以缩小江苏省内城域间公共卫生服务的差异。秉持互帮互助的理念,通过公共卫生的资源向资源匮乏的地区倾斜,医疗基础较为发达的城市向医疗基础较为薄弱的城市提供医疗技术和医疗团队的支持等举措,健全全省基层公共卫生治理体系,达到城域之间协调发展的目标。第二,高起点推进美丽江苏的社会建设可以完善公共卫生应急体系。加强应急队伍的专业训练、应急救助基础设施建设,加强我省疾病防控的应急建设,切实提高后疫情时代下江苏省乃至全国应对突发公共卫生危机的能力。第三,高起点推进美丽江苏的社会建设可以提高医疗信息共享效率。利用大数据收集患者、传染源等方面的数据,借助大数据及时共享的功能,构建一次信息采集,多部门共享的机制,能够达到节约时间,提高效率,加快相应速度的效果。

四、文化建设

在全球化时代,跨文化传播已经成为重要的议题。有效的跨文化传播能够增进不同文化之间的理解,提升区域形象,让世界看到更加精彩的江苏、更加美丽的中国。本部分基于跨文化传播视角,分析高起点推进美丽江苏建设对江苏文化走向中国乃至中华文化走向世界的意义。

跨文化传播是一座"桥",连接了不同的群体,其价值不是为了传播自己,而是依靠对"自己"的传播,争取相互之间的理解与合作。将中华传统文化推广至世界各国,不仅是中央需要考虑的事情,也需要各省各地区的参与(李晓愚和袁光锋,2021)。江苏作为我国拥有较强经济、文化影响力的省份,需要通过各种途径积极地向世界展示自己的优质文化,提高自己的国际知名度,从而使得我国在国际舞台上得到更高的认可度。为达此目标,江苏省首先需要打造自己的形象,形成自身的品牌。江苏省已提出了具体的"美丽江苏"目标任务,这就是江苏省对自身的定位,它源于国家建设美丽中国的要求。接下来,将从跨文化传播内容方面阐述面向国际社会讲述"美丽江苏"故事的必要性。

"美丽江苏"的形象由比较丰富的要素构成,包含自然生态、历史人文、城市宜居、文明和谐等等,它们代表着美丽江苏的不同维度,都应该为世界各国所知,成为"美丽江苏"的跨文化传播内容。

在自然生态方面,江苏省作为长江三角洲核心城市,自古以来就以自然之美著称,山清水秀,环境优美,生态良好。"美丽江苏"的跨文化传播可以向海外传达江苏的自然之美。近年来江苏省也加强了生态文明建设和对各种污染源的治理,曾经被污染的地区渐渐恢复了"美丽"的面貌。保护生态环境的维度也应该纳入跨文化的传播中,因为"保护我们赖以生存的地球家园"是世界共同的价值观,也是西方社会关注中国的重要问题(Hu et al., 2019)。

江苏省也有深厚的历史人文。2018年的数据统计显示，在国家历史文化名城中，江苏省占据最多的数量，共有13座。有"虎踞龙盘"的省会城市南京，有"天堂"之称的苏州，有"淮左名都"之称的扬州及镇江、无锡、徐州、常熟等历史名城。在世界追求"多文化融合"的今天，丰富的历史文化资源也成为"美丽江苏"传播的重要内容。

依托美丽的自然生态和历史人文，江苏省形成了宜居的城市环境。政府的社会治理水平、公共服务水平、老百姓的衣食住行都成为"美丽江苏"的传播内容。向世界展现我省日趋有序与先进的管理，百姓生活幸福感的提高，有利于我国吸纳更多的优秀人才，打通国内外交流的更多渠道。

文明和谐，与城市宜居相关，但包含范围更广。江苏省不仅拥有强大的经济实力，文明程度也非常高。2020年11月10日，中央文明办公布了第六届全国文明城市入选城市名单和复查确认保留荣誉称号的前五届全国文明城市名单，江苏省共有28地入选。将文明和谐纳入跨文化的传播中，不仅能使"美丽江苏"的概念得到完善，而且能让全世界看到一个更加全面发展的中国。

第三节　高起点推进美丽江苏建设与生态文明建设的关系

2012年党的十八大首次提出了"建设美丽中国"的美好愿景，2017年党的十九大再次提出了到2035年基本实现美丽中国建设的目标，2022年党的二十大进一步提出美丽中国建设的具体举措。美丽中国建设作为美丽江苏建设的政策源头突出了生态文明建设的重要地位，将生态文明建设提升到了与政治建设、文化建设、社会建设、经济建设同等地位的战略高度，进一步表明了生态文明建设是"五位一体"建设目标的重要组成内容之一，要求加强对生态文明和物质文明的重塑和整合，顺应可持续化发展和绿色经济的时代浪潮，合理优化我国自然资源短缺和生态环境恶化问题。基于此战略的提出，各省市纷纷响应，相继出台了众多关于美丽省份建设的意见、重大规划、战略部署等，正式吹响了建设美丽中国的号角。而江苏省作为长久以来在长江经济带乃至全国的改革发展中发挥重要作用的经济强省，江苏省委、省政府也同样明确了以生态文明建设为重点，强调改善生态环境，共创绿色发展之美，为江苏基本实现社会主义现代化画上鲜亮的底色。同时应将高起点推进美丽江苏建设定为重大战略任务,在以习近平新时代中国特色社会主义思想为指导的基础上,深入贯彻美丽中国的实施内涵,将基本原则的重心集中在坚持绿色发展,实现经济生态化,实现全面建成生活宜居、生态良好、文化繁荣、绿色发展、社会文明的美丽中国江苏典范(吴瑾菁和祝黄河,2013;方世南,2013)。

生态文明要求要在尊重和保护自然的基础上,遵循人、社会、自然和谐共生发展的社会形态。生态环境恶化不仅严重制约中国经济社会的进一步发展,而且也不符合人民群众对美好生活的新期待。在中共十八大报告和深入推进美丽江苏建设的相关执政理念的阐述中,生态文明作为物质、精神、制度成果的加和,致力于建设和维护良好的生态环境,并将主体内容贯穿于政治建设、文化建设、社会建设、经济建设各过程和全方面(刘某承等,2014)。因此生态文明建设不仅在建设美丽中国中彰显突出地位,也是高起点推进美丽江苏建设的核心内容,所以要阐述高起点推进美丽江苏建设与生态文明建设的关系,也就是阐述生态文明建设与推进美丽江苏建设中的经济、政治、文化与社会建设的关系。生态文明建设作为渗透于经济建设、政治建设、文化建设与社会建设之中的关键环节,利用四大建设与生态文明建设之间错综复杂的关系,在此基础上,为高起点推进美丽江苏建设提供更具可实施性的发展方案。对于本节中的具体内容,也将具体细分为政治、文化、社会、经济四个方面进行深度阐述。

一、美丽江苏政治建设与生态文明建设的关系

政治建设是高起点推进美丽江苏的重要保障,政治建设与生态文明建设既是包容关系又是因果关系。生态文明建设与其他建设不同,不具有独立的限定边界。一方面,生态文明建设依托于政治建设,另一方面,政治建设为生态文明建设提供保障力量。人类在不同的特定的制度框架基础上进行社会活动导致相应生态危机的产生,制度框架通过影响物质和人口生产从而进一步对生态环境产生不同程度的作用结果。因此,生态文明建设的水平受到政治建设内涵的直接影响。生态文明建设着重解决人、自然、社会三者之间复杂的关系,而政治建设则着力于解决人与人之间关系存在的问题,因此生态文明建设包括政治建设的主要内容(黄娟和詹必万,2012)。

当前,江苏省具备独特的社会地位,在高起点推进美丽江苏政治建设的进

程,持续推进生态文明建设的主要政治障碍主要存在于两个方面:一是过度关注政绩考核的经济效果,忽略不同的政治决策可能对生态环境产生的影响,容易形成片面的考核机制;二是减少人民群众环境权益,近些年由于生态环境的恶化和自然资源的减少,公众面临的生态境况日益下降,公众无法更好地享受来自生存权和参与权之一的环境权益,人民群众理应受到的合法权益无法受到良好的保护。针对高起点推进美丽江苏建设,准确评价当前面对的现状,探讨当下存在的困境与关键问题,是高起点推进美丽江苏建设的重要现实依据。由生态文明建设观念指导下的高起点美丽江苏建设下的政治建设,应该将关注重点集中在建立以政府部门为主体的介入机制,以企业为主体的市场机制和以人民群众为主体的社会机制三者之间相互制衡,相互制约。同时构建强制性机制、选择性机制和指导性机制,三者相互协同促进美丽江苏建设(孙林和康晓梅,2014)。

在高起点推进美丽江苏建设的进程中,党的政治建设作为党的根本性建设,应该将党的政治建设摆在首要位置,并且主要以党的政治建设为统领方针,利用政治建设与生态文明建设之间的包容与因果关系,进行战略部署前明确不同的政治决策对生态文明建设各环节可能造成的直接或间接的影响,将营造风清气正的政治生态作为基础性、经常性工作,大力推进江苏省乃至全国的生态政治建设,落实绿色指挥棒,实施生态考评,简化生态管理部门,改革生态体制,完善生态监督体系,确保人民群众获得良好的生活环境。

二、美丽江苏文化建设与生态文明建设的关系

文化建设是高起点推进美丽江苏的血脉和灵魂,文化建设与生态文明建设不仅有交叉关系,而且有重叠关系。首先,从一定角度而言,文化建设是生态文明建设的重要组成部分,文化建设必然涵盖人与自然关系的经营;从另一角度而言,生态文明建设也是文化建设的重要组成部分之一,生态文明建设为文化建设给予更扎实的基础。因此,文化建设与生态建设存在交叉关系。其次,文化建设与生态文明建设的主体内容都需要着重解决人与自然、社会与自然、人与社会三者之间复杂的关系。因此,文化建设与生态建设同时存在重叠关系(焦晓东,2021)。

近年来,随着生态文明建设的不断深入,新时代的发展背景与发展目标要求各省域空间积极建设美丽省域,当前江苏省在深入推进生态文明建设和文化建

系,培育一批绿色技术创新的龙头企业和绿色工厂,建设绿色产业示范基地和绿色循环发展示范区。此外,《关于深入推进美丽江苏建设的意见》中还提出了两大目标,即到2025年全省新增造林绿化面积100万亩,到2025年全省自然湿地保护率提高到60%。这些具体政策要求改变以往高能耗、高污染的生产方式,也将有利于培养绿色产业的发展,并引领一批新的绿色产业的快速成长(中共江苏省委省政府,2020;陈峰燕,2021)。

二、"协作共治"相关政策梳理

(一) 国家关于"协作共治"的整体政策布局

2018年6月,由国务院印发的《关于全面加强生态环境保护坚决打好污染防治攻坚战的意见》中指出,打好污染防治攻坚战的基本原则之一是要深化生态环境保护体制机制改革,加强区域合作,将各方力量形成合力。

我国现存的生态环境体制在污染防治等方面已经发挥了重大作用,但是也存在着监管职能分散、权责不对等等问题。深化体制改革将有利于明晰各部门职责,增加部门合作,为解决生态环境领域的深层问题提供保障。在强化生态环境保护能力保障体系方面,该文件强调要健全跨区域环境应急协调联动机制,增强区域之间的配合,集各地区之力,共同打好污染防治攻坚战。同时,各地区也应该注重推进生态环境保护国际技术交流和务实合作。我国需要积极和其他国家采取技术合作,为生态文明建设提供更加有力的技术支撑。在生态环境质量管理方面,该文件指出要健全生态环境保护法治体系,而信息共享是健全法治体系中的重要一环。因此,要建立生态环境保护相关机关的信息共享,完善生态环境保护领域的诉讼制度,这样才有利于提高生态保护体系的监管能力,加强各部门之间的信息交流和信息传递,促进生态文明建设。

(二) 江苏省关于"协作共治"的政策梳理

"协作共治"是集合各方力量,在各个主体的协作下,形成良性互动,形成共同治理生态文明问题的合力。2013年7月,江苏省政府印发的《江苏省生态文明建设规划(2013—2022)》中指出,要强化区域环境协作,与国内其他区域展开经验交流,并学习和借鉴先进地区在产业转型升级、污染防治、生态保护等领域的经验和做法。同时,应该加快长江三角洲经济发展绿色转型,在长三角地区展开污染防治等领域的合作。此外,还应该建立环太湖地区生态文明联动发展机制,协同开展太湖等流域的水环境综合治理,在各个区域的共同努力之下,加强江苏的生态文明建设。在国际层面上,该规划鼓励省内各城市与国外发达城市建立合作关系,引进先进的环境理念和技术,并与国外的机构或企业展开技术合作,共同研究生态环境治理技术(江苏省政府,2013)。

截至2019年3月,在协作共治方面,江苏已经取得了较为亮眼的成就。例如,江苏已出台环保公众参与办法,集合公众力量,共同为美丽江苏建设出力。同时,江苏也成立了环保公共关系协调研究中心,建立了环保社会组织联盟,通过和社会公众的联手合作,精心构筑更加合理的生态环境机制。此外,到2019年3月为止,江苏已经累计建成国家生态市县63个、国家生态工业园区21个,数量达全国第一,建成国家生态文明建设示范市县9个,数量位居全国前列。

然而,仅仅强调区域间的合作是远远不够的,在"协作共治"已经初见成效时,为进行高起点推进美丽江苏建设,还应该在部门联动、制度合作、资源共享等诸多方面不断发力。2020年8月江苏省委、省政府印发的《关于深入推进美丽江苏建设的意见》中提到,省委、省政府成立领导小组,起统筹协调的作用。建立美丽江苏建设评估体系,并支持人大、政协对美丽江苏建设实行监督,这体现了部门联动,共同推进美丽江苏建设。在制度合作方面,江苏省将编制实施美丽江苏建设总体规划和专项规划,为推进美丽江苏建设谋划重大工程和改革措施,同时与全省"十四五"发展规划、国土空间规划结合。在资源共享方面,该文件指出,要建设环保科技交流平台,通过合作交流的形式实现资源共享。

三、"共同参与"相关政策梳理

(一)国家关于"共同参与"的整体政策布局

推进美丽中国建设,离不开社会各个主体的通力合作。通过解决各部门职能交叉重复和监管不力等问题,从而实现各部门相互独立、相互配合、相互监督。2020年3月,中共中央办公厅、国务院办公厅印发《关于构建现代环境治理体系的指导意见》,其中将"多方共治"与"多元参与"放在了突出位置。该文件明确了中央、省、市县的职责,中央负责提出总体目标,谋划重大战略举措,省级党委和政府则负责贯彻落实中央的决策,组织落实目标任务,而市县级的党委和政府则承担具体责任,做好监管执法、市场规范等工作。同时,该文件还强调要健全环境治理企业责任体系,要求企业依法实行排污许可管理制度、推进生产服务绿色化、提高治理污染的能力和水平并公开环境治理信息。此外,该文件还提出要健全环境治理全民行动体系,强化社会监督,倡导各类社会团体和公民共同参与到环境治理中去,齐心协力,共同为美丽中国建设发挥作用。在各级政府、企业、社会的多方合作下,到2025年,构建形成一个更加完善的现代环境治理体系。

(二) 江苏省关于"共同参与"的政策梳理

"共同参与"是指全社会齐心协力,相互配合,共同为生态文明建设而努力。2013年7月,由江苏省政府印发的《江苏省生态文明建设规划(2013—2022)》中指出,要加强生态文明宣传教育,打造生态文明教育品牌。这是引导全社会共同参与建设"美丽江苏"的有效途径。通过打造品牌节日,例如世界水日、地球日、海洋日等,通过人民群众喜闻乐见且易于接受的形式,宣传生态文明建设的重要性和迫切性,强化公民参与保护生态文明的责任意识和危机意识。此外,宣传生态文明建设,还应该扩大教育阵地,推行生态文明教育进机关、进学校、进企业、进社区、进农村。只有通过有力的宣传教育,才能让生态文明的理念深入人心,成为全省公民潜意识里的一部分。该规划还指出,要推进生态文明共建共享,推进社会公众参与。要有效引导社会公众参与生态文明保护,鼓励社会公众参与监督环境问题,建立政府部门与公众、社会的有效监督机制。2016年7月,江苏省委办公厅、省政府办公厅印发的《江苏省生态环境保护制度综合改革方案》中指出,要建立社会共治制度,要引导公众参与,并制定公众参与办法。通过完善组织机制、评估机制,鼓励环保组织通过提起环境公益诉讼等渠道,把预防的视角、监督的触角延伸到企业和社会。

为了给社会各个主体增加共同参与生态文明建设的渠道,并在已经取得一定成就的阶段继续发力,高起点推进美丽江苏建设,江苏省的政策也在不断地完善。2020年8月江苏省委、省政府印发的《关于深入推进美丽江苏建设的意见》中就提出了更加细致的建议,为了提高全社会的积极性,要充分利用互联网等配套平台,来加强美丽江苏建设的宣传,要动员社会各方力量,激发干部、群众的热情和干劲,让美丽江苏建设成为全社会的共同意志和自觉行动。

四、"新型城镇化"相关政策梳理

(一) 国家关于"新型城镇化"的整体政策布局

新型城镇化是建设美丽中国的重要途径。建设美丽中国,处理好人与自然之间的关系,就要推进城镇化,当人口进入现代化城市生活的时候,就更易于建设生态文明,促进人与自然和谐共生。2014年3月,国务院印发《国家新型城镇化规划(2014—2020年)》,这份规划中指出,新型城镇化建设的一个重要要求是把生态文明理念全面融入城市发展,加快绿色城市建设。例如,要严格控制高耗能、高排放的行业发展,提高新能源和可再生能源利用比率,实施绿色建筑行动计划和大气污染防治行动计划,合理制定生态保护红线,在城镇化地区合理建设绿色生态廊道(新华社,2014)。

2020年4月,国家发改委发布《2020年新型城镇化建设和城乡融合发展重点任务》,文件要求加快实施新型城镇化战略。在优化城镇化空间格局方面,要加快发展重点城市群,大力推进都市圈同城化建设,提升中心城市能级和核心竞争力,规范发展特色小镇和特色小城镇,推进边境地区新型城镇化建设。要严格节约利用土地,严守生态红线。推进新型城镇化,是国家发展的重要战略,也有利于推进美丽中国建设,促进生态文明建设(国家发改委,2020)。

(二)江苏省关于"新型城镇化"的政策梳理

新型城镇化是指坚持以人为本,以新型工业化为动力,以统筹兼顾为原则,推动城市现代化、城市集群化、城市生态化、农村城镇化,全面提升城镇化质量和水平。江苏城镇化发展起步早、发展快,水平和质量总体呈现稳步提升态势,城镇化发展水平持续走在全国前列。2013年7月,江苏省政府印发的《江苏省生态文明建设规划(2013—2022)》中指出形成新型城镇化建设格局,就要形成沿江城市带、沿海城镇轴、沿东陇海城镇轴与南京、徐州和苏锡常3个都市圈、淮安增长极"一带二轴,三圈一极"的绿色城镇化空间格局,苏北水乡湿地和苏南丘陵山地地区点状发展特色彰显,形成"紧凑型城镇、开敞型区域"的城镇空间结构。沿江、沿海城市都要注重保护生态,平衡好开发与利用。南京都市圈注重协调流域;徐州都市圈注重生态修复,协调流域开发;苏锡常都市圈注重建设区域绿地系统;苏南丘陵和苏北水乡湿地点状发展地区注重水体山体保护,并把淮安增长极作为引导和带动苏北水乡湿地点状发展地区发展的重点。

江苏积极探索中央要求与本省特征紧密结合的新型城镇化道路,新型城镇化建设取得显著成效。2013年至2019年,江苏省常住人口城镇化率提高6.6个百分点,$PM_{2.5}$平均浓度较2013年下降34.2%,空气质量优良天数比率提高7.7个百分点。在此基础上,为高起点推进美丽江苏建设,江苏省委、省政府又提出了更高的要求。2020年8月,江苏省委、省政府印发的《关于深入推进美丽江苏建设的意见》中指出,着力形成以南京、徐州、苏锡常都市圈和沿江、沿海、沿东陇海线地区城市带为主体形态,大中小城市和小城镇协调发展的城镇格局,以大城市带动小城镇有活力、有魅力、有特色地发展。同时,也应该推进生态修复和空间修补,留住特有的地域环境、文化特色、建筑风格,加强标志性建筑设计,打造更多的城市亮点和建筑精品。此外,还应该着力塑造"水韵江苏"人文品牌,把人文、生态和城镇化的发展融合在一起,这有利于引领更加科学、健康、文明的社会主义新风尚。

五、"产业结构升级"相关政策梳理

(一)国家关于"产业结构升级"的整体政策布局

大力推动产业结构升级对于加快转变经济发展方式具有重大意义,在保护生态文明的同时有利于中国经济迈向高质量发展。2018年6月,《中共中央国务院关于全面加强生态环境保护坚决打好污染防治攻坚战的意见》中指出要推动形成绿色发展方式和生活方式,坚持节约优先,加强源头管控,转变发展方式,培育壮大新兴产业,推动传统产业智能化、清洁化改造,加快发展节能环保产业,全面节约能源资源,协同推动经济高质量发展和生态环境高水平保护。首先就是要促进经济绿色碳循环发展。对于重点区域、重点流域、重点行业,要开展规划环评,调整优化不符合生态环境功能定位的产业布局、规模和结构。严格控制重点流域、重点区域环境风险项目。对于传统产业,要促进产业优化升级,形成绿色产业链体系,化解产能过剩,淘汰落后产业。同时,该文件还鼓励各地发展环保产业、清洁能源产业和清洁生产产业。

2020年3月由中共中央办公厅、国务院办公厅印发的《关于构建现代环境治理体系的指导意见》进一步强调了产业结构升级的问题。其中提到要强化环保产业支撑,加强环保技术产品的自主创新,并培育一批专业化骨干企业。

(二)江苏省关于"产业结构升级"的政策梳理

"产业结构升级"是不断向高附加值、低环境成本的产业攀升的过程,有利于一国经济的高质量发展。2013年7月印发的《江苏省生态文明建设规划(2013—2022)》中要求要优化产业结构。首先,要加快发展现代服务业。深入实施服务业"十百千"行动,推动金融、现代物流、软件和信息服务等优势产业的发展,同时要促进具有先导性、示范性的高技术服务业的发展,包括云计算、物联网应用服务、电子商务等。其次,还应该推进工业转型升级,引导战略性产业与现有产业融合发展,强化传统产业的生态化改造,提高纺织、冶金建材等行业的治污水平,从而推动我国传统的优势产业向高端、绿色、低碳方向发展。此外,还应提升生态农业水平。该文件要求在江苏省范围内普及农业清洁生产,加快循环型和节水型农业建设。与此同时,还要加强农业面源污染控制,建立农村面源氮磷流失生态拦截体系,加快完善循环农业标准体系,拓展农业循环产业链。

在这份规划的指导下,江苏省产业结构升级的成效也十分显著。江苏省服务业增加值已占据江苏经济总量的半壁江山,2019年,江苏省三次产业增加值比例为4.3∶44.4∶51.3,呈"三二一"型。江苏经济增长的动力绝大部分来源于第二产业,第三产业对于经济的贡献率也在逐年提高。以互联网及相关服务、信息技术、商务服务为代表的新兴服务业正在蓬勃兴起。

在已有的成就下,为推进美丽江苏建设,也需要有更加有利的政策支撑。2020年8月,江苏省委、省政府印发的《关于深入推进美丽江苏建设的意见》中提到,江苏省内沿江地区要对标世界级城市群,统筹产业转型升级和生态环境保护,更大力度"砸笼换绿""腾笼换鸟""开笼引凤",建设高质量发展的绿色生态经济带。此外,还应该加快形成绿色发展生产方式,提高数字化、网络化和智能化发展水平。要提高13个先进制造业集群绿色发展水平,推动生态环保产业与5G、人工智能、区块链等创新技术融合发展。在农业方面,鼓励发展生态农业和智慧农业,积极创建国家绿色农业发展先行区,并提出了到2025年绿色优质农产品比重达到75％以上的绿色发展目标。通过不断地进行产业转型升级,江苏的经济将不断获得新的经济增长点,实现高质量发展。

第三章

高起点推进美丽江苏建设的理论基础与机理分析

第一节 理论基础

一、可持续发展理论

"可持续发展"是在20世纪80年代后期出现的一个概念和发展观,增长和发展问题是西方经济学的重点研究主题之一。由于西方经济学家们所处的时代不同,面临的主要经济条件和经济问题不同,关注的重点不同,因而不同时期的经济学家或同一时期不同的经济学家对可持续发展问题的关注程度、所持的观点也各不相同。

(一)古典经济学的观点

古典经济学主要关注的是资源的稀缺程度与经济增长或经济发展的关系。古典经济学所说的"资源",主要是指人口、土地和资本。亚当·斯密、大卫·李嘉图和托马斯·罗伯特·马尔萨斯等人更强调土地的稀缺程度对于经济发展的影响。马尔萨斯认为,随着社会人口增加,土地愈来愈稀缺,人与资源的矛盾愈来愈突出,社会经济状况愈来愈恶化,直至劳动者处于仅能维持生存的最低生活水平。马尔萨斯理论的中心思想是:由于人口是按几何级数增长的,人们对生活资料从而对收入的需求也是按几何级数增长的,因此,对自然资源的需求是按几何级数增长的。但是,资源的供给和生活资料的供给是按算术级数增长的。这样,无论人口和收入的增长率多么低,随着时间的推移,对资源的需求必将超过资源的供给。因此,人类将面临一个黑色的未来:如果不能控制人口的增长,不断增长的人口将会耗竭地球生产生活资料的能力。

(二) 新古典经济学的观点

由19世纪70年代的"边际革命"发轫,以马歇尔、庇古为代表的新古典经济学,其研究重心已经偏离了古典经济学的研究传统。古典经济学主要关注的是资源的稀缺程度与经济增长的关系,因而他们关心分工、组织和制度问题。而新古典经济学主要关注的是在资源稀缺或资源数量一定的条件下,如何在不同的用途中配置资源使其达到帕累托最优状态。这种研究重心的转移使得资源稀缺程度对经济增长的影响在新古典经济学体系中被降低了。新古典经济学家们认为,市场机制的自发运行可以解决资源与可持续发展的矛盾,从而可以避免马尔萨斯陷阱。

(三) 当代西方经济学的观点

最先提出可持续发展思想的是西方的反增长论者和环境保护论者。他们反对把一定的经济增长率作为经济政策的主要目标,也反对"资源和环境问题不重要"的新古典经济学观点,认为经济增长必然要受自然资源和环境容量的限制。梅多斯等人认为如果世界人口、工业化、污染、粮食生产以及资源消耗按现在的增长趋势继续不变,经济增长就会在今后一百年内某个时候达到极限。最可能的结果是人口和工业生产能力这两方面发生颇为突然的、无法控制的衰退或下降。1987年世界环境与发展委员会(WCED)在《我们共同的未来》报告中正式提出可持续发展的定义:"可持续发展是满足当代人的需要而又不损害后代人满足其需要的能力的发展"。这里的"可持续发展"定义包括两个关键概念:一是"需要"的概念,特别是这个世界上穷人的基本需要应当优先给予满足;二是由技术状况和社会组织对满足当代人和后代人的需要的环境潜力施加限制的思想。

二、生态保护理论

(一) 资源短缺理论

资源是人类生存之本,经济发展之源,是当今社会人们非常关注的热点问题之一。资源状况的好坏直接影响着经济的发展和居民生活水平的进一步提高。随着国家各项事业和社会经济的发展,我们所面对的一个非常现实的制约经济发展的问题就是社会资源的日益短缺。我国是一个人口大国,而江苏又是一个经济和社会迅速发展的省份。随着人口的增加和生活水平要求的提高,人均社会资源日渐减少,正在由相对短缺演变为绝对短缺。这已经成为制约江苏各项发展的一个障碍。江苏目前面临的困境是:一方面,可利用资源有限;另一方面,民众在节约和有效利用资源方面的意识薄弱,从政府的活动、企业的生产到居民的日常生活和消费又都存在着触目惊心的资源浪费现象,这进一步加重了资源短缺的状况。在高起点推进美丽江苏建设的问题上,江苏仍然面临着多种资源短缺和资源有效利用率差的问题。也就是说,对高起点推进美丽江苏建设问题的研究应当基于资源短缺理论。

(二)"两山"理论

缘起于浙江、践行于全国的"两山"理论,作为习近平新时代中国特色社会主义思想的重要组成部分,为新时代推进生态文明建设、实现人与自然和谐共生提供了根本遵循。"两山"理论是指习近平提出的"绿水青山就是金山银山"的生态保护理论。任何一种理论都是在吸收和继承既有思想成果的基础上发展而来的,习近平"两山"理论具有一脉相承的丰富的思想资源和深刻的理论渊源,是资源短缺理论的中国化具象,是以马克思主义生态思想为理论基础,以邓小平理论、"三个代表"重要思想、科学发展观为源头,关于坚持经济发展与生态环境保护相统一的一项重要的生态保护理论。"两山"理论是在绿色可持续发展概念提出的大背景下产生的,即"两山"理论顺应了现代化的绿色发展趋势。与此同时,"两山"理论也为中国解决经济发展与环境保护之间的矛盾提出了理论范本。对于高起点推进美丽江苏建设来说,"两山"理论更是其指导性、引领性、适应性的基本理论之一。

三、协同理论

协同理论由赫尔曼·哈肯(Hermann Haken)提出,是一个典型的涉及多学科研究的理论。协同理论主要研究处于初始状态的复杂系统,在与外界存在物质和能量交换的前提下,如何实现其内部的子系统由无序转化为有序,并获得对应协同效应的过程。在协同理论中,初始系统处于一个能与外界自由交换物质与能量的状态,在初始系统演变为平衡系统的过程中,整个系统受到了慢变量和快变量的双重影响,而慢变量作用于初始系统,快变量通过作用于非平衡系统的方式间接地使系统产生共振,并且快变量伺服于慢变量,即快变量是发挥慢变量作用的具体表现形式。在系统不断变化的过程中,序参量是控制整个系统演变方向的决定性参量,决定了外界物质与能量的交换方式及多变量的深度融合方式,当序参量达到一定的临界值时,非平衡系统内产生自组织作用,控制参量在自组织作用中起到引导性作用,没有控制参量的情况下系统也会达到平衡状态,但控制参量的引入可以加快自组织作用的速度,进而形成了具有协同效应的平衡系统。具体来看,协同治理理论强调各主体间合作与竞争的重要性,为了实现治理目标,尽可能制定出更合理的制度与规则。协同治理理论强调了治理主体的多元化、子系统的协调性、动态性以及有序性。高效的协同治理有利于提高高起点推进美丽江苏建设的水平。

四、利益相关者理论

1959年安蒂思·潘罗斯(Penrose)出版的《企业增长理论》中提出了"企业是人力资产和人际关系的集合"的观念,从而奠定了构建利益相关者理论的基石。随着利益相关者理论在欧美国家企业生产实践中的不断发展与完善,利益相关者理论也经历了产生影响、初步参与以及实施治理的演变过程。利益相关者理论情景条件包括相关主体与被影响主体,这些主体存在于核心目标的实现过程之中。利益相关者理论认为企业追求的不应该仅仅是某些少数主体的利益,更应该注重全体利益相关者的共同利益,其组织的发展方向不应该是单一的、局限的,其核心目标的实现必须通过多方面的利益主体的合作协调与共同管理。随后,利益相关者理论逐渐从企业延伸到各行各业当中,为高起点推进美丽江苏建设的利益相关者研究奠定了理论基础。本质上说,利益相关者理论强调的是对多个利益相关者的利益进行科学的、合理的安排与协调,实现整体的、全面的组织目标。

五、适度人口理论

人口是经济发展的要素,对江苏高起点推进美丽江苏建设的研究需要基于经济学中的人口理论。由于不同的人口理论提出时的社会经济背景及分析问题的角度不同,因此形成了不同的人口经济理论。

早期西方经济学的人口理论主要对人口与财富之间的关系问题进行了阐述,其基本观点是增加人口可以增加国家财富及实力。然而,19世纪初西欧人口进入快速增长期,随着机器大工业普遍建立,出现了就业压力及城市贫困人口的扩大等现象,过剩人口的出现引起了人们的担忧,经济学家早期形成的人口观开始动摇。马尔萨斯时代人们的生活状况恶化,大批失业人口出现,因此马尔萨斯认为人口增长与经济增长之间存在一种负的反馈效应,经济增长可能会刺激人口增长,而人口增长却会阻碍经济增长,这种"自然法则"成为贫困的原因,要消除贫困就必须抑制人口增长。基于人口增长与经济发展及生活资料间的关系,马尔萨斯开创性地建立了人口与经济关系的分析框架,成为重要的"西方总人口理论"的理论分析模型。

在总人口规模理论的基础上,适度人口理论开始出现。英国经济学家埃德温·坎南和威克赛尔通过运用边际分析的方法对人口规模与经济发展关系进行分析,提出了适度人口理论。乔·奥·赫茨勒认为人口爆炸与自然资源枯竭论及生态环境恶化论强调了控制人口的重要性,提出了消除人口危机、缓解人口压力的办法是全面推进现代化建设,即加速经济发展、改变人们的价值观,促进人口流动。另外也有人口学家与经济学家开始意识到"人口过剩"与"人口不足"都不是最佳状态,适度人口理论的正确性得到了证实。随着适度人口理论的不断发展与完善,法国人口学家阿尔弗雷德·索维提出了现代经济适度人口理论,探讨了人口总量同经济总量的最优关系。20世纪90年代中期在人口控制理论及适度人口理论基础上发展起来的一种崭新的可持续发展的战略思想,把从根本上解决人口增长、自然资源危机、生态环境恶化等问题都纳入了可持续发展的战略行动纲领之中。

六、区位理论

区位理论是研究人类活动的空间分布及其空间中相互关系的理论,它是城镇化理论的基础。简单地说就是研究经济活动最优的空间理论,即研究经济行为与空间关系问题的理论。区位理论经历三个阶段的发展:第一阶段,为传统区位理论体系,主要研究的是产业集聚问题;第二阶段,主要是行为经济学家和结构主义经济学家对传统区位理论进行的修正与补充;第三阶段,为现代区位理论体系,现代区位理论的核心观点主要包括规模经济、区位竞争、外部经济以及集中力或者分散力四个部分。从研究对象上看最开始的区位理论主要是以农业和工业的区位理论为代表,寻求一种静态的局部均衡,而现阶段区位理论包括中心地论、市场区位论、交通区位论及决策论等多方面内容,它的研究对象包括三大产业以及行为领域,并且它是寻求一种综合的动态均衡。对于江苏来说,高起点推进美丽江苏建设势必要遵循以区位理论为核心的动态均衡的新型城镇化发展趋势。

七、聚集扩散理论

聚集扩散理论产生于区位理论之上,是对城乡动态关系以及产业结构升级形成机制的描述。聚集一般是因为在工业布局的技术因素影响下,可以通过最大限度的空间集中来获得最高的经济效益,从而会使得工业由农村分散式布局集中到农村中心区域,进而推动农村经济发展。虽然工业聚集一方面能够带来经济效益的增加或者费用的减少(称为聚集经济),它为社会经济活动的空间聚集提供了吸引力;但是另一方面也会使得经济效益减少或者费用增加(称为聚集不经济),它造成了社会经济活动空间聚集的排斥力。地区兴衰以及产业结构升级,很大程度是由聚集效应的聚集经济和聚集不经济的综合作用所决定。相对于聚集效应,扩散效应是指当经济发展到一定程度时,发展的速度将会变慢,原来集聚的技术力量和资金便寻求更高的发展机会,从而能够使得增长点由集聚中心向周边地区扩散,带动周边经济的发展。在扩散过程中由于资金、市场、资源等方面的原因,会导致新的增长点形成。由集聚效应和扩散效应所带来的经济效应,会加快产业结构升级,提高城镇化质量。对于江苏来说,顺应产业的聚集与扩散趋势,促进产业聚集经济效益优势的形成,才能从高起点实现美丽江苏建设的稳步推进。

八、外部性理论

"剑桥学派"创始人马歇尔提出的"外部经济"概念是外部性理论的源头,外部经济是指由于消费或者其他人和厂商的产出所引起的一个人或厂商无法索取的收益。相反,外部不经济则是指某些企业或个人因其他企业和个人的经济活动而受到不利影响,又不能从造成这些影响的企业和个人那里得到补偿的经济现象,如江苏省徐州市的雾霾污染、洪泽湖黑水污染等事件。环境污染属于负外部性问题,其实质是私人成本低于社会成本,私人收益高于社会收益。由于工业生产排放大量污染物,使得其对其他社会成员造成了环境损失,但并未承担相应成本,当污染超过环境自身修复能力便会造成环境质量恶化。"福利经济学之父"庇古提出了庇古税,也即目前许多国家采用的排污费和环境税等环境保护措施,将经济主体生产的环境成本内部化,使其承担的私人成本与社会成本等价。

九、公共物品理论

公共物品因具备非竞争性和非排他性特征,其产权归属难以界定,存在市场失灵问题。公共物品在被使用过程中容易产生"搭便车"现象,只要有人为使用公共物品付费,其他人就可以同时免费或低成本使用该公共物品,那么每个理性经济人都会选择不付费而免费乘车。解决"搭便车"问题需要政府为公共物品定价,适当运用经济和行政等手段,在市场失灵或市场低效时进行合理干预。自然资源和环境作为一种公共产品,也表现出非排他和非竞争的特征。但如果任何人都可以无限制地滥用资源、破坏环境,却不必为之付出代价,那最终必然会导致资源枯竭和环境恶化。因此,政府应当通过经济规制手段迫使排污企业为污染行为付费,避免全体社会成员共同承担污染成本,保障环境这一公共产品可以永续使用。

十、交易成本理论

交易成本理论由诺贝尔经济学奖得主科斯提出,交易成本是"通过价格机制组织生产的最明显的成本就是所有发现相对价格的成本"、"市场上发生的每一笔交易的谈判和签约的费用"及利用价格机制存在的其他方面的成本。交易成本在协作治理环境污染问题时主要表现为搜寻成本(取得污染排放方信息所需成本)、信息成本(合作双方交换信息成本)、监督成本(监督合作区域是否履行契约成本),总的来说就是各区域就污染共同治理所产生的协作成本。以往,由于大气和水体污染源具有难以监督等特征,对污染量的测定有较大难度,增加了管控跨区污染转移的现实困难,然而,信息化、智慧化等一系列数字技术的推进使动态监测界定各区域的生态阈值,实时监控和精准测定大气及水体污染的排放成为可能。一方面能够帮助确定权责主体,另一方面有助于合作主体间的信息交流降低决策成本。

第二节 国内外相关文献综述

一、美丽中国和美丽江苏建设的相关概念研究

（一）美丽中国建设的概念内涵

美丽中国是推进生态文明建设的目标所向，是实现人与自然和谐共生的空间愿景（黄贤金，2018）。2012年中共十八大报告首次提出美丽中国的执政理念，2017年党的十九大提出到2035年基本实现美丽中国目标，2022年党的二十大进一步就实现美丽中国目标提出具体举措。可见，美丽中国建设是落实联合国2030年可持续发展目标的中国实践和国家样板（葛金胜等，2020）。当前学界对美丽中国建设的概念内涵进行了较为广泛的研究，并且不断深化和升华其理论内涵，主要有以下观点：第一种观点认为"美丽中国"建设以优美的自然生态环境为基础并包含其他基本要素。王首然和祝福恩（2021）认为生态之美是构建美丽中国最基础和最直观的要素，解决新时代面临的生态环境问题是美丽中国建设的首要问题，但生态环境问题治理的复杂性促使美丽中国建设是一个由推动力、牵引力和保障力形成的合力系统。刘冬梅和尹贵斌（2019）则把新时代美丽中国建设的基本内涵囊括为塑造人与自然的和谐之美与塑造人与社会的人文之美两个方面。第二种观点将美丽中国建设的基本内涵区分为广义（即大美丽中国）和狭义（即小美丽中国）两方面。前者是指在特定时期内，遵循国家经济社会可持续发展规律、自然资源永续利用规律和生态环境保护规律，将国家"五位一体"的总体布局落实到具有不同主体功能的国土空间上，形成山清水秀、强大富裕、人地和谐、文化传承、政体稳定的建设新格局；后者则更强调既要创造更多的物质和精神财富，满足人民群众对美好生活的需要，也要生产更多优质的生态产品，满足人民对优美生态环境的向往（方创琳等，2019）。第三种观点侧重于从新时期与新时代的特殊发展背景出发，提出美丽中国建设在理论和实践方面的多维内涵意蕴。杨景良（2020）认为主要体现在七个方面，即坚持人与自然和谐共生的理念、坚持绿水青山就是金山银山的理念、坚持良好的生态环境就是最普惠的民生福祉的理念、坚持建设美丽中国全民行动的理念、坚持共谋全球生态文明建设之路的理念、推进马克思主义生态思想的中国化进程，以及推动新时代生态文明建设

思想具体实践的快速发展。此外,也有很多学者基于习近平"美丽中国"建设理念对其进行多维解读(黄蕾蕾,2019),如主要包括自然之美、生命之美、生活之美(秦书生,2018),包括生态文明美、社会和合美、美丽强国美、全球共赢美(陆树程和李佳娟,2018),以及包括自然环境之美、精神追求之美(庞立昕和崔三常,2018)等。

近年来,随着生态文明建设的不断深入,新时代的发展背景与发展目标要求各省域空间积极建设美丽省域,进而助力实现美丽中国建设目标。黄贤金和曹晨指出,以美丽中国建设的新时代内涵为基础,可以将自然底蕴保护、宜美城市、富美乡村、优美格局、和美生活以及醇美文化作为美丽省域建设的基本框架。在地方发展战略的指导下,各地为贯彻美丽中国建设理念形成了一些各具特色的经济实践。例如,福建省龙岩市将美丽龙岩的内涵解析为产业美、创新美、生态美、文化美和民生美五个方面(吴文春,2014)。浙江省杭州市以建设美丽中国先行区为目标,从改善城乡生态环境、优化城乡空间布局、推动经济转型升级、加快共建共享步伐等方面深入推进美丽杭州建设实践(龚正,2014)。此外,依托于"一带一路"倡议的特殊政策背景,我国中西部地区的省市更聚焦于通过加强生态治理国际合作、推动科技创新人才培养与完善生态法律体系等生态实践,以推动美丽中国建设(刘庆云,2018)。

(二)美丽江苏的内涵

国内学者也对美丽江苏的"美丽"内涵有过大量解析。他们主要是从美丽江苏的整体架构方面展开研究。

甘露等(2013)认为"美丽"是一个集合和动态的概念,是良好生态、绿色经济、开明政治、繁荣文化的总称。陈峰燕(2021)认为"美丽"是指适宜于人类居住和生活,它既包含优美、整洁、和谐的自然和生态环境,也包含安全、便利、舒适的社会和人文环境。任致远等(2021)对"美丽"的理解是,具有良好的居住和空间环境、良好的人文社会环境、良好的生态与自然环境和清洁高效的生产环境。陈娟(2021)指出美丽江苏是经济、社会、文化、环境协调发展,居住环境良好,能够满足居民物质和精神生活需求,适宜人类工作、生活的江苏。刘峻源等(2021)梳理了"美丽江苏"的内涵研究,得出"美丽"是一个人文与自然环境相互协调的状态,经济持续繁荣,社会和谐稳定,文化氛围浓郁,人工环境优美,治安环境良好,设施舒适齐备。李宏伟(2018)提出了建设美丽江苏应注重的两个重要层面:在个人层面上,应鼓励居民生活方式绿色化;在社会层面上,应推动生产方式生态化。金瑶梅（2018）提出"美丽"的内涵包括5重维度：以尊重顺应保持自然本色之美、以审美实践构造自然人化之美、以生态伦理滋养人类德行之美、以绿水青山守护人类健康之美、以互利共生彰显"天人"和谐之美。2020年8月江苏省委十三届八次全会正式印发《关于深入推进美丽江苏建设的意见》，提出美丽江苏建设应具体包含目标要求、空间布局、生态环境、城乡建设、人文品牌、组织机制等部分。周岚等（2020）和周凯（2020）分别从江苏"美丽宜居城市建设"与江苏"美丽乡村建设"的微观视角出发，解读了美丽江苏建设的内涵。

二、高起点建设的概念内涵

党的十九大将建设美丽中国作为建设社会主义现代化强国的重要目标，基于此各省市纷纷响应，相继出台了众多相关的意见、重大规划、战略部署等，正式吹响了建设美丽中国的号角。我国已转向高质量发展阶段，要进一步实现"十四五"规划和2035年远景目标，走好高质量发展之路，就要坚持高起点开局、高标准建设。

是否是高起点取决于主体发展的初始状态，因此各个行业和领域都可以从高起点的角度进行研究，但其内涵也兼具共通性和差异性。如在教育事业方面，部分学者基于已取得的成绩提出了高起点发展的新要求（关海庭等，2003），认为高起点是指在已有成果下继续推动教育的深化改革。在城市规划领域，21世纪初，王士兰和庞乾奎（2000）就对城镇规划的"高起点"内涵进行了探讨，基于路桥区工业化、城镇化发展迅速的现状水平，认为高起点不再是以往所指的变大，而是要实现兼顾环境、人文、教育等全面的城市发展。何立峰（2017）将雄安新区高起点建设的提出归因于它的区位条件，雄安新区建设的发展条件、历史意义使得建设雄安新区具有"高起点"要求。刘云（2019）强调了乡村发展过程中吸引人才的重要性，认为高起点是指引进人才后具备了更高层次的发展能力，要相应提出更高的发展目标，缩小城乡差距。在其他方面，部分学者提出的高起点是指在已取得了较高的建设成果的基础上，充分利用现有条件，将已有的成果转化为发展的更大动力和坚实基础，向更高层次的建设水平迈进（季元祖，2015；陈楚九，2019；黄宝连，2016）。而朱亚平（2015）认为高起点发展是一种机遇与挑战并存的新阶段。"高起点"是一种兼具能力和使命双重内涵的发展目标，江苏省具备独特的社会地位，有能力和义务主动进行高起点美丽江苏建设。有学者认为应将生态文明视为建设美丽江苏的首要任务，还有学者认为江苏省在当前阶段要实现飞跃的途径是逐步完成系统化高质量改革(杨凤华,2018)。

三、美丽中国建设的测度方法研究

美丽中国建设水平的测度不仅是量化美丽中国建设的基础性工作,也是美丽中国建设理论研究的基本内容,还是评判美丽中国建设质量的重要依据。研究重点、研究角度的差异使得学术界关于美丽中国建设的测算方法有所不同,主要有三种测算方式:

第一,单层次经济核算。由于美丽中国问题研究的复杂性,部分学者对美丽中国的测算集中于对某单一领域进行研究。沈明等(2020)基于统计数据、野外实测数据和卫星遥感数据等地球大数据,构建了"美丽湖泊"综合评价体系。程清平等(2020)认为水资源相关指标是评价"美丽中国"建设成效至关重要的部分,并结合联合国可持续发展目标对黑河流域水资源承载力进行了评价。中国科学院对如何量化美丽中国的研究成果以2020年3月国家发展改革委发布的《美丽中国建设评估指标体系及实施方案》这份报告呈现。同时,众多学者出版了相关研究的著作,对美丽中国的相关研究进行了丰富和系统化梳理。

第二,多指标测度体系。美丽中国建设多指标测度体系是指通过一系列核心指标从多角度反映美丽中国建设进步情况,不需要进行指标加权。这类指标体系能够直观地显示影响美丽中国建设的推动和制约因素,但无法实现像综合指数那样从总体上评估美丽中国建设水平。高峰等(2019)将美丽中国内涵解构为天蓝、地绿、水清、人和四个维度,以地球大数据、网络数据及统计数据等多源数据为支撑,构建了包含12个具体目标、43个具体评价指标的"美丽中国"评价指标体系。马延吉等(2020)以东北重点生态功能区(松花江流域)、西北内陆河流域(黑河流域)、京津冀都市圈、东部平原区(长江中下游平原)为研究对象,在分析各典型区域特点的基础上分别构建了各区域的"美丽中国"全景评价指标体系。

第三,综合指标体系。这类指标通常是在选择核心指标的基础上通过不同的测算方法对核心指标加以综合,得到一个以多方面、多角度评价变量水平的综合性测算指标。胡宗义等(2014)从美丽经济、美丽社会、美丽环境、美丽文化、美丽制度和美丽教育六个层面选取26个指标构建了"美丽中国"评价指标体系,并运用TOPSIS法对我国"美丽中国"建设情况进行综合评价。向云波等(2015)尝试从资源生态、经济发展、社会伦理和文化政治4个维度构建"美丽中国"评价框架,然后运用层次分析法确定各指标权重。谢炳庚等(2017)基于环境绩效指数、人类发展指数和政治文化指数,构建"美丽中国"建设水平评价指标体系,并对我国省级"美丽中国"建设水平进行了定量评价。时朋飞等(2017)通过建立包含美丽环境生态位子系统、美丽经济生态位子系统、美丽生活生态位子系统三大子系统的指标体系,对长江经济带11个省市的美丽中国建设水平进行评估。潘苏楠等(2019)采用熵值法构建了包含生态环境、经济发展、文化建设、社会和谐4个一级指标、35个二级指标的"美丽中国建设系统"评价体系。

结合美丽中国建设的含义,一些学者将其落脚在绿色发展(刘军英,2020;周亮等,2019)、高质量发展(汪侠和徐晓红,2020)、绿色城镇化(刘伟等,2019)等,并构建指标体系展开实证研究。还有部分学者对"美丽中国"内涵的某一方面进行了重点解读和研究,如宜居性(姜欢,2019)、生态福利绩效(李琴,2018)、政治生态建设(夏美武,2014)等,并通过评价体系构建的方式进行了测算。

四、美丽中国建设的实践路径

(一)美丽中国建设的实践路径研究

美丽中国建设是在生态系统各要素复合作用下所产生的各种生态关系的总和,是一项关乎国家发展、社会稳定、人民幸福生活的复杂系统工程,需要强化各个主体之间的协同治理(耿露,2016),发挥各参与要素的优势潜能,形成以政府为主导,企业、公众协同共治的绿色行动体系(刘玮焕,2020)。

首先,政府作为公共政策的具体供给者、执行者和调试者,在生态文明建设和美丽中国建设中发挥着主导作用,政府的作为状况和主动性以及各项决策措施是否具有科学性和前瞻性直接关系到美丽中国建设的成效。政府能够通过财政工具(Zhao et al.,2016;黄滢等,2016;刘炯,2015)、法规制度直接管制(Zhao et al.,2015;沈坤荣等,2018;姜楠,2019)以及融合社会目标与经济政策的公共政策(郭珉媛,2010)等不同路径作用于美丽中国建设的全过程,具体包括以下几个方面:一是通过制定和落实财政政策、环境规制等相关政策制度和措施,对经济主体行为进行干预,从全局出发来规范和引导美丽中国建设。财政工具是政府分配社会产品、调节经济活动的重要手段,政府可以通过优化财政政策,为美丽中国建设提供政策基础和制度保障(郁红,2020)。岳书敬和高鹏(2020)认为,政府应当充分发挥绿色技术创新的支撑和引领作用,支持企业高新技术研发生产,通过绿色创新支撑产业绿色新发展、增添经济增长新动力、助力绿色金融新成长等路径,实现生态效益和经济社会效益相统一。政府还能够通过命令控制型、经济激励型和商业政府合作型等环境规制政策,达到保护生态环境的目的(Wang 和 Shen,2016;张嫚,2006;彭海珍和任荣明,2003;赵玉民等,2009)。宗雪在经典的 Grossman 分解模型中纳入环境规制效应,指出政府应聚焦提高外资企业环境标准、完善环境法规体系、加大污染惩罚力度等手段治理大气污染问题。童纪新和曹曦文(2020)研究发现,江苏省的水环境规制对污染治理具有显著成效。熊万等(2020)基于扩展的 STIRPAT 模型实证检验了长三角地区高新技术产业集聚的环境污染效应,结果表明可以通过提升高新技术产业集聚水平的环境规制方式来改善环境污染问题。二是通过建立健全环境监督管理体系,规范防控污染物排放,从根本上改变"先污染,后治理"的发展模式,实现美丽中国建设战略目标。葛继红(2011)指出,加大农业面源污染治理力度与配方肥技术推广力度,开展全民范围的环境教育宣传工作等均是农业面源污染治理工作的重要内容。仇方道等(2014)应用完全分解模型对比分析了源头减量化、清洁生产和末端治理的产业生态化发展问题,发现源头减量化作用呈不断增强之势,并成为产业生态化发展的主导方向,并且源头减量化能够通过技术进步和资源节约管理创新来降低资源投入强度。徐盈之和高嘉颖(2016)实证分析了江浙沪三地污染物源头控制的作用路径,发现江苏省减少污染物排放的最主要路径是"源优化—污染物减排"的直接路径。卢爱桐(2018)通过研究江苏省工业 COD 排放问题,提出要将水污染治理由末端治理转向全过程管理。三是通过完善环境治理体制,依靠政府之间、政府部门之间以及中央政府和地方政府之间的协调联动,协同治理生态环境问题,共建美丽中国。美丽中国建设是一项系统工程,涉及体制机制、治理体系与治理能力等各个方面,完善环境协同治理的整合制度以及城乡一体化协同发展机制,能够增强各参与主体配合寻求共同的利益,从而推进美丽中国建设(陈涛和牛帅,2020;于善波和李菲菲,2015;刘峰,2017)。乔永平和吴宁子(2019)指出生态文明的建设需要生态环境综合整治,实现生态环境协同治理以及"多规合一"推进生态文明建设顶层设计的协同。曹鑫(2020)指出,政府应聚焦城乡之间与区域内部等领域,引导新型城镇化与美丽乡村建设耦合协调发展。绿色治理是建设美丽中国的必由之路,实现绿色治理需要政府构建绿色协同治理体系,强调各主体之间的横向协同以及不同层级之间的纵向协同(杨立华和刘宏福,2014)。王允端(2018)基于西北地区生态文明建设的研究分析得出,通过建立联防联控的跨区域生态治理协调机制能够逐步推进该区域生态文明建设的发展。翟坤周(2016)以经济绿色治理为切入点,构建了基于"对象—方法—效果"协同的绿色治理模型,并提出"规划—产业—空间"协同的绿色治理路径。王振波等(2017)提出由国家—城市群—城市构成的分层纵向联动构架,协同多个省市行政区的跨区横向联动管治方式以及涉及产业准入、能源结构、绿色交通、跨区援助、监测预警和会商问责等内容的协同多向联动机制,研究发现该模式的模拟实施能够显著改善城市群的空气质量,且高污染范围由北向南显著缩小。此外,部分学者对不同国家间的协同治理进行了研究,发现跨区域合作仍然应当推行(Nkengfack et al., 2020; Hosseini et al., 2011; Aniscenko et al., 2017)。

建设美丽中国,既需要政府自上而下的制度设计,也需要群众自下而上的全民行动。刘小青(2012)基于北京大学中国国情研究中心的全国抽样调查数据,对公众对环境治理主体的选择偏好进行了考察,发现环境意识会随着社会化的进程由个体意识发展为群体意识,并最终演变为一种偏好性行为,从而影响着主体的环境参与。还有学者认为需要搭建全民参与平台,规范个人环境行为以及完善公众参与的制度机制(张士霞,2020)。公众参与是美丽中国建设的重要支撑,公众积极参与生态文明建设的经济、政治、文化、社会等多个层面,才能发挥公众的社会合力作用,加快美丽中国建设进程(秦书生和张泓,2014)。王冠军(2019)认为,公众已经成为生态文明建设的一支重要推动力量,因此,需要健全和完善公众参与生态文明建设相关制度,创新参与方式和拓宽生态文明建设的公众参与渠道。刘伟杰等(2019)认为通过搭建多方参与平台,拓展公众参与方式,完善公众参与反馈机制以及培养公众参与意识,能够提高公众参与能力,从而能够提高生态治理能力。谢花林(2020)通过问卷调查和实证研究发现,生态环境、政府政策和公众认知均对公众参与意愿存在显著的正向影响。张士霞(2020)认为,生态文明是人民群众共同参与建设共同享有的事业,建设美丽中国需要全体人民共同努力,因此要完善全民绿色行动制度设计,精准推动全民绿色行动。胡乙(2020)提出打造多元共治的环境治理体系,使得公众能够以更为有效的方式实质性地参与治理过程,如此才能更好地实现环境善治,推动美丽中国建设。此外,部分学者从其他角度切入并展开研究,发现社交媒体的使用影响了公众的环境意识(Finch et al., 2016),道德情绪尤其是内疚感对公众的环保行为能够产生激励作用(Rees et al.,2015),公众对人类环境系统知识和环境行为知识的了解程度与环保参与程度呈正相关(Diaz-Siefer et al.,2015)。

建设美丽中国还需要构建绿色低碳循环发展的经济体系。企业是市场经济的关键主体,也是美丽中国建设的中坚力量(孙静茹,2018)。Benito-Hernández等(2016)认为环境保护是制造业最重要的社会责任之一。滕敏敏等(2014)发现激励机制可以在一定程度上提高企业参与环境保护的水平,在自觉的情况下可以以较低成本实现企业参与区域环境治理的帕累托最优。许敬轩等(2019)利用我国规模以上工业企业的数据进行实证研究,发现高强度的政策实施会增强企业的避税程度,企业具有在环境治理过程中避税的行为倾向,因此提出要加强对企业税收征管的监督力度。储红琴(2020)认为应该推动企业树立绿色发展理念,构建生态化立体型的企业文化体系和强化其生态主体责任意识,如此才能够更好地发挥企业在实现美丽中国建设中的主体作用。

此外,环保社会组织的发展能够促进生态文明意识建设、生态文明制度建设和生态文明行为建设,进一步加快推进美丽中国建设。吴媚霞(2018)提出,建设美丽中国需要加大环保力度和监管手段、完善事前监督机制和环保组织部门联动协调机制。金碧华等(2020)认为要充分发挥环保社会组织在生态文明建设中的积极功能,加强环保社会组织的支持力量和环保社会组织的治理能力,以便解决突出环境问题,进而推动美丽中国建设。

(二) 美丽江苏建设的实践路径研究

从宏观层面的具体维度来看,建设美丽江苏可以从生态文明、产业结构升级、城乡发展等方面来着手。汪功平等(2020)认为,生态文明美是习近平美丽中国思想中最基础层面的美,是最基本的内涵。Han提出了江苏省有着良好的绿色产业发展基础,在美丽江苏建设的道路上,应着力发展绿色产业,加大生态环境保护力度,从源头阻止以破坏环境为代价的工业进步。Sun等以江苏省徐州市为例,以要素分析方法构建绿色经济发展能力评价体系,明确了江苏省作为国家经济发展领先省份和生态文明建设示范区,有能力落实"绿色"发展理念,构建生态良好的美丽江苏。王天琦(2021)分析了习近平总书记赴江苏视察调研,赋予江苏"争当表率、争做示范、走在前列"的重大使命,要求把保护生态环境摆在更加突出的位置,走出一条生态优先、绿色发展的新路子。此后,江苏省委十三届八次全会指出,要把美丽江苏建设作为一项事关全局的重大战略,由此提出生态文明建设是美丽江苏建设的必由之路。

吕永刚(2020)提出产业质态是影响区域生态环境的关键性变量,有什么样的产业形态和产业结构,往往就有什么样的区域生态环境。建设美丽江苏,以绿色低碳循环为导向,构建与绿水青山就是金山银山理念相匹配的产业体系是其中的关键一环。谢兆霞(2021)认为江苏作为制造业大省,形成了具有较强优势的制造业生态链,在全球制造业经历颠覆性变革的当下,江苏省应坚定不移地走制造业转型升级的道路,将科技创新与生产力发展紧密结合在一起,以源源不断的动力来支撑经济的发展。

史欢欢等(2020)以江苏省13市为例,分析了新型城镇化对社会进步的促进作用,极大地提高了居民生活水平,改善了生态环境,提升了科教文卫服务质量。此外,张莉等(2016)和郑楠(2014)分别从新型城镇化对江苏省生态效率的影响和农民收入的影响两个方面展开了研究,发现新型城镇化对这两个方面都有显著的促进作用,由此可以看出新型城镇化为美丽江苏建设提供了巨大动力。蒋微等(2021)提出,如今网络和信息化技术发达,中国特色社会主义市场化经济蓬勃发展,江苏省作为现代化经济大省,呈现出城镇化发展的趋势,城乡之间的信息交流、商品流通逐渐增加,这一变化推动了城市与乡村形成竞相繁荣兴旺的新格局。由此看出,要建设美丽江苏,就要走上城镇化的道路,促进城乡合力发展,共同进步。

五、文献评述

综上所述,国内外学术界已经从概念内涵、提升路径等方面对高起点推进美丽江苏建设展开了研究,为开展高起点推进美丽江苏建设关键问题的深层次研究奠定了一定基础。然而,现有研究也存在一些不足之处,主要表现在:

(一)现有文献缺乏对高起点推进美丽江苏建设的系统性理论阐释

对高起点推进美丽江苏建设进行系统性的理论阐释是开展本研究的重要前提与基础。现有文献对高起点推进美丽江苏建设的理论研究多从政策制定、制度设计等单一角度展开,缺乏系统性理论研究。为此,需要全面整理相关研究成果,厘清高起点推进美丽江苏建设的概念内涵、关键问题、作用机制等,构建高起点推进美丽江苏建设的系统性理论研究框架。

(二)现有文献尚未形成美丽江苏建设的统一测度指标

准确评价美丽江苏建设的现状,探讨当下美丽江苏建设存在的困境与关键问题,是高起点推进美丽江苏建设的重要现实依据,因此有必要对美丽江苏建设水平进行科学测度。现有研究多见于从不同角度对美丽中国建设水平进行评价,但缺乏对区域建设水平的针对性测评,不利于准确把握美丽江苏建设的发展现状。为此,需要基于美丽江苏建设的概念内涵,构建科学合理的评价指标体系,准确测量美丽江苏建设水平。

(三)现有文献未能明确高起点推进美丽江苏建设关键问题的路径与机制

明确高起点推进美丽江苏建设的作用路径是实现美丽江苏建设战略目标的重要着力点。然而,现有文献多从政府宏观调控、区域协同治理等单一维度探究推进美丽江苏建设的路径构建,缺乏讨论不同宏微观主体在促进高起点推进美丽江苏建设中可能存在的作用,从而不能准确全面地构建有效的美丽江苏建设路径。为此,需要基于宏微观等不同视角,明晰推进美丽江苏建设的全面可行路径,为高起点推进美丽江苏建设提供现实依据。

(四)现有文献对高起点推进美丽江苏建设的具体机制与对策研究不足

高起点推进美丽江苏建设需要科学有效的机制设计来进行保证。现有文献对相关机制设计、政策举措的研究"片面化"或"碎片化",此外,还缺乏将美丽江苏建设参与主体的监管制度、美丽江苏建设协同治理的保障制度置于统一的研究框架之下,系统全面地分析美丽江苏建设制度体系的研究成果。为此,需要统筹兼顾高起点推进美丽江苏建设的各个环节,探寻科学合理的机制设计,构建切实可行的政策方案。

第三节 "源头防控"视角下高起点推进美丽江苏建设的机理分析

源头防控策略是推动实现江苏经济社会建设之美、生态环境建设之美,进而是高起点推进美丽江苏建设的必要之举。环境规制与技术创新被认为是实施源头防控的关键着力点。环境规制是从源头防控污染的重要政策手段,同时是激励企业从事技术创新活动的重要机制之一,适宜的规制强度不仅能够提升生产效率,增强产业竞争力,还能有效推动环境治理效率,从而有助于推进经济的高质量发展。技术创新则是平衡经济增长和环境保护"双赢"的内生动力,是能够从源头实现绿色转型发展进而实现经济高质量发展的重要机制。本节重点剖析环境规制及技术创新对高起点推进美丽江苏建设的影响机理。

一、环境规制对高起点推进美丽江苏建设的影响机理

环境规制是以保护环境为目的,对污染公共环境的各种行为进行阻止或限制的行为。因此,环境规制是实现从源头防控污染的重要渠道之一,不仅如此,适宜的环境规制强度还会通过倒逼低端生产模式转型提升生产效率,从而实现经济增长与环境保护的协同发展。具体而言,环境规制对高起点推进美丽江苏建设的影响机理体现在:第一,环境规制的"成本效应"为污染型企业带来额外的治污成本,部分企业在无法达到环境规制要求的条件下将被迫退出市场,部分企业则通过兼并重组的方式降低边际治污成本(原毅军和谢荣辉,2014),组织管理方式的改善有助于降低规模效应的负外部性。第二,环境规制赋予稀缺环境资源经济价值,减轻资源错配引致的经济效率和社会福利损失(童健等,2016),要素投入市场的完善有助于增强结构效应的正向环境影响。第三,环境规制的"创新补偿效应"对技术创新起到激励导向作用,环境规制带来的污染成本提升,会使得企业节约使用昂贵的环境要素,刺激产品创新和过程创新以降低生产成本,以期通过创新效应带来的收益弥补治污成本增加的负担。基于此,环境规制对高起点推进美丽江苏建设水平的影响具有未确定性。根据传统环境经济学理论,环境规制能否推进经济的高质量增长与环境规制的强度紧密相关,不同的规制强度影响到"成本效应"和"创新补偿效应"的权衡结果。

二、技术创新对高起点推进美丽江苏建设的影响机理

技术创新是促进经济增长、提高核心竞争力的动力源泉,也是推进绿色转型发展,实现源头防控的关键机制。具体而言,技术创新对高起点推进美丽江苏建设的影响机理在于:第一,从技术创新层面来看,企业技术创新活动产生的技术革新能够在一定程度上降低旧有生产工艺的成本,提高生产效率从而增加市场潜力。同时,企业技术创新能力的提升能够推动形成更高的行业标准,推动实现消费结构和产业结构的转型升级,从而高起点推进美丽江苏建设。此外,企业从事技术创新活动还可以改善劳动力的生产技能和管理能力等综合素质,强化企业内部的知识存量,从而形成创新螺旋式增长效应。第二,从绿色技术创新层面

来看,绿色技术创新是在产品生命周期全过程中形成的无污染、低能耗、可循环、清洁化的技术发展范式,在绿色技术创新发展范式引领下,生产企业注重培育和打造绿色高质量产品,实现从源头提升产品的绿色品质。此外,绿色技术创新能够为绿色化、智能化制造过程持续赋能,而制造领域的绿色化、智能化能够不断催生新的制度与生产模式,以兼容"经济增长"与"环境保护"协同共生,从而高起点推进美丽江苏建设。综合前文所述,环境规制、技术创新以及美丽江苏建设水平三者之间还会存在如下逻辑关联:环境规制存在创新激励效应,即环境规制强度的增加倒逼企业通过技术创新的方式弥补环境成本的负担,因此,适宜的环境规制强度有助于进一步强化技术创新推进美丽江苏建设水平的正向效应。

第四节 "协作共治"视角下高起点推进美丽江苏建设的机理分析

一、协作共治机制的建立:集体及制度形成

环境污染治理的跨区域协作共治机制是区域内部各地方政府以防治区域环境污染为目标,建立相关组织和制度以打破行政区域界限,共同规划和实施污染控制方案,统筹安排,相互监督协调,最终实现改善区域环境质量的区域性环境污染治理机制。协作共治机制一经建立必然会制定区域污染联合治理的战略规划,确定环境质量改善目标,并要求建立区域环境监测网络来实现信息的互联互通,降低协作成本。区域内部联合环保执法和强化各地协调配合同样是协作共治机制的重要部分,通过联合执法和强化配合来提升区域内部各合作府际的退出壁垒,保证污染协作共治的稳定性。最后,通过综合评估治理成效来建立明确的监督惩罚机制,增强地方政府的绩效压力,保证协作规划措施的落实。协作共治推进美丽江苏建设的机理如图 3-1 所示。

二、退出成本的提高:稳定环境成本内部化

从我国各地的污染联合治理实践来看,加强区域组织领导和协调配合是建立协作共治机制的重要环节,如北部湾区域大气污染联防联控建立了跨行政区

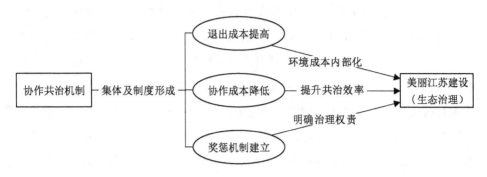

图 3-1 协作共治视角下高起点推进美丽江苏建设的机理

的大气污染联防联控协调组织机构,加强区域大气污染防治的组织领导和协调配合以形成区域治污整体合力,针对未按时完成规划任务,空气质量严重恶化的城市出台严格的空气质量管理措施。同样的举措也出现在辽宁省、昆明市的大气污染联防联控机制中,对于不合作的流域城市建立了相应的公布和惩罚机制。协同共治机制中退出成本的设立使各区域联合成一个整体,从而将单个区域原本的外部不经济转化为集体内部的环境成本,而环境成本内部化的有效转化,能够矫正区域的环境污染跨界转移倾向,更加注重污染治理工作。

三、协作成本的降低:提升环境污染共治效率

由于信息成本、搜寻成本、监督成本的存在,区域间的协作治理就容易产生"摩擦"和风险——在环境治理中,协作成本越高,地方政府就越有可能做出有悖于区域整体利益的行为,该行为会因信息成本、监督成本的存在而易于被掩盖。一般来说,如果搜寻污染转移地区的非法排污行为的成本较高,其他被转移地区就更有可能选择自己治理污染,从而导致污染外溢地区无节制地排放污染,而被转移地区承担更高的污染治理成本。而协作共治机制的建立,通常要求信息共享,以工作报告会、数据监测平台、信息共享平台等方式降低信息不对称和搜寻成本,达到减少高污染区域的机会主义和"搭便车"行为,进一步提升环境污染共治效率。

四、奖惩机制的建立:明确污染治理权责

有力的奖惩机制不仅是平衡污染转移及被转移地区经济利益的重要手段,也是明确区域权责,防止共同生态环境陷入循环恶化、走向公地悲剧的有效措

施。奖惩机制是区域协同治理的重要组成部分,如长三角环境污染联防联控机制的评估考核体系,以中央政府的监督和惩罚增强地方政府的政绩压力,以联防联控领导小组的评估检查、考核评价增加地方政府的执行压力,从而督促地方政府完成地区环保规划目标,保证各项环保规划落到实处。奖惩机制的建立使各区域的权责得以明晰,在一定程度上弥补了地区因公共环境资源产权不明而产生的机会主义,从而促进了环境治理效率与公平的提升。

第五节 "共同参与"视角下高起点推进美丽江苏建设的机理分析

高起点推进美丽江苏建设、守护好江苏人民的美丽家园需要江苏每一个部门的积极协作与共同努力。高起点推进美丽江苏建设是一项前瞻性愿景,实现与否事关江苏未来的经济发展、社会稳定与人民幸福生活。虽然政府部门在自然资源与生态环境保护中起到了引领性作用,但是仅仅依靠政府的力量难以真正实现高起点推进美丽江苏建设的最终目标。为在一个更高的起点推进实现建设美丽江苏的最终目标,政府需要积极联合企业、社会公众等主体,强化各个主体之间的协同治理能力,发挥各项要素投入的优势与潜能,形成以政府为主导,企业、公众协同共治的绿色行动图景,构建一个"共同参与"的新型治理体系。

一、政府参与对高起点推进美丽江苏建设的影响机理

政府参与是指政府在解决江苏经济、社会、环境等问题实现美丽江苏建设的过程中的一系列行为。政府是中央政策法规的具体执行者与落实者,是高起点推进美丽江苏建设规划的总体设计者。江苏地方政府在高起点推进美丽江苏建设中扮演着最为重要的角色,是促进江苏实现经济高质量发展、人民美好生活需求满足、生态资源高效利用的第一驱动力。随着中央政府行政体制改革以及放权简政步伐的不断加快,江苏地方政府在推动社会发展的各个方面具有更多的行政自主权和选择权。同时,江苏地方政府也是美丽江苏建设政策效果的第一负责者。政府参与对高起点推进美丽江苏建设的影响机理主要体现在以下几个方面:第一,政府工作人员较高的重视程度往往会更高效地推进美丽江苏的建

设效果;第二,政府中相关政策制定者的业务水平越高,政策对推进美丽江苏建设的适配度与执行效果也会更好;第三,与政策执行相关的各个部门协作共治的水平越高通常会越有利于产生带动效应,进而实现高起点推进美丽江苏建设;第四,高起点推进美丽江苏建设的重要任务之一便是节约资源与保护环境,强有力的环境监管力度对于高起点推进美丽江苏建设水平的提升至关重要;第五,政府的相关政策应当符合"推拉结合"的理念,一方面要确保政策强有力的执行,另一方面也要加强相关理念的宣传与教育,进而实现高起点推进美丽江苏的建设;第六,有效的后续追责制度是确保政策效果的有力保障,对于高起点推进美丽江苏建设水平的提升有重要的作用。

二、企业参与对高起点推进美丽江苏建设的影响机理

企业参与是指政府在从事生产经营活动、履行社会责任进而实现美丽江苏建设的过程中采取的一系列行为。企业是推动经济发展、解决环境问题的重要力量,是高起点推进美丽江苏建设的主力军。企业主要包括从事生产、流通、服务等经济活动,以生产或服务满足社会需要,实行自主经营、独立核算、依法设立、具有经济法人资格的一种营利性的经济组织。企业虽然满足了人民的物质与精神需求,但也造成了相当多的环境污染问题。现阶段,在环境与资源问题方面,企业已经从环境问题的制造者转向了解决者。也就是说,随着企业经营环境的变化以及企业社会责任概念的提出,企业已经变成了解决资源与环境问题的主体,其在高起点推进美丽江苏建设的过程中发挥着重要的作用。企业参与对高起点推进美丽江苏建设的影响机理主要体现在以下几个方面:第一,企业通过设定合理且适当的环境保护社会责任来实现高起点推进美丽江苏建设;第二,企业的生产信誉水平越高代表企业在社会生产中的参与水平越高,进而实现了高起点推进美丽江苏建设;第三,尽管企业的社会责任已受到广泛的关注,但传统的法律法规仍是企业推进美丽江苏建设的主要推动力。因此,越高的企业守法程度就越能实现高起点推进美丽江苏建设水平。

三、公众参与对高起点推进美丽江苏建设的影响机理

公众参与是指在面对美丽江苏建设过程中的问题时,公众进行交流讨论、诉求表达等方面的行为。公众是高起点推进美丽江苏建设的直接受益者与参与

者,同时也是建设成果的重要监督者与评价者。高起点推进美丽江苏建设,既要满足人民的物质生活需要,也要满足人民的美好生态环境需要。这表明,保护资源环境、建设生态文明、打造宜居城市、推进乡村振兴是高起点推进美丽江苏建设的重中之重,这些都离不开社会公众的参与与监督。一方面,江苏民众需要增强环保意识,亲自参与到高起点推进美丽江苏建设中来。另一方面,江苏民众发挥着对高起点推进美丽江苏建设中违法行为的监督监察作用。公众参与对高起点推进美丽江苏建设的影响机理主要体现在以下几个方面:第一,完备的公众参与法规是确保公众参与美丽江苏建设的制度基础,不断完善相关法律法规有利于实现高起点推进美丽江苏建设的水平;第二,媒体信息的畅通与及时是发挥公众监督的主要途径,是实现公众参与美丽江苏建设的关键;第三,高起点推进美丽江苏建设,不仅要有完备的公众参与法规和畅通的媒体监督渠道,还应当让公众具备积极的参与意识,这是高起点推进美丽江苏建设中实现有效公众参与的源动力;第四,建立完备的公众意愿反馈制度,积极听取公众对政府和企业对意见处理的反馈信息,进一步完善相关工作,有利于实现高起点推进美丽江苏建设。

第六节 "新型城镇化"视角下高起点推进美丽江苏建设的机理分析

走中国特色、科学发展的新型城镇化道路是以习近平同志为核心的党中央做出的重大战略部署,对全面建成小康社会、推进全面建设社会主义现代化国家具有重大现实意义和深远历史意义。江苏城镇化发展起步早、发展快,水平和质量总体呈现稳步提升态势,城镇化发展水平持续走在全国前列。当前,江苏已经开启基本实现现代化的新征程,迫切要求将推进新型城镇化摆在更加突出的位置,为高起点推进美丽江苏建设,促进经济持续健康发展提供强大引擎。为此,开展新型城镇化对高起点推进美丽江苏建设的影响机理分析,是推进江苏经济转型升级和实现社会全面进步的关键举措,也是推进全面小康和现代化建设的基本方向和必然过程。

一、新型城镇化对高起点推进美丽江苏建设的直接影响

新型城镇化的定义是在"以人为本"的核心指导思想下,以产城融合为抓手,

以绿色生态为保障,最终实现城乡一体化发展的目标。新型城镇化对高起点推进美丽江苏建设的直接影响可以概括为以下四个方面:首先,新型城镇化建设是高起点推进美丽江苏建设的质量保障,也是提高城镇化质量和破解城乡二元结构的迫切要求。以人的城镇化为核心,加快转变城镇化发展方式,统筹谋划、整体设计新型城镇化和城乡发展一体化方略,有利于从根本上解决长期以来城镇化发展模式粗放带来的诸多矛盾和问题,有利于破解城乡二元结构,化解城市内部新的二元矛盾,避免陷入"中等收入陷阱",实现可持续发展。其次,推进新型城镇化是解决农业农村农民问题的重要途径,为高起点推进美丽江苏建设奠定发展基础。新型城镇化能够提高城镇发展质量,增强城镇承载和带动功能,有序推进农业转移人口市民化,实现城乡基本公共服务均等化,有利于转变农业发展方式,加快农业现代化进程;有利于增强农村经济实力,提升新农村建设水平;有利于促进农民持续增收,提升农民生活质量和水平。再次,新型城镇化是推进江苏经济转型升级和实现社会全面进步的关键举措,为高起点推进美丽江苏建设提供经济助力。城镇化水平持续提高,有利于不断扩大城镇消费群体,促进消费结构和消费方式升级,释放消费潜力;城镇要素集聚和城乡生产要素优化配置,有利于大幅提高劳动生产率和资源利用效率,增强创新能力,促进产业优化升级;统筹城乡发展,有利于促进城市文明向农村延伸,实现城乡社会共同发展、全面进步,使全体人民共享现代文明成果。最后,新型城镇化是促进区域协调发展的重要依托,为高起点推进美丽江苏建设提供有力支撑。新型城镇化旨在以城市群为主体形态,形成体系健全、定位明确、分工合理的大中小城市和小城镇协调发展新格局,有利于促进苏中地区加快融入苏南经济板块,苏北地区以区域中心城市为载体培育形成新的经济增长极,苏南地区加快转型发展步伐并在打造长三角世界级城市群中发挥重要作用;有利于促进区域产业分工协作,推动人口和经济布局更加合理、区域竞争力整体提升。

二、新型城镇化对高起点推进美丽江苏建设的间接影响

新型城镇化对高起点推进美丽江苏建设的间接影响可以概括为以下三个方面:第一,新型城镇化通过资本积累效应对高起点推进美丽江苏建设产生正向促进作用。新型城镇化发展过程中,通过不断积累人力资本和物质资本,增强城市之间的溢出效应,促进城市协调发展,进而对促进城乡一体化起到决定性作

用。此外,资本积累也是产业结构优化和技术进步的前提条件,资本积累能够促使产业由低级形态向高级形态过渡,同时为技术创新提供经济和物质支撑,是高起点推进美丽江苏建设的重要动力。第二,新型城镇化通过产业结构优化效应对高起点推进美丽江苏建设产生正向促进作用。与传统城镇化不同,新型城镇化着眼于城镇化建设质量的提升,能为区域产业发展提供更为广阔的空间。例如,新型城镇化有利于实现农业生产向高附加值转变,进而推进农业现代化发展。而农业现代化不仅能够提升第一产业发展质量,而且能深入推动工业化发展,提升产业发展层次。同时,新型城镇化有利于新型工业化向集约循环、创新驱动等方向发展,进而促进传统制造业转型升级。此外,新型城镇化能够促进经济绿色可持续发展,催生一系列高端技术产业、生产性服务业及绿色产业发展,进而提升江苏可持续产业发展浓度,为高起点推进美丽江苏建设提供助力。第三,新型城镇化通过技术进步效应对高起点推进美丽江苏建设产生正向促进作用。一方面,新型城镇化建设能够解放农村闲置劳动力,使其投入生产,进而改变江苏经济的平衡增长路径,促进劳动生产率的提升和技术进步,以此推进美丽江苏建设;另一方面,新型城镇化能够通过提升劳动力素质来提高科技创新能力,并通过科技创新和技术进步的溢出效应提高地区经济增长效率,以此为高起点推进美丽江苏建设提供技术支撑。

第七节 "产业结构升级"视角下高起点推进美丽江苏建设的机理分析

进入新时代,高起点推进美丽江苏建设是江苏省实现高质量发展的重要内容,也是当前和今后一个时期确定发展思路、制定经济政策、实施宏观调控的根本要求。党的二十大报告将统筹产业结构调整、污染治理、生态保护等作为推进美丽中国建设的重要举措。合理的产业结构是区域健康发展的前提,不但有利于充分利用区域资源,发挥区域优势,提高经济效益,而且有利于满足不断增长的人口和社会发展需求。为此,要摒弃以牺牲生态环境为代价来换取经济暂时繁荣的不可持续发展模式,这也是实现江苏乃至中国现代化发展模式和经济转型的迫切需要。

一、产业结构整体升级对高起点推进美丽江苏建设的影响机理

一个国家或地区的产业结构升级是指要素禀赋从生产效率低的工业部门向生产效率高的工业部门转移的过程。结构主义认为,整体对于部分来说是具有逻辑上优先的重要性。产业结构的整体升级是力图研究联结和结合诸要素的关系的复杂网络,具有阶段性特征,即从第一产业向第二产业并最终向第三产业转型升级,且第三产业比重持续增加,第二产业占比先上升后下降,第一产业比重逐渐降低。产业结构整体升级是推动产业结构变革、经济发展质量变革、效率变革、动力变革,提高经济社会全要素生产率的首要途径,因此,对于高起点推进美丽江苏建设具有关键作用。一方面,产业结构整体升级通过整合各种行业资源,释放更多的生产要素,使其达到最优配置,进而提高生产效率和技术水平,对高起点推进美丽江苏建设起到宏观调控作用;另一方面,产业结构整体升级通过深化区域协同发展,形成分工合理、特色明显、优势互补的区域产业结构,推动江苏各地区共同发展,进而对高起点推进美丽江苏建设起到统筹规划作用。

二、产业结构合理化对高起点推进美丽江苏建设的影响机理

产业经济学认为,产业结构的演化规律一般满足"产业结构单一化到多元化直至合理化和高级化"的过程,随着这个过程的发展,地区经济水平也不断上升。产业结构合理化是指为提高经济效益,在一定的发展阶段上,根据科学技术水平、消费需求结构、人口基本素质和资源条件,对不合理的产业结构进行调整,实现生产要素的合理配置,使各产业协调发展。产业结构合理化是进行社会再生产必不可少的调节,是取得最佳经济效益的前提和基础,是一国或地区进入新的成长阶段的客观要求,也是迎接世界范围内的新技术革命和产业结构大调整挑战的迫切需要。具体地,产业结构合理化对于高起点推进美丽江苏建设的作用机理主要体现在以下方面:第一,产业结构合理化调整有利于推动传统产业优化升级。从我国经济发展实际来看,传统产业粗放的发展模式已与当前经济社会环境以及人民日益增长的美好生活需要不相适应,应从整体经济发展和满足人民对美好生活的需要出发,强化科技创新,使传统产业释放新的活力,推动经济新旧动能加快转换,夯实经济持续健康发展的基础。第二,产业结构合理化变迁有助于加快淘汰落后产能。落后产能的生产能力低于行业平均水平,污染物

排放、能耗、水耗等却高于行业平均水平,必须加快淘汰。只有加快淘汰落后产能,才能降低发展成本,提高发展质量和效益。第三,产业结构合理化有助于促进生产要素流动。伴随着经济发展动力的变迁,劳动力、资本等生产要素在产业间的自由流动推动各地区产业结构发生变化,大量生产要素从第二产业流向第三产业,进而不断调整优化产业间的比例关系,加强前后向产业投入与产出结构的耦合程度,有利于从高起点推进美丽江苏建设。

三、产业结构高级化对高起点推进美丽江苏建设的影响机理

产业结构高级化是在产业结构合理化的基础上进行的,具体表现为产业间比例关系的演进与劳动生产率的提高。产业结构高级化一方面体现出产业结构由劳动、资本密集型产业到知识、技术密集型产业的转变,另一方面体现了传统生产方式的升级革新和先进生产方式的广泛运用,实现产品生产过程高附加值化,有利于经济社会的可持续发展。具体地,产业结构合理化对于高起点推进美丽江苏建设的作用机理主要体现在以下三个方面:第一,产业结构高级化有助于加快培育发展战略性新兴产业。战略性新兴产业是世界各国产业竞争的重点和焦点。只有加快培育发展战略性新兴产业,才能在世界产业竞争中把握战略制高点和主动权。当前,我国处于经济结构深度调整期,依托互联网技术、信息技术等发展起来的一系列新兴产业,对江苏的产业升级和经济发展具有重要引领作用。第二,产业结构高级化有助于加快发展现代服务业。当前,服务业在经济发展中的地位日益突出,被称为国家经济发展的"稳定器"和"助推器"。要适应经济发展大趋势,推动制造业和服务业融合发展,推动现代服务业和传统服务业相互促进,加快服务业创新发展和新动能培育。生产性服务业具有专业性强、创新活跃、产业融合度高和带动作用显著的特点,对于增强江苏产业竞争力具有重要意义。第三,产业结构高级化有助于节约能源和保护环境。产业结构特征在相当程度上决定了高能耗和高排放产业的分布格局,产业结构向高级化演进的过程不仅是要素组合方式更替的过程,也是降低能耗、削减排放的过程。只有形成绿色低碳的产业结构优化体系,才能展现高起点推进美丽江苏建设的实际内涵。

第四章
美丽江苏建设的评价研究

第一节 美丽江苏建设的相关评价方法概述

美丽江苏建设,是坚持生态优先、绿色发展、统筹推进经济生态化与生态经济化,能够加快形成绿色发展方式和生活方式,实现人与自然和谐共生。推动美丽江苏建设水平的提高,需要准确且客观地对美丽江苏建设水平进行评价。美丽江苏建设包括生态文明建设、经济建设、文化建设、社会建设等各个方面,对美丽江苏建设进行准确评价需要从各个方面寻找能够代表的指标因素,综合所有的指标因素来测算美丽江苏建设的现状,进而明确美丽江苏建设的综合水平。本部分借鉴现有学者对美丽中国建设进行评价的相关文献,从中总结出评价美丽江苏建设可能涉及的相关评价方法,从评价指标确定方法、综合评价方法、权重(隶属度)确定方法以及原始数据处理方法四个方面,对美丽江苏建设的相关评价方法进行简要概述。

一、评价指标确定方法

常见的评价指标确定方法包括层次分析法、因子分析法、主成分分析法、聚类分析法、判别分析法等。

(一) 层次分析法

层次分析法是一种将定性与定量分析方法相结合的多目标决策分析方法,通过将复杂问题简单化,分解成若干因素和层次,根据指标因素之间的重要程度,建立判断矩阵,通过计算判断矩阵的最大特征值以及对应的特征向量,就可以得出不同指标因素的权重,最后可以根据指标权重计算出综合分数。国内学者向云波、谢炳庚(2015)运用层次分析法来确定美丽中国区域建设相关指标的权重,并建立相应的评价模型,借助该模型对美丽中国区域建设水平进行了综合评价。

(二) 因子分析法

因子分析法是从研究变量内部相关的依赖关系出发,把一些具有错综复杂关系的变量归结为少数几个综合因子的一种多变量统计分析方法。它的基本思想是将观测变量进行分类,将相关性较高,即联系比较紧密的分在同一类中,而不同类变量之间的相关性则较低,那么每一类变量实际上就代表了一个基本结构,即公共因子。对于所研究的问题就是试图用最少个数的不可测的所谓公共因子的线性函数与特殊因子之和来描述原来观测的每一分量。因子分析法的基本步骤如下:

第一步对原始数据进行标准化处理,见式(4-1):

$$\widetilde{a}_{ij} = \frac{a_{ij} - \mu_j}{\sigma_j}, \ i=1,2,\cdots,n; j=1,2,\cdots,m \tag{4-1}$$

其中,a_{ij} 表示第 i 个评价对象对应于第 j 个指标的取值,$\widetilde{a}_{ij}$ 表述标准化指标,u_j 表示第 j 个指标的均值,σ_j 表示第 j 个指标的标准差。

第二步计算相关系数矩阵 $\boldsymbol{R}$,见式(4-2)、式(4-3):

$$\boldsymbol{R} = (r_{pq})_{m \times m} \tag{4-2}$$

$$r_{pq} = \frac{\text{cov}(\widetilde{a}_p \times \widetilde{a}_q)}{\sqrt{\text{var}(\widetilde{a}_p)} \times \sqrt{\text{var}(\widetilde{a}_q)}} \tag{4-3}$$

其中,r_{pq} 表示第 p 和第 q 个指标之间的相关系数,$\widetilde{a}_p$、$\widetilde{a}_q$ 分别表示第 p 和第 p 和第 q 个指标标准化后的值。

第三步计算初等载荷矩阵。通过解特征方程 $|\lambda \boldsymbol{I} - \boldsymbol{R}| = 0$,可知特征值 λ_i 的特征向量 u_i,得到初等载荷矩阵为 $\boldsymbol{\Lambda}_1$,见式(4-4):

$$\boldsymbol{\Lambda}_1 = [\sqrt{\lambda_1} \ u_1, \cdots, \sqrt{\lambda_m} \ u_m] \tag{4-4}$$

第四步计算因子得分。总得分为 $\widehat{\boldsymbol{F}} = (\widehat{F}_{ij})_{n \times k} = \boldsymbol{Y}\boldsymbol{R}^{-1}\boldsymbol{\Lambda}_k$,其中 $\widehat{F}_{ij}$ 表示第 i 个样本对第 j 个因子的得分估计值,$\boldsymbol{Y}$ 表示数据标准化后的矩阵。王巧林在美丽城市建设的研究中,运用因子分析法对 73 个重点城市 2003—2013 年的面板数据进行实证分析,计算出相对应的美丽指数,反映所对应美丽城市的建设水平。

（三）主成分分析法

主成分分析法是空间映射的方法，利用降维的思想，把多指标转化为少数几个综合指标，其中每个主成分都能够反映原始变量的大部分消息。在经济实证问题研究中，为了更全面、更系统地分析问题，必须要考虑众多因素，这些因素称为指标，在多变量问题研究中又称为变量。由于不同的指标在不同程度上反映了所研究问题的某些信息，并且这些指标之间存在一定的相关性，因此，在研究或者评价多变量经济学问题时，这些变量之间的相关性会增加分析问题的难度和复杂性。此时，主成分分析法能够很好解决指标之间相关性的问题，它根据指标之间的相关性，找出影响经济问题研究过程中的几个综合指标，并且这些综合指标是原来变量的线性组合，从而这些综合指标既保留了原始变量的主要信息，彼此之间又不相关，降低了分析问题的难度。主成分分析法的步骤如下：

第一步是对原始指标数据进行标准化，并构造样本阵，进行标准变换，见式(4-5)：

$$Z_{ij} = \frac{x_{ij} - \bar{x}_j}{s_j}, \ i=1, 2, \cdots, n; \ j=1, 2, \cdots, p \tag{4-5}$$

其中，$\bar{x}_j = \frac{\sum_{i=1}^{n} x_{ij}}{n}$，$s_j^2 = \frac{\sum_{i=1}^{n}(x_{ij}-\bar{x}_j)^2}{n-1}$。

第二步对标准化矩阵 Z 求相关系数矩阵 R，见式(4-6)、式(4-7)：

$$\boldsymbol{R} = xp\,[r_{ij}]_p = \frac{\boldsymbol{Z}^T \boldsymbol{Z}}{n-1} \tag{4-6}$$

$$r_{ij} = \frac{\sum z_{kj} \times z_{ki}}{n-1}, \ i, j = 1, 2, \cdots, p \tag{4-7}$$

第三步解样本相关矩阵 R 的特征方程 $|R - \lambda I_p| = 0$，得 p 个特征根，确定主成分按 $\frac{\sum_{j=1}^{m} \lambda_j}{\sum_{j=1}^{p} \lambda_j} \geq 0.85$ 确定 m 值，然后得出可知特征值 λ_j 的特征向量 u_j^o。

第四步将标准化后的指标变量转换为主成分，并对 m 个主成分进行综合评价，即 $U_{ij} = z_i^T u_j^o \ i, j = 1, 2, \cdots, m$。

(四) 聚类分析法

聚类分析法是研究分类问题的一种多元统计方法,首先认为所研究的指标之间存在着不同程度的相似性,可以根据相关系数 r 的公式来度量指标之间相似性,见式(4-8):

$$r_{ij}=\frac{\sum_{k=1}^{n}(x_{ki}-\bar{x}_i)(x_{kj}-\bar{x}_j)}{\left\{\left[\sum_{k=1}^{n}(x_{ki}-\bar{x}_i)^2\right]\left[\sum_{k=1}^{n}(x_{kj}-\bar{x}_j)^2\right]\right\}^{\frac{1}{2}}} \quad (4-8)$$

其中 r_{ij} 表示第 i 个指标与第 j 个指标的相关系数,$\bar{x}_i$ 表示第 i 个指标的平均值,$\bar{x}_j$ 表示第 j 个指标的平均值,k 表示样本编号。从所研究问题的所有指标找出一些能够度量指标之间相似程度的统计量,即以这些统计量为划分类型的依据,把一些相似程度较大的指标聚合为一类,把另一些彼此之间相似度较大的指标聚合成另一类。陈瑜鑫和刘惠篮(2021)通过主成分分析法和聚类分析法,对我国各地区城市建设水平进行了研究,得出能够反映城市建设水平的相关数据,从而能够对我国各地区城市化建设提出相应建议。

此外,对于所研究对象进行分类的问题,通常还会用到判别分析法,它是根据观测到的样品的若干数量特征对样品进行归类、识别、判断其属性的预测的一种多元统计分析方法。从统计的角度来看,判别分析可以描述为:已知有 k 个总体,现有样本 y,要根据这 k 个总体和当前样本的特征,判定该样本 y 属于哪一个总体。其主要工作是根据对已知总体的理解,建立判别规则,然后根据该判别规则对新的样本属于哪个总体做出判断。

二、综合评价方法

根据现有文献可知,综合评价方法是丰富多样的。例如模糊综合评价法、灰色关联分析法、TOPSIS 综合评价法、数据包络分析法(DEA)、随机前沿分析法(SFA)等。

(一) 模糊综合评价法

模糊综合评价法是一种基于模糊数学的综合评价方法,它是将定性评价转化为定量评价,用模糊数学对受到多种因素制约的事物或对象做出总体的评价。常见的模糊综合评价法步骤为:第一步建立综合评价的因素集,因素集是以影响评价对象的各种因素为元素所组成的一个普通集合,通常用 U 表示,$U=(u_1,u_2,\cdots,u_i)$。其中,u_i 代表影响评价对象的第 i 个因素。这些因素通常都具有不同程度的模糊性。第二步建立综合评价集,评价集是评价者对评价对象可能做出的各种结果所组成的集合,通常用 V 表示,$V=(v_1,v_2,\cdots,v_j)$。其中,元素 v_j 代表第 j 种评价结果,可以根据实际情况的需要,用不同的等级、评语或数字来表示。第三步进行单因素模糊评价,获得评价矩阵。若因素集 U 中第 i 个元素对评价集 V 中第 1 个元素的隶属度为 r_{i1},则对第 i 个元素单因素评价的结果用模糊集合表示为:$R_i=(r_{i1},r_{i2},\cdots,r_{in})$,以 m 个单因素评价集 $R_1,R_2,\cdots,R_m$ 为行组成矩阵 $R_{m\times n}$,称为模糊综合评价矩阵。第四步确定因素权向量并建立综合评价模型,评价工作中各因素的重要程度有所不同,为此,给各因素 u_i 一个权重 a_i,各因素的权重集合的模糊集用 $A=(a_1,a_2,\cdots,a_m)$ 表示,确定单因素评判矩阵 R 和因素权向量 A 之后,通过模糊变化将 U 上的模糊向量 A 变为 V 上的模糊向量 B,即 $B=A_{1\times m}\circ R_{m\times n}=(b_1,b_2,\cdots,b_n)$,其中 $\circ$ 称为综合评价合成算子,这里取成一般的矩阵乘法即可。第五步确定系统总得分。综合评价模型确定后,确定系统得分,即 $F=B_{1\times n}\times S_{1\times n}^{T}$,其中 F 为系统总得分,S 为 V 中相应因素的级分。

(二) 灰色关联分析法

灰色关联分析法是根据因素之间发展趋势的相似或者相异程度,作为衡量因素间关联程度的一种方法,并且它也是通过灰色关联度来分析和确定系统因素间的影响程度或因素对系统主行为的贡献测度的一种方法。相比较于模糊综合评价法而言,灰色关联分析法偏向于解决多个主体综合评价方面的问题,它是通过确定多个主体以及各个主体在某几个指标的得分,根据各个指标的最高分与各个主体的得分关联程度,得出各个主体的总体优劣评价排序。灰色关联分析法的基本步骤如下:

第一步确定最优序列,对原始数据进行处理,见式(4-9):

$$X'_i=\frac{X_i}{x_i(1)}=(x'_i(1),x'_i(2),\cdots,x'_i(n)) \qquad (4-9)$$

其中,x_i 表示第 i 个数据序列,X 表示影响系统行为因素组成的数据序列 $X=(x_1,x_2,\cdots,x_n)$。

第二步求出绝对差值矩阵。记为式(4-10):

$$\Delta_i(k) = |x'_0(k) - x'_i(k)| \tag{4-10}$$

其中，$\Delta_i = (\Delta_i(1), \Delta_i(2), \cdots, \Delta_i(n))$，$i = 1, 2, \cdots, n$。

第三步求出关联度系数和关联度。最典型的关联度计算方法是邓氏关联度，即设有参考序列 X_0 和 m 个比较序列 $X = \left\{\dfrac{X_i}{i} = 1, 2, \cdots, m\right\}$，参考序列和比较序列都是 n 个分量，则关联系数的计算公式如式(4-11)所示：

$$\xi_i(k) = \frac{\min\limits_i \min\limits_k |x_0(k) - x_i(k)| + \rho \max\limits_i \max\limits_k |x_0(k) - x_i(k)|}{|x_0(k) - x_i(k)| + \rho \max\limits_i \max\limits_k |x_0(k) - x_i(k)|} \tag{4-11}$$

其中，$\xi_i(k)$ 表示参考序列与第 i 比较序列在 k 时刻的关联系数，即第 i 比较序列与参考序列 X_0 在 k 时刻的相对差值，揭示不同比较序列与参考序列 X_0 在同一时刻点的相近程度，$|x_0(k) - x_i(k)|$ 表示序列 X_0 与 X_i 在第 k 点的绝对值，$\min\limits_i \min\limits_k |x_0(k) - x_i(k)|$ 表示两序列两极最小绝对值，$\max\limits_i \max\limits_k |x_0(k) - x_i(k)|$ 表示两序列两极最大绝对值，ρ 为分辨系数，用来减弱最大值过大对关联系数失真的影响，可以提高关联系数之间的分辨力，ρ 取值区间为 $(0, 1)$，通常 ρ 取值为 0.5。进一步地，关联度 r_i 的计算公式见式(4-12)，反映了比较序列与整体上的接近程度：

$$r_i = \frac{1}{n} \sum_{k=1}^{n} \xi_i(k), \ i = 1, 2, \cdots, m \tag{4-12}$$

第四步计算和排序综合评价系数，见式(4-13)：

$$F_i = \sum_{k=1}^{n} \xi_i(k) \omega_i \tag{4-13}$$

其中，F_i 表示最后的指标值，ω_i 表示权重。

(三) TOPSIS 综合评价法

TOPSIS 综合评价法是根据有限个评价对象与理想化目标的接近程度进行排序的方法，是在现有的对象中进行优劣的评价，是一种逼近于理想解的排序方法。它是通过检测评价对象与最优解、最劣解的距离进行排序，若评价对象最靠近最优解同时又最远离最劣解，则为最好；否则不为最优。其中，最优解的各指

标值都达到各评价指标的最优值,最劣解的各指标值都达到各评价指标的最差值。TOPSIS综合评价法常见的步骤如下:

第一步设决策矩阵为 $A=(a_{ij})_{m\times n}$,然后进行数据的规范化处理,设规范化决策矩阵 $B=(b_{ij})_{m\times n}$。

第二步根据规范化之后的数据,求解正理想解 S^* 和负理想解 S^o。

第三步计算各评价对象到正理想解 S^* 与负理想解 S^o 的距离,如式(4-14)、式(4-15)所示:

$$S_i^* = \sqrt{\sum_{j=1}^n (c_{ij}-c_j^*)^2}, i=1,2,\cdots,m \tag{4-14}$$

$$S_i^o = \sqrt{\sum_{j=1}^n (c_{ij}-c_j^o)^2}, i=1,2,\cdots,m \tag{4-15}$$

第四步计算各方案的综合评价值 f_i^*,见式(4-16):

$$f_i^* = \frac{s_i^o}{s_i^o+s_i^*}, i=1,2,\cdots,m \tag{4-16}$$

例如,胡宗义等(2014)通过构建美丽中国建设的评价指标体系,并采用TOPSIS综合评价方法对我国的美丽中国建设情况进行评价,准确反映我国美丽中国建设水平。

(四)数据包络分析法和生产前沿分析法

在经济学问题研究中,会遇到度量技术效率的问题,即在一定的技术水平下,各种比例投入所对应的最大产出集合,常用的度量技术效率的方法是生产前沿分析法(SFA)和数据包络分析法(DEA)。DEA方法是运用数学工具评价经济系统生产前沿面有效性的非参数方法,它适用于多投入多产出的多目标决策单元的绩效评价。这种方法以相对效率为基础,根据多指标投入与多指标产出对相同类型的决策单元进行相对有效性评价。应用该方法进行绩效评价的另一个特点是,它不需要以参数形式规定生产前沿函数,并且允许生产前沿函数可以因为单位的不同而不同,不需要弄清楚各个评价决策单元的输入与输出之间的关联方式,只需要最终用极值的方法,以相对效益这个变量作为总体上的衡量标准,以决策单元(DMU)各输入输出的权重向量为变量,从最有利于决策的角度进行评价,从而避免了因人为因素确定各指标的权重而使得研究结果的客观性受到影响。林珊珊和陈清(2021)运用DEA方法对长江经济带11省(市)的绿色发展效率进行了综合测度和评价。与DEA方法不同,SFA方法在前者的基础上增加了随机性,在确定性生产函数的基础上提出了具有复合扰动项的随机边界模型。

三、权重(隶属度)的确定方法

研究对象的综合测度和评价,主要是通过对其指标数据的分析处理,进而计算其权重,最后加权处理权重得出能够代表研究对象的发展水平。常见的指标权重的确定方法主要有熵权法、变异系数法和CRITIC权重法等。

(一) 熵权法

熵权法在社会经济领域得到广泛应用,它是一种客观赋权方法。一般来说,若某个指标的信息熵越小,表明指标值的变异程度越大,提供的信息量越多,在综合评价中所能起到的作用也越大,其权重也就越大。相反,某个指标的信息熵越大,表明指标值的变异程度越小,提供的信息量也越少,在综合评价中所起到的作用也越小,其权重也就越小。熵权法的基本步骤如下:

第一步确定指标数据,并且将初始数据标准化,即假设给定了 k 个指标 $X_1, X_2, \cdots, X_k$,其中,$X_i = \{x_1, x_2, \cdots, x_n\}$,并假设对各指标数据标准化后的值为 $Y_1, Y_2, \cdots, Y_k$。

第二步求各指标的信息熵,即根据信息论中信息熵的定义,一组数据的信息熵 E_i 如式(4-17)所示:

$$E_i = -\ln(n)^{-1} \sum_{i=1}^{n} p_{ij} \ln p_{ij} \qquad (4-17)$$

其中,$p_{ij} = \dfrac{Y_{ij}}{\sum\limits_{i=1}^{n} Y_{ij}}$,如果 $p_{ij} = 0$,则定义 $\lim\limits_{p_{ij} \to 0} p_{ij} \ln p_{ij} = 0$。

第三步确定各指标权重,即根据信息熵的计算公式,计算出各个指标的信息熵为 $E_1, E_2, \cdots, E_k$,通过信息熵计算各指标的权重 W_i,见式(4-18):

$$W_i = \frac{1 - E_i}{k - \sum E_i}, \quad i = 1, 2, \cdots, k \qquad (4-18)$$

第四步得出综合评分 F_i,如式(4-19)所示:

$$F_i = \sum_{i=1}^{n} X_i W_i \qquad (4\text{-}19)$$

石贵琴和唐志强(2014)构建生态城市评价体系,运用熵权法确定指标权重,从而能够根据最后的综合分数来反映该生态城市建设效果。

(二)变异系数法

当评价指标对于评价目标而言比较模糊时,通常采用变异系数法进行指标权重的确定。变异系数法是直接利用各项指标所包含的信息,通过计算得到指标的权重,是一种客观赋权的方法。变异系数法的基本步骤如下:

第一步原始数据的收集与整理,即假设有 n 个待评价样本,p 项评价指标,形成原始指标数据矩阵 $\boldsymbol{X}$,见式(4-20):

$$\boldsymbol{X} = \begin{pmatrix} x_{11} & \cdots & x_{1p} \\ \vdots & \ddots & \vdots \\ x_{n1} & \cdots & x_{np} \end{pmatrix} \qquad (4\text{-}20)$$

其中,x_{ij} 表示第 i 个样本第 j 项评价指标的数值。

第二步计算第 j 项评价指标的均值 $\bar{x}_j$、标准差 S_j 和变异系数 ν_j,如式(4-21)所示:

$$\begin{cases} \bar{x}_j = \dfrac{1}{n} \sum_{i=1}^{n} x_{ij} \\ S_j = \sqrt{\dfrac{\sum_{i=1}^{n}(x_{ij}-\bar{x}_j)^2}{n-1}} \end{cases}, \nu_j = \dfrac{s_j}{\bar{x}_j}, j=1,2,\cdots,p \qquad (4\text{-}21)$$

第三步计算各指标的权重 w_j,如式(4-22)所示:

$$w_j = \dfrac{\nu_j}{\sum_{j=1}^{p} \nu_j} \qquad (4\text{-}22)$$

张运书等(2019)通过构建绿色治理能力评价指标体系,基于变异系数法对长江经济带11个省市的绿色治理能力进行了综合评价,准确评估了长江经济带的绿色治理能力。

(三) CRITIC 权重法

CRITIC 权重法是一种客观赋权法,其思想在于使用两项指标,分别是对比强度和冲突性指标。对比强度使用标准差进行表示,如果数据标准差越大说明波动越大,权重会越高。冲突性使用相关系数进行表示,如果指标之间的相关系数值越大,说明冲突性越小,那么其权重也就越低。计算权重时,将对比强度与冲突性指标相乘,并且进行归一化处理,即得到最终的权重。CRITIC 权重法的基本步骤如下:

第一步需要对所有的数据进行无量纲化处理,即采用正向化处理或逆向化处理。

第二步在 CRITIC 法中使用标准差来表示各指标取值的差异波动情况,如式(4-23)所示:

$$\begin{cases} \bar{x}_j = \dfrac{1}{n} \sum_{i=1}^{n} x_{ij} \\ S_j = \sqrt{\dfrac{\sum_{i=1}^{n} (x_{ij} - \bar{x}_j)^2}{n-1}} \end{cases} \quad (4\text{-}23)$$

其中 S_j 表示第 j 个指标的标准差,$\bar{x}_j$ 表示第 j 个指标的平均数,标准差越大表示该指标的数值差异越大,越能反映出更多的信息,该指标本身的评价强度也就越强,应该给该指标分配更多的权重。

第三步使用相关系数来表示指标间的相关性,与其他指标的相关性越强,则该指标就与其他指标的冲突性越小,反映出相同的信息越多,所能体现的评价内容就越有重复之处,在一定程度上也就削弱了该指标的评价强度,应该减少对该指标分配的权重。因此,可以计算出评价指标的信息量,如式(4-24)、式(4-25)所示:

$$R_j = \sum_{i=1}^{p} (1 - r_{ij}) \quad (4\text{-}24)$$

$$C_j = S_j \sum_{i=1}^{p} (1 - r_{ij}) = S_j \times R_j \quad (4\text{-}25)$$

其中,r_{ij} 表示评价指标 i 和 j 之间的相关系数,C_j 表示评价指标 j 的信息量,其值越大则第 j 个评价指标在整个评价指标体系中的作用越大。

第四步得到客观权重。W_j即是第j个指标的客观权重,如式(4-26)所示:

$$W_j = \frac{C_j}{\sum_{j=1}^{p} C_j} \tag{4-26}$$

四、原始数据处理方法

在进行数据分析时,数据具有单位是非常常见的,比如说GDP可以以亿元作为单位,人均收入却是以元作为单位,那么此时就会出现由于单位问题导致数字大小问题,这种情况对分析可能产生影响,因此需要对其进行处理。常见的数据处理方法有数据标准化、数据归一化、数据中心化、数据正向化、数据逆向化、数据最小值化、数据最大值化等。

(一) 数据标准化

数据标准化是最为常见的数据处理方法,在大型数据分析项目中,数据来源不同,量纲及量纲单位不同,为了让它们具备可比性,需要采用标准化方法消除由此带来的偏差。原始数据经过数据标准化处理后,各指标处于同一数量级,适合进行综合对比评价。常见的转换函数如下:对原序列为$x_1, x_2, \cdots, x_n$进行转换,见式(4-27),则标准化后新序列为$y_1, y_2, \cdots, y_n$。

$$y_i = \frac{x_i - \min_{1 \leqslant j \leqslant n}\{x_j\}}{\max_{1 \leqslant j \leqslant n}\{x_j\} - \min_{1 \leqslant j \leqslant n}\{x_j\}} \tag{4-27}$$

通过数据标准化处理后的数据会呈现一种特征,即数据的平均值一定为0,标准差一定是1,常为聚类分析和因子分析等分析方法的前置步骤。

(二) 数据归一化和中心化

数据的归一化方法是指对正向序列$x_1, x_2, \cdots, x_n$进行转换:$y_i = \dfrac{x_i}{\sum\limits_{i=1}^{n} x_i}$,则新序列$y_1, y_2, \cdots, y_n \in [0, 1]$且无量纲,并且显然有$\sum\limits_{i}^{n} y_i = 1$。

数据的中心化是指原数据减去该组数据的平均值,即$x_i^c = x_i - \bar{x}_i$,经过中心化处理后,原数据的坐标平移至中心点,该组数据的均值变为0,因此也被称为零均值化。

（三）数据正向化和逆向化

在构建指标体系中,指标分为正向指标和逆向指标。数据的正向化是对正向指标的数据进行处理,从而能够保证正向指标保持正向且量纲化,即让代表正向指标的数字越大越好,而且同时还让数据压缩在(0,1)范围内进行量纲处理,其计算公式为:

$$x_i = \frac{X_i - \min\{X_i\}}{\max\{X_i\} - \min\{X_i\}} \quad (4-28)$$

数据的逆向化是对逆向指标的数据进行处理,从而能够保证逆向指标保持正向且量纲化,即让代表逆向指标的数字越小越好,而且同时还让数据压缩在(0,1)范围内进行量纲处理,其计算公式为:

$$x_i = \frac{\max\{X_i\} - X_i}{\max\{X_i\} - \min\{X_i\}} \quad (4-29)$$

通过数据的正向化和逆向化处理,能够对所有初始指标进行方向的统一并且进行量纲化处理。

（四）数据最小值化和最大值化

数据最小值化是让所有的数据全部除以最小值,即 $x_i = \frac{X_i}{\min\{X_i\}}$,以最小值作为单位,并且让最小值作为参照标准;数据最大值化是让所有的数据全部除以最大值,即 $x_i = \frac{X_i}{\max\{X_i\}}$,以最大值作为单位,并且让最大值作为参照标准。数据最小化和数据最大化在处理数据时都要求数据全部大于0。

第二节 美丽江苏建设的评价指标体系构建

在新时代,就有新要求,这个要求的集中体现就是人民对美好生活的需要。人民群众的需要指向增多,单纯的物质文化生活已经不能满足人民群众的需要。我们在提高物质文化供给水平的同时,也应当关注并满足群众诸如公平、环境等其他方面的需要。2020年8月,《中共江苏省委 江苏省人民政府关于深入推进美丽江苏建设的意见》正式发布,明确以优化空间布局为基础、以改善生态环境为重点、以绿色可持续发展为支撑、以美丽宜居城市和美丽田园乡村建设为主抓手，呈现江苏的自然生态之美、城乡宜居之美、人文特色之美、文明和谐之美以及绿色发展之美。

本节借鉴现有学者对美丽中国建设进行评价的相关文献，结合课题组对美丽江苏建设的独特认识，科学确定美丽江苏建设的相关评价指标。综合研究认为，在推进措施上要突出抓好五个方面：一是持续优化省域空间布局，完善国土空间规划体系，推进省域空间融合发展，强化区域空间特色塑造。二是全面提升生态环境质量，加快形成绿色发展方式，加大环境污染综合治理，系统推进生态修复和建设。三是积极打造美丽宜居城市，提升城市规划设计水平，完善城市功能提高城市品质，健全现代城市治理体系。四是全面推进美丽田园乡村建设，持续提升农村人居环境质量，深入推进特色田园乡村建设，加快改善苏北农民住房条件。五是着力塑造"水韵江苏"人文品牌，彰显地域文化特色，打造文化标识工程，倡导健康文明新风。基于这五个方面，本节对美丽江苏建设的评价指标体系构建如下。

一、指标设计的理论依据

美丽江苏建设是美丽中国宏伟目标的重要组成部分，关于美丽江苏的评价体系构建应将历届领导人对美丽中国的相关论述作为重要参考。第一，关于毛泽东的环境保护理念。新中国成立后，受前期战争的影响，中国百废待兴，自然环境也受到了一定程度的破坏。如何建设新中国，建设什么样的新中国，成为我国前进发展必须要解决的重大课题，也促使我们党的领导人在自然环境保护上做出了重要指示。虽然毛泽东没有直接发出建设"美丽中国"的口号，但是毛泽东思想中蕴含着丰富的环境治理与保护的观点，在他的诗作中也处处能感受到对美丽自然环境的爱惜和珍视，并将这一审美欣赏贯穿于建设未来美丽和谐的新社会中去。1956年，毛泽东发出了"绿化祖国"的伟大号召，在1958年和1959年又进一步提出了"美化全中国""实现大地园林化"的号召（习近平，1992；《梁家河》编写组，2018）。无论是"绿化祖国"还是"美化全中国""实行大地园林化"都体现了毛泽东对于"美丽中国"的美好期盼。第二，关于邓小平的协调发展理念。邓小平在1983年的第二次全国环境保护会议上将环境保护确立为基本国策，制定了"经济建设、城乡建设、环境建设同步规划、同步实施、同步发展，实现经济效益、社会效益、环境效益相统一的指导方针"(中央党校采访实录编辑室,2017)。1981年长江和汉江上游山区过度采伐森林,四川和陕西南部在大范围降雨的攻势下遭遇了前所未有的重大水灾。邓小平面对这一"天灾人祸"深刻指出:"最近发生的洪灾问题涉及林业,涉及木材的过量采伐。中国的林业要上去,不采取一些有力措施不行。"中国由此开展了退粮造林、实施退耕还林等林业政策,实现了我国森林资源的可持续发展。第三,关于江泽民的可持续发展观。以江泽民同志为核心的领导集体在吸收借鉴前几代领导集体关于生态保护经验启示的同时,也根据当时的时代形势,就自然环境的建设提出了"退耕还林,再造秀美山川,绿化美化祖国""保护、改善生态环境就是保护、发展生产力"和"坚持可持续发展方向,走生态良好的文明发展道路"的经典论述。第四,关于胡锦涛的科学发展观。在新的发展时期,胡锦涛立足于国内严重的生态环境难题,根据发展的变化和特点,提出了要坚持科学发展观的理念,指出要坚持以人为本,重视人与自然的和谐相处,坚持全面协调发展,建设资源节约、环境友好的社会。

历代领导人的发展思想和战略规划为我党在新的历史时期下解决环境问题,规划未来中国朝着健康、可持续方向前进的路线提供了切实可行的思路,也为习近平美丽中国重要命题的形成提供了重要的理论依据,为美丽江苏建设的评价体系构建提供了重要理论来源。

美丽江苏建设水平评价的主要目的是根据美丽江苏的生态、经济、城乡、文化和社会"五位一体"建设综合发展、融入生态文明的理念,客观科学地测评江苏省的建设水平,深入、有效地推动美丽江苏建设。

二、指标设计的指导原则

美丽江苏建设水平衡量指标的选择要求既要充分反映出美丽江苏的建设现状,也要呈现美丽江苏的建设力度和潜力。本研究在参考国内外城市相关评价指标体系和学术研究成果的基础上,遵循导向性、合理性、客观性、开放性等指导原则选取评价指标。

导向性原则。指标体系要充分发挥导向、引领作用,激励江苏省进一步增强科学发展意识和发展能力,创新体制机制,切实有效地加快科学发展进程。指标设置要与党的十九大报告、十九届三中全会《中共中央关于深化党和国家机构改革的决定》等相关国民经济和社会发展规划指标衔接一致,以增强指标体系的政策导向与实践意义。

合理性原则。指标选取要符合逻辑，具有充分的代表性和论证性，以力求研究内容在江苏省政策落地的过程中可以发挥正确和积极的作用。测算方法基于学界现有的研究基础，在坚实的学理基础上，征求相关领域专家意见，选取充分反映美丽江苏建设水平的相关指标。

系统性原则。评价指标有总指标和分项指标，在构建时要上下一致，总指标内各指标也要一致，各指标之间相互独立，又彼此联系，共同构成一个有机统一体，所以指标的选取要满足系统性原则，避免出现冲突且最终形成一个不可分割的评价体系。

客观性原则。指标选择具有客观性，客观真实地反映江苏省生态环境、经济发展、社会水平等多方面的特点和状况，能客观全面反映出各指标之间的真实关系，同时兼顾统计数据的权威性、可获得性，使指标可采集、可量化、可对比。

开放性原则。江苏省的发展时刻处于动态变化中，在新时代背景下建立的评价指标体系也不应该是封闭的，指标体系应当具有动态性和开放性，需要根据国家和江苏省发展的阶段性以及评价对象的差异性对指标体系进行补充、完善和修订。

三、评价指标体系的构建

基于前文分析和相关指导原则，本研究中美丽江苏建设的评价指标体系由生态维度、经济维度、城乡维度、文化维度、社会维度构成，分别反映自然生态之美、绿色发展之美、城乡宜居之美、人文特色之美与文明和谐之美，评价指标体系具体内容如表4-1所示。

表4-1 美丽江苏建设的评价指标体系

一级指标	二级指标	单位	指标属性
生态维度	人均公园绿地面积	%	正指标
	建成区绿化覆盖率	%	正指标
	一般工业固体废弃物综合利用率	%	正指标
	生活垃圾无害化处理率	%	正指标
	污水处理率	%	正指标

(续表)

一级指标	二级指标	单位	指标属性
经济维度	万元地区生产总值能耗	吨标准煤/万元	逆指标
	单位GDP废水排放量	吨/万元	逆指标
	GDP总量	亿元	正指标
	第三产业增加值占GDP比重	%	正指标
	居民消费占GDP比重	%	正指标
城乡维度	城乡居民可支配收入比	%	逆指标
	城乡居民人均居住面积比	%	逆指标
	城乡人口密度比	%	逆指标
	人口城镇化率	%	正指标
文化维度	每百万人拥有博物馆数量	个/百万人	正指标
	每百万人拥有公共图书馆数量	个/百万人	正指标
	文化体育与传媒支出占地方公共财政预算支出比重	%	正指标
社会维度	教育支出占公共财政支出比重	%	正指标
	社会保障与就业支出占公共财政支出比重	%	正指标
	医疗卫生支出占公共财政支出比重	%	正指标

(一)自然生态之美——生态建设指标

习近平总书记强调,走向生态文明新时代,建设美丽中国,是实现中华民族伟大复兴的中国梦的重要内容。作为美丽中国建设的重要一部分,美丽江苏建设更要突出生态文明,树立尊重自然、顺应自然、保护自然的生态文明理念。因此,美丽江苏建设水平评价应突出生态指标的分量,才能更加科学地评价生态建设情况。参考吴艳霞等(2020)、盖美和王秀琪(2021)的文献,可以从绿色植被指标和废污处理指标两类来对美丽江苏建设的生态维度进行衡量,二级指标具体设置为人均公园绿地面积(%)、建成区绿化覆盖率(%)、一般工业固体废弃物综合利用率(%)、生活垃圾无害化处理率(%)、污水处理率(%)。生态建设指标主要反映生态环境现状和环境治理程度,体现保护生态和环境治理的要求。

(二)绿色发展之美——经济建设指标

十八届五中全会提出了创新、协调、绿色、开放、共享的发展理念,习近平主席主持中央政治局集体学习时再次强调要完整准确全面贯彻新发展理念,确保"十四五"时期我国发展开好局起好步。基于此,构建以绿色发展为目标的经济指标体系是建立评价体系的重要一环。参考徐伟和王瑷(2018)、严宇珺和严运楼(2021)等文献,可以从环境友好指标和经济结构指标两类来对美丽江苏建设的经济维度进行衡量,二级指标具体设置为万元地区生产总值能耗(吨标准煤/万元)、单位GDP废水排放量(吨/万元)、GDP总量(亿元)、第三产业增加值占GDP比重(%)、居民消费占GDP比重(%)。经济建设指标主要反映优化经济结构、化解产能过剩、实现绿色发展的成果,体现生态文明融入经济建设的要求,建立环境友好型社会。

(三)城乡宜居之美——城乡建设指标

推动城乡的融合发展和乡村振兴是工业革命以来很多国家的施政重点,党的十九大报告中首次明确提出建立健全城乡融合发展的体制机制和政策体系。推动城乡融合发展和乡村振兴,能够释放出可观的改革红利,带动经济社会持续发展。参考郭海红等(2020)、钱力和张轲(2021)等文献,可以从经济融合指标和空间融合指标两类来对美丽江苏建设的城乡建设维度进行衡量,二级指标具体设置为城乡居民可支配收入比(%)、城乡居民人均居住面积比(%)、城乡人口密度比(%)、人口城镇化率(%)。城乡建设指标背后反映了现实而深刻的时代背景以及重大而深远的历史意义。

(四)人文特色之美——文化建设指标

十八届五中全会提出要建立完善现代公共文化服务体系、推动社会主义文化大发展大繁荣,体现了文化建设在生态文明建设中也有着重要的推进作用。参考高卿等(2019)、王文举和姚益家(2021)等文献,可以从硬性设施投入指标和软性设施投入指标两类来对美丽江苏建设的文化建设维度进行衡量,二级指标具体设置为每百万人拥有博物馆数量(个/百万人)、每百万人拥有公共图书馆数量(个/百万人)、文化体育与传媒支出占地方公共财政预算支出比重(%)。文化建设指标反映了文化生产经营、公共文化投入建设情况。

(五)文明和谐之美——社会建设指标

十八届五中全会指出,按照人人参与、人人尽力、人人享有的要求,坚守底线、突出重点、完善制度、引导预期,注重机会公平,保障基本民生,实现全体人民共同迈入全面小康社会。参考谢炳庚和向云波(2017)、曹献雨和睢党臣(2021)等文献,可以从民生投入指标和生活质量指标两类来对美丽江苏建设的社会建设维度进行衡量,二级指标具体设置为教育支出占公共财政支出比重(%)、社会保障与就业支出占公共财政支出比重(%)、医疗卫生支出占公共财政支出比重(%)、平均预期寿命(岁)。社会建设指标根据习近平提出的"美好生活"设计,全面反映民生基本问题,体现了生态文明融入社会建设的要求。

第三节 美丽江苏建设的统计性分析

美丽江苏有狭义和广义之分,通常说的美丽江苏应该是狭义上的概念,主要是指生态美,包括自然资源美、自然景观美、自然生态美、自然环境美等,是生态健康良好的体现。广义上的美丽江苏还包括了经济美、社会美、文化美、政治美等。本研究所述的美丽江苏是广义上的,是形式美与内容美的统一,也是物质美与精神美的统一。党的十八大报告中明确提出"把生态文明建设放在突出地位,融入经济建设、政治建设、文化建设、社会建设各方面和全过程,努力建设美丽中国,实现中华民族永续发展"战略。因此本节通过对江苏省进行区域研究,梳理国家及江苏省的相关政策,从生态维度、经济维度、城乡维度、社会维度、文化维度五个方面对江苏全省设区市的美丽江苏现状进行比较评价和趋势分析,明确各地区美丽江苏建设的提升方向和主要途径。表4-2展示了江苏省各设区市行政区划的具体情况。

表4-2 江苏全省13个设区市及其行政区划

设区市名称	面积/km²	市辖区、县、县级市
南京市	6 587	玄武区、秦淮区、鼓楼区、建邺区、栖霞区、雨花台区、江宁区、浦口区、六合区、溧水区、高淳区
无锡市	4 628	滨湖区、梁溪区、新吴区、锡山区、惠山区、江阴市、宜兴市
徐州市	11 258	云龙区、鼓楼区、贾汪区、泉山区、铜山区、丰县、沛县、睢宁县、邳州市、新沂市
常州市	4 385	天宁区、钟楼区、新北区、武进区、金坛区、溧阳市

(续表)

设区市名称	面积/km²	市辖区、县、县级市
苏州市	8 488	姑苏区、虎丘区、吴中区、相城区、吴江区、昆山市、常熟市、张家港市、太仓市
南通市	8 544	崇川区、港闸区、通州区、如东县、如皋市、海门市、启东市、海安市
连云港市	7 614	连云区、海州区、赣榆区、东海县、灌云县、灌南县
淮安市	10 072	清江浦区、淮安区、淮阴区、洪泽区、涟水县、盱眙县、金湖县
盐城市	16 972	亭湖区、盐都区、大丰区、响水县、滨海县、阜宁县、射阳县、建湖县、东台市
扬州市	6 597	广陵区、邗江区、江都区、宝应县、仪征市、高邮市
镇江市	3 843	京口区、润州区、丹徒区、丹阳市、扬中市、句容市
泰州市	5 787	海陵区、高港区、姜堰区、兴化市、靖江市、泰兴市
宿迁市	8 555	宿城区、宿豫区、沭阳县、泗阳县、泗洪县

数据来源:《江苏统计年鉴2021》。

一、生态维度

作为东部沿海发达省份,江苏省对于生态文明建设的探究走在全国前列。2004年12月,江苏省政府编制印发《江苏生态省建设规划纲要》,全面启动生态省建设。2013年7月,江苏省编制印发《江苏省生态文明建设规划(2013—2022)》。在国家战略推动、发展要求和政策支撑下,江苏积极响应国家号召,探寻生态文明建设道路,因地制宜指定相关措施推动地区生态文明建设。2021年10月,江苏省政府办公厅印发《江苏省"十四五"生态环境保护规划》,规划提出,到2025年江苏省要基本建成美丽中国示范省份。

江苏作为我国最发达省份之一,工业化水平程度高、工业发展速度快,取得经济社会进步的同时也带来了难以忽视的环境问题,污染物的大量排放,水、空气、土壤污染问题不断暴露,环境风险事故时有发生,从2007年太湖蓝藻事件再到2016年两灌地区的化工污染,江苏面临以往粗放发展带来的污染治理和环保管控等难题。近年来的"263"专项行动以及蓝天碧水净土保卫战,江苏对于水污染整治、土壤污染治理与修复、空气质量改善都提出了高标准严要求,通过督促工业企业升级改造,调整甚至关停高排放企业,江苏省在污染物减排方面取得了显著成效。本研究结合不同的生态维度指标以具体地对江苏省近年来的生态现状进行分析。

从苏南、苏中、苏北三个区域来看,根据图 4-1(1)可以发现 2009—2019 年江苏省人均公园绿地面积整体呈现上升趋势,其中苏中地区增长幅度最大,由 2009 年的人均 12.90 m^2 增长到 2019 年的 18.37 m^2,增幅达到 42.4%。苏南地区整体波动较小,2009—2017 年持续缓慢上升,2018—2019 年人均公园绿地面积呈现下降趋势。苏北地区的增长趋势也较为明显,人均公园绿地面积由 2009 年的 11.81 m^2 增长至 2019 年的 14.64 m^2,增长幅度为 24.0%。从 2016 年起,苏中地区的人均公园绿地面积超过苏南地区,成为三个区域中人均公园绿地面积最大的地区。

由图 4-1(2)可以发现,2009—2019 年江苏省建成区绿化覆盖率整体上升,其中苏南地区呈现缓慢波动上升的趋势,而苏中地区和苏北地区的上升趋势明显,增长幅度较大,苏中地区的增幅为 7.3%,苏北地区的增幅为 7.8%。2017 年苏中地区实现赶超,成为三个地区中建成区绿化覆盖率最高的地区。2019 年三个区域的建成区绿化覆盖率都远超 40%,向 45% 靠近,说明江苏省整体绿化水平较高,人地关系总体较为和谐。结合图 4-1(1),近年来苏中地区的绿化投入效果显著,生态环境较好。

由图 4-1(3)可知,2009—2019 年江苏省一般工业固体废弃物综合利用率整体下降,其中苏南地区在此阶段呈现缓慢波动上升的趋势,一般工业固体废弃物综合利用率由 2009 年的 95.52% 增长至 2019 年的 95.65%。苏中、苏北地区的一般工业固体废弃物综合利用率在 2009—2019 年中波动下降,其中苏北地区波动较大,而苏中地区变化相对平稳,且 2009—2018 年间在三个区域中利用率始终最高。2019 年,苏南地区的一般工业固体废弃物综合利用率为 95.56%,首次超过苏中地区,在三个区域中利用率最高。

由图 4-1(4)可知,江苏省 2009—2019 年生活垃圾无害化处理率整体波动幅度较小,其中苏南地区缓慢波动上升,由 2009 年的 94.89% 增长到 2019 年的 99.80%。而苏中地区较为平稳,生活垃圾无害化处理率始终在 100% 附近徘徊。2009—2015 年间苏北地区波动较大,2016—2019 年期间趋于平稳,且维持在100%的处理率,而苏中地区在2019年生活垃圾无害化处理率也达到了100%。

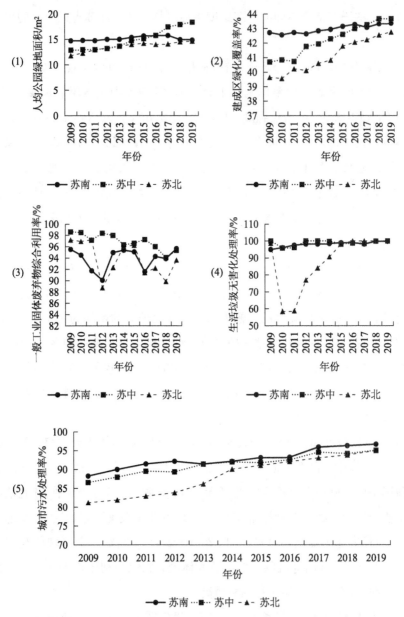

图 4-1　2009—2019 年江苏省美丽江苏建设生态维度指标变化趋势图

数据来源:各年度《江苏统计年鉴》。

由图 4-1(5)可知,江苏省 2009—2019 年城市污水处理率整体呈上升趋势,且增速较快。其中,苏南、苏中地区增长相对平缓,2009—2019年增幅分别为9.5%、9.8%,而苏北地区增长幅度较大,由2009年的81.21%变化为2019年的94.99%,增幅达到17.0%。2009—2019年间,苏南地区的城市污水处理率在三个区域中始终最高,2019年达到96.67%,但三个区域处理率的差距逐渐缩小,2019年基本都在95%以上。结合图4-1(2)、图4-1(3),对于污染排放物的处理,苏南地区的整体情况最好,表现为逐渐优化的趋势。江苏省整体加强了对污染排放物的综合利用和处理,环境质量逐步提升。

二、经济维度

为了落实美丽江苏建设,应坚持在生态优先、绿色发展、坚决打好污染防治攻坚战、实现生态环境质量持续好转的基础上,深入推进区域协调发展、加快产业结构调整,实现江苏的经济高质量发展。图4-2展示了2009—2019年江苏省美丽江苏建设经济维度指标变化趋势。

从图4-2(1)可以发现近十年来江苏省经济发展水平整体呈现上升的趋势,其中苏南地区增长幅度最大,由2009年的4 230.84亿元增长到2019年的11 329.49亿元,增幅达167.78%。苏中、苏北地区虽然经济保持着增长的趋势,但是无论是经济总量还是增速都远小于苏南地区,且差距持续拉大,可见苏南地区近年来经济发展转型非常有效,经济发展迅速。为了缩减苏北、苏中地区和苏南地区的差距,应进一步加大对该地区发展的支持力度,提升苏中、苏北地区整体发展水平,促进苏中、苏北地区加快崛起,使全省区域发展更加全面、更加协调、更加可持续。

江苏省作为制造业大省,从图4-2(2)可以发现近十年来江苏省第三产业的发展整体呈现上升的趋势,其中苏南地区的第三产业增加值占GDP的比重由2009年的41.79%增长到2019年的52.65%,领先于苏北、苏中地区。苏中地区第三产业发展在2013年超过了苏北地区,这可能得益于2013年政府关于促进苏中与苏北结合部经济相对薄弱地区加快发展的建议,但是在2016年之后,苏中地区的第三产业增幅开始下滑,但是仍然领先于苏北地区。苏北地区的第三产业增幅相对比较平稳,整体上保持上升的趋势。虽然第三产业增加值不如苏南、苏中地区,但是从这十年的增幅来看的话,苏北地区领先于苏中、苏南地区。随着江苏省经济水平的不断提高,人们的生活水平也得以提升。

从图 4-2(3)可以发现近十年来江苏省居民消费整体上呈现上升的趋势,苏南、苏中和苏北地区居民消费增幅都超过了 180%。其中,苏南地区的居民消费无论是总量还是增长幅度都远高于苏北、苏中地区,且差距持续拉大,可见经济发展水平高的地区能够有效地刺激消费,提高居民消费水平,从而进一步拉动经济增长。苏中、苏北地区的居民消费增长相对平稳,但是可以看出苏中、苏北地区消费差距正在逐渐拉大。原因可能在于:一方面苏北地区的经济发展水平较低,人们的收入水平相对较低,因此消费受到了个人收入的约束;另一方面苏北地区的人口外溢现象比较明显,消费高的群体正在向苏中、苏南地区转移。在一定程度上,居民消费水平一方面受到所在地区整体经济实力的影响,另一方面受到政府宏观调控的影响。如在 2016 年,由于受政府政策影响,2016 年江苏省三大区域的居民消费都有明显的上升趋势,并且在近几年内增幅最大。

图 4-2(4)反映了近十年来江苏省三大区域的能耗变化趋势,可以发现江苏省整体的能源利用率在提高,苏南、苏中和苏北地区的能源利用率呈现差异性。其中:苏南地区的万元生产总值能耗由 2009 年的 955.29 元下降到 2019 年的 640.69 元,下降幅度为 32.93%;苏中地区的万元生产总值能耗由 2009 年的 796.16 元下降到 2019 年的 477.03 元,下降幅度为 40.08%;苏北地区的万元生产总值能耗由 2009 年的 748.24 元下降到 569.56 元,下降幅度为 23.88%。由此,可以明显地发现苏中地区的能源利用率最高,且利用率提高最快,可见近年来苏中地区能源利用率的研发投入成果显著。

为了进一步细看工业方面的污染排放,从图 4-2(5)中可以发现近十年来江苏省单位 GDP 废水排放量整体上呈现明显的下降趋势,且苏南、苏中和苏北地区下降幅度都超过了 75%。其中:苏南地区的单位 GDP 废水排放量由 2009 年的 8.77 吨下降到 2019 年的 1.49 吨,下降幅度为 83.06%;苏中地区的单位 GDP 废水排放量由 2009 年的 6.71 吨下降到 2019 年的 1.19 吨,下降幅度为 82.29%;苏南地区的单位 GDP 废水排放量由 2009 年的 4.94 吨下降到 2019 年的 1.14 吨,下降幅度为 76.89%。虽然苏北地区的废水排放量整体上下降了,但是由图可知在 2009—2011 年期间,苏北地区的单位 GDP 废水排放量是增加的,这可能是由于苏北地区的经济发展水平相比较苏南地区而言相对落后,为了缩减与苏中、苏南地区的经济差距,以环境为代价以追求更快的经济发展,从而导致工业废水排放量不减反增的现象。

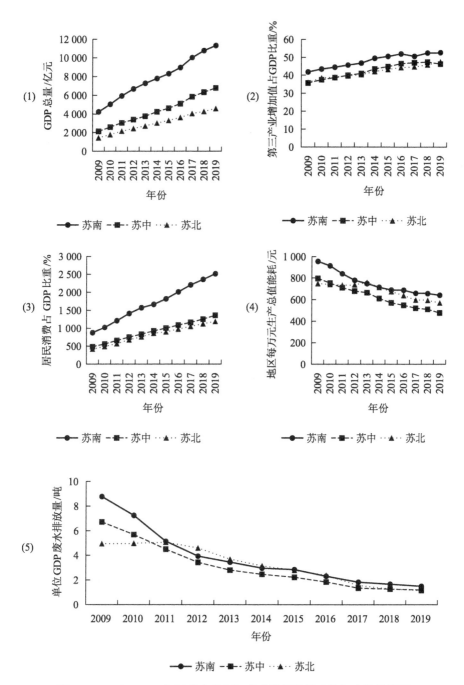

图 4-2 2009—2019 年江苏省美丽江苏建设经济维度指标变化趋势图
数据来源：各年度《江苏统计年鉴》。

三、城乡维度

为了落实美丽江苏建设,一方面需要推进新型城镇化,完善区域城镇体系和推进美丽宜居住区建设,另一方面需要缩减城乡差距,共同推动城乡一体化发展。

图4-3(1)反映了近十年来江苏省三大区域的人口城镇化率变化趋势,可以发现苏南、苏中和苏北地区的人口城镇化率虽然整体上都在上升,但是各地区的人口城镇化率呈现差异性。其中:苏南地区的人口城镇化率由2009年的66.46%上升到2019年的76.56%,上涨幅度为15.20%;苏中地区的人口城镇化率由2009年的52.2%上升到2019年的67.7%,上涨幅度为29.69%;苏北地区的人口城镇化率由2009年的43.92%上升到2019年的63.96%,上涨幅度为45.63%。由此,可以明显发现苏南地区的人口城镇化率始终领先于苏中、苏北地区。尽管苏北地区的人口城镇化率不如苏中、苏南地区,但是其上涨幅度远高于苏南地区,按照现有趋势而言,苏北地区的人口城镇化率即将超过苏中地区。

图4-3(2)反映了近十年来城乡人口密度比的变化趋势,可以发现苏南、苏中和苏北地区的城乡人口密度比先下降后上升。江苏省三大区域的城乡人口密度比在2009—2011年期间都是下降,在2012—2015年期间相对平稳,2016年至今保持着持续增长趋势。其中,苏北地区的城乡人口密度比高于苏中、苏南地区,且苏北地区的城乡人口密度比增长幅度达85.61%,远远超过苏南、苏中地区的增长幅度。原因可能在于一方面,苏北地区的经济较落后,农村人口比例比较大;另一方面,城镇人口为了工作、学习和生活等方面的需求,可能会将户口转移到经济发展较好的地区。尽管存在部分城镇人口外流的现象,但是由于政策改革和经济发展,农村地区的人口不断涌入城镇,从而导致各地区的城乡人口密度比呈现上升的趋势。

为了进一步对比城乡差距,从图4-3(3)可以发现近十年来苏南、苏中和苏北地区的城乡人均可支配收入比整体上都是下降的。其中:苏南地区的人均可支配收入比由2009年的2.17下降到2019年的2.01,下降幅度为7.4%;苏中地区的人均可支配收入比由2009年的2.18下降到2019年的2.02,下降幅度为7.3%;苏北地区的人均可支配收入比由2009年的2.08下降到2019年的1.86,下降幅度为10.5%。由此,可以明显发现苏北地区的城乡人均可支配收入差距相对于苏南、苏中地区而言比较小,且近十年来下降幅度最大。尽管近十年来苏南、苏中地区的城乡人均可支配收入比整体上是下降的,但是考虑到由于苏南、苏中地区的人均可支配收入上升幅度较大,因此,对于苏南、苏中地区而言,其城乡人均可支配收入仍存在很大的差距。为了进一步缩减城乡之间的差距,需要提高农村地区的人口收入。

图 4-3(4)反映了近十年来苏南、苏中和苏北地区的城乡居民人均居住面积比的变化趋势,可以发现三大区域 2009—2014 年整体上呈下降趋势,其中 2013—2014 年呈上升趋势,在 2015—2019 年总体上维持平稳的趋势,没有发生明显的增减趋势变化,但是按照现有趋势来看,在 2019 年之后可能会面临下降的趋势。其中,苏北地区的城乡居民人均居住面积比领先于苏南、苏中地区,并且苏南和苏中地区的城乡居民人均居住面积比相比较十年前而言,未减反增。这可能的原因在于房地产行业的出现,以及受到政府颁布的住房新政策影响。

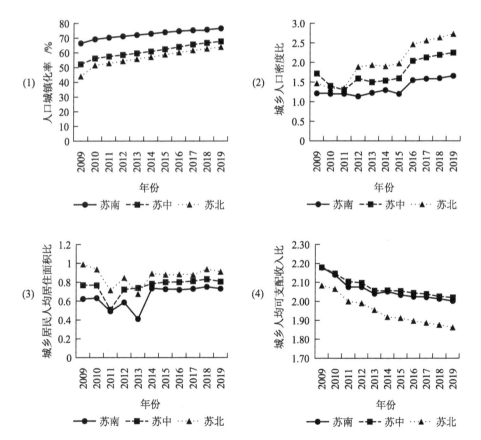

图 4-3　2009—2019 年江苏省美丽江苏建设城乡维度指标变化趋势图

数据来源:各年度《江苏统计年鉴》。

四、文化维度

自从 2006 年《国家"十一五"时期文化发展规划纲要》首次提出公共文化服务这一概念以来,对公共文化服务绩效的要求就成为党和政府关于文化事业发展的重要着力点,为此出台了一系列公共文化服务领域的法规政策、规划纲要等文件。2015 年 1 月,党中央、国务院印发了《关于加快构建现代公共文化服务体系的意见》,提出了"制定政府公共文化服务考核指标、建立公共文化机构绩效考评制度、探索建立公共文化服务第三方评价机制"等措施以完善公共文化服务评价工作机制。2016 年 12 月,《中华人民共和国公共文化服务保障法》第二十三条规定各级人民政府"应当建立有公众参与的公共文化设施使用效能考核评价制度"。2017 年 2 月,《文化部"十三五"时期文化发展改革规划纲要》指出,提高公共文化服务效能要"建立以效能为导向的评价激励机制,研究制定公众参与度和群众满意度指标"。由此可见,公共文化服务绩效越来越受到党和政府的关注,对公共文化服务绩效评估的要求越来越高、越来越具体。

近年来,江苏省积极构建现代公共文化服务体系,加大了对公共文化服务的财政投入规模和力度,目前已建成"省有四馆、市有三馆、县有两馆、乡有一站、村有一室"的五级公共文化服务设施网络体系,设施覆盖率已经达到 90% 以上。截至 2020 年末,全省共有文化馆、群众艺术馆 115 个,公共图书馆 117 个,博物馆 345 个,美术馆 42 个,共有广播电台 8 座,中短波广播发射台和转播台 21 座,电视台 8 座,广播综合人口覆盖率和电视综合人口覆盖率均达 100%。本研究借助文化维度的不同指标对江苏省近年来的文化水平进行分析。

作为经济强省,近些年来江苏省各级财政加大了对文化事业发展的财政投入规模和扶持力度,有效推动了全省公共文化服务体系建设。由图 4-4(1)可以看出,江苏省整体呈现小幅波动上升的趋势。其中,2010—2018 年间苏南在三个区域中文化体育与传媒支出占地方公共财政预算支出比重始终最高,苏中地区第二,苏北地区比重最低。2019 年,苏北地区的文化体育与传媒支出占地方公共财政预算支出比重达到 1.94%,超越苏南、苏中地区成为占比最高的区域。且 2009—2019 年间,苏南呈现波动下降的趋势,而苏中、苏北地区从较低起点波动上升。

图 4-4(2)给出了江苏省 2009—2019 年每百万人拥有公共图书馆数量情况。可以看出,江苏省整体的上升趋势明显,且三个区域的每百万人拥有公共图

书馆数量也都逐步增长。其中,苏南地区在此期间每百万人拥有公共图书馆数量始终最多,且与苏中、苏北差距显著,而苏中地区始终保持第二,苏北地区的数量最少。2009 年,苏南地区的每百万人拥有公共图书馆数量为 103.02 个,2019 年增长为 184.04 个,增幅达到 78.6%。而苏北地区增幅最大,达到 239.9%,其次是苏中地区,为 138.9%。

由图 4-4(3)可以看出,江苏省 2009—2019 年每百万人拥有公共图书藏书量整体变动幅度较小,呈现不断波动的趋势。其中,苏南地区在此期间每百万人拥有公共图书藏书量在三个区域中始终最高,在 10 册左右徘徊。苏中、苏北地区的每百万人拥有公共图书藏书量较为接近,在 8 册左右徘徊。其中苏中地区最高达到了 9.67 册,苏北地区最高为 8.40 册,而苏南地区最高达到 10.40 册。

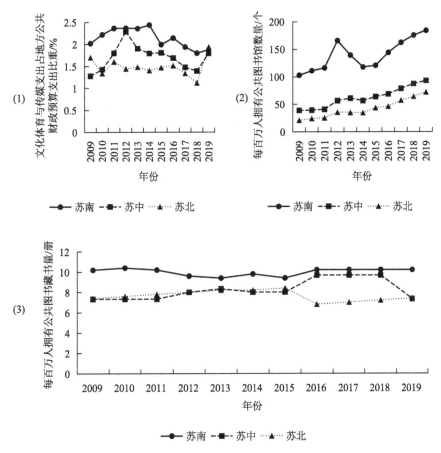

图 4-4 2009—2019 年江苏省美丽江苏建设文化维度指标变化趋势图
数据来源:各年度《江苏统计年鉴》。

五、社会维度

中国共产党第十八次全国代表大会明确指出,社会保障是保障人民生活和调整社会分配的基本制度。党的十九大报告确立了以人民为中心的发展思想,使社会保障体系建设的追求目标更加清晰,党的二十大报告进一步提出健全多层次社会保障体系,为人民群众提供更充分的保障。社会保障的稳定发展是江苏经济社会健康有序发展的前提,是改善民生的基石。近年来,江苏省加大对社会保障事业的扶持力度,出台了一系列社会保障事业发展的政策和管理措施,如《江苏省财政专项资金绩效管理办法》《江苏省基层医疗卫生机构绩效考核办法(试行)》《江苏省财政支出绩效评价办法》等。

同时政府财政在社会保障支出方面的总投入在逐年增长。2018年,江苏省社会保障资金支出达1 309亿元人民币,与2017年相比增长25.5%。同时期内,江苏省平均增长率18.01%高于全国省际平均增长率17.43%。高于全国平均水平的增长率反映出江苏省政府对社会保障事业的重视程度。本研究借助社会维度的不同指标来评价江苏省的社会保障水平现状。

图4-5(1)展示了江苏省2009—2019年教育占地方公共财政预算支出比重,可以发现江苏省整体呈现波动下降的趋势,下降幅度较小。其中,2009—2017年苏南地区教育占地方公共财政预算支出的比重在三个区域中基本始终最低,2018、2019年比重超过苏中地区成为第二。2009—2017年,苏中、苏北地区教育占地方公共财政预算支出的比重相当,2017年起苏北地区大幅超过苏中地区,差距明显。

由图4-5(2)可见,江苏省2009—2019年社会保障与就业占地方公共财政预算支出比重总体上升。其中,苏南地区在此阶段波动下降,由2009年的11.43%变动为2019年的10.85%,2012年为最低水平8.75%。2009—2019年间苏中地区增幅最大,达到74.1%,苏北地区增幅为22.1%。2018年起,苏中地区的社会保障与就业占地方公共财政预算支出比重超过苏北地区,在三个区域中比重最大。

由图4-5(3)可以看出,江苏省2009—2019年医疗卫生占地方公共财政预算支出比重总体上呈现上升趋势。其中,苏南地区波动较为平缓,由2009年的6.05%增长为2019年的6.67%。2009—2017年间,苏中地区医疗卫生占地方公共财政预算支出的比重在三个区域中始终最高,2017年起,苏北地区超过苏中

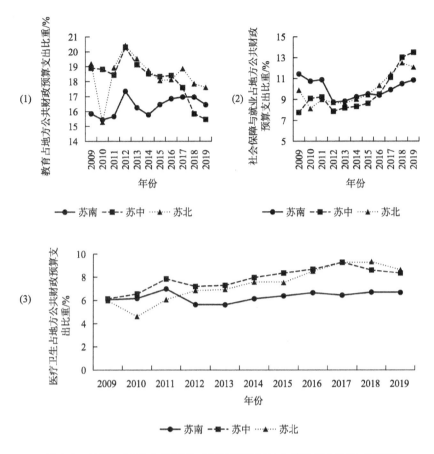

图 4-5　2009—2019 年江苏省美丽江苏建设社会维度指标变化趋势图
数据来源：各年度《江苏统计年鉴》。

地区成为占比最高的区域。在 2009—2019 年期间，苏北地区医疗卫生占地方公共财政预算支出比重的增幅最大，达到 44.6%，而苏中地区的增幅为 36.1%。结合图 4-5(1)、图 4-5(2)，近三年来，苏北地区各地方政府注重加强社会保障服务水平，优化公共财政支出结构，政府服务能力显著提高。

第四节　美丽江苏建设的现状评价

江苏省委、省政府按照习近平总书记为江苏擘画的"强富美高"宏伟蓝图，把美丽江苏建设作为一项事关全局的重大战略任务，作为新形势下推动高质量发展的重要抓手,并提出到 2025 年,美丽江苏建设的空间布局、发展路径、动力机制基本形成,生态环境质量明显改善,城乡人居品质显著提升,文明和谐程度进一步提高,争创成为美丽中国建设的示范省份。到 2035 年,全面建成生态良好、生活宜居、社会文明、绿色发展、文化繁荣的美丽中国江苏典范。为此,需要准确把握美丽江苏建设的现状。本节将基于前两节对评价方法的概述和评价指标体系的构建,对美丽江苏建设的现状进行评价。

本节采用熵权 TOPSIS 综合评价模型,依据上述所构建的美丽江苏建设指标体系进行评估。通过熵权 TOPSIS 法来评价美丽江苏建设情况,不仅能够对美丽江苏建设发展水平进行科学、客观、公正的评价,而且能够为高起点推进美丽江苏建设目标提供理论支撑和制定发展思路。根据上述内容,本节从生态维度、经济维度、城乡维度、文化维度以及社会维度,分别对江苏省 2009—2019 年 13 个地级市的指标数据进行标准化处理,并且计算出各指标的权重(结果见表 4-3),在此基础上测算江苏省 13 个地级市美丽江苏建设发展水平的综合得分并进行排名,准确评价 2009—2019 年美丽江苏建设的情况(结果见表 4-4)。

表 4-3 美丽江苏建设发展水平各指标赋权表

一级指标	二级指标	熵值	差异性系数	权重/%	
生态维度	人均公园绿地面积	0.977	0.023	4.97	15.9
	建成区绿化覆盖率	0.982	0.018	3.76	
	一般工业固体废弃物综合利用率	0.995	0.005	1.08	
	生活垃圾无害化处理率	0.994	0.006	1.38	
	污水处理率	0.978	0.022	4.71	
经济维度	万元地区生产总值能耗	0.989	0.011	2.41	33.84
	单位 GDP 废水排放量	0.995	0.005	1.15	
	GDP 总量	0.936	0.064	13.61	
	第三产业增加值占 GDP 比重	0.969	0.031	6.74	
	居民消费占 GDP 比重	0.954	0.046	9.93	
城乡维度	城乡居民可支配收入比	0.973	0.027	5.79	14.68
	城乡居民人均居住面积比	0.989	0.011	2.29	
	城乡人口密度比	0.983	0.017	3.74	
	人口城镇化	0.987	0.013	2.86	

(续表)

一级指标	二级指标	熵值	差异性系数	权重/%	
文化维度	每百万人拥有博物馆数量	0.979	0.021	4.44	29.59
	每百万人拥有公共图书馆数量	0.918	0.082	17.58	
	文化体育与传媒支出占地方公共财政预算支出比重	0.965	0.035	7.57	
社会维度	教育支出占公共财政支出比重	0.997	0.030	0.69	5.99
	社会保障与就业支出占公共财政支出比重	0.986	0.014	2.94	
	医疗卫生支出占公共财政支出比重	0.989	0.011	2.36	

数据来源：作者计算所得。

由表4-3的结果可知，经济维度在美丽江苏建设中的权重比例最高，达到了33.84%，经济建设在促进江苏人民福祉增加、提升人民幸福指数上起到了至关重要的作用。经济维度中权重比例最高的为GDP总量指标，达到了13.61%。文化维度在美丽江苏建设中的权重仅次于经济维度，文化获取便利度的提升必然会更易于满足江苏人民对汲取精神文明的要求。其中，每百万人拥有公共图书馆数量指标的权重为17.58%。紧随其后的是生态维度的15.9%、城乡维度的14.68%以及社会维度的5.99%。

表4-4展示了2009—2019年江苏省13个地级市美丽江苏建设综合得分及排名情况。为了方便读者更直观地看清各个地级市美丽江苏建设的变化趋势，本研究根据这一数据绘制了相应的3D曲面图（见图4-6）。

从表4-4和图4-6的结果可知，首先，从整体上看，2009—2019年的11年间，全省各个地级市的美丽江苏建设水平呈现了一个持续上升的趋势，美丽江苏建设水平的推进态势良好。其中，南京、苏州、常州等苏南地区的增长态势更为明显。美丽江苏建设发展水平在空间上存在显著的差异，呈现南高北低的特征。从江苏三大区域来看，南京、苏州等苏南地区的美丽城市建设水平领先于苏北、苏中地区；在苏中地区方面，除了泰州之外，其余城市的美丽城市建设水平在江苏省处于中等水平；苏北地区，除了徐州之外，其余城市的美丽城市建设水平明显低于其他地区。因此，为了进一步提高美丽江苏建设发展水平，初步来看应该从苏北、苏中地区考虑，尤其是苏北地区。例如，可以将苏南地区的劳动力密集产业向苏北地区转移。一方面可以缓解苏南地区因这些过于密集的产业所带来的污染问题以及生态问题，另一方面能够缓解苏北地区就业问题，以及吸引更多资金流入苏北，从而能够推动苏北地区的经济发展。

表4-4 2009—2019年江苏省13个地级市美丽江苏建设综合得分及排名

城市	2019年	2018年	2017年	2016年	2015年	2014年	排名
南京	0.692	0.655	0.646	0.679	0.646	0.598	1
苏州	0.500	0.477	0.450	0.512	0.504	0.522	2
常州	0.534	0.556	0.550	0.419	0.363	0.351	3
南通	0.489	0.478	0.468	0.451	0.431	0.415	4
无锡	0.452	0.434	0.425	0.419	0.409	0.414	5
扬州	0.393	0.389	0.387	0.378	0.374	0.361	6
镇江	0.390	0.396	0.383	0.352	0.354	0.342	7
徐州	0.397	0.381	0.370	0.352	0.359	0.350	8
淮安	0.405	0.390	0.382	0.366	0.362	0.371	9
盐城	0.397	0.372	0.365	0.351	0.348	0.331	10
泰州	0.371	0.408	0.392	0.358	0.323	0.311	11
连云港	0.367	0.352	0.332	0.319	0.324	0.299	12
宿迁	0.358	0.338	0.317	0.320	0.332	0.293	13
城市	2013年	2012年	2011年	2010年	2009年	均值	排名
南京	0.613	0.599	0.576	0.546	0.529	0.625	1
苏州	0.488	0.493	0.386	0.384	0.351	0.472	2
常州	0.320	0.336	0.355	0.335	0.342	0.412	3
南通	0.395	0.375	0.337	0.311	0.292	0.415	4
无锡	0.390	0.402	0.367	0.39	0.320	0.410	5
扬州	0.345	0.347	0.299	0.308	0.291	0.358	6
镇江	0.322	0.332	0.334	0.324	0.312	0.353	7
徐州	0.348	0.315	0.313	0.297	0.271	0.348	8
淮安	0.307	0.310	0.277	0.251	0.282	0.342	9
盐城	0.304	0.291	0.249	0.259	0.267	0.327	10
泰州	0.296	0.276	0.275	0.259	0.245	0.327	11
连云港	0.301	0.285	0.280	0.281	0.289	0.314	12
宿迁	0.248	0.214	0.257	0.239	0.240	0.292	13

数据来源：作者计算所得。

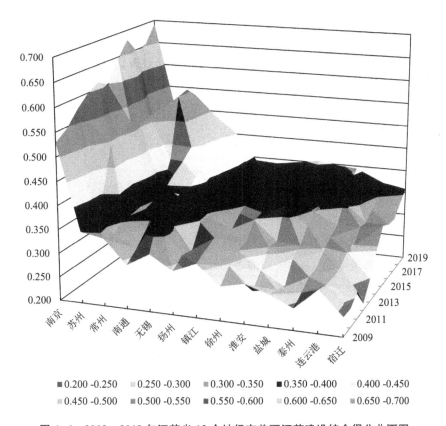

图 4-6 2009—2019 年江苏省 13 个地级市美丽江苏建设综合得分曲面图

数据来源：作者绘制而成。

第五章

高起点推进美丽江苏建设

——"源头防控"专题

"源头防控"是从根源破除"先污染,后治理"的传统治污模式,实现从源头着力,深入环保技术创新、产业结构调整、能源结构优化、经济绿色转型等更高层面更多维度的环境治理政策。本章为高起点推进美丽江苏建设的"源头防控"专题,首先剖析"源头防控"治污模式的必要性及关键问题;其次构建计量模型对环境规制的"源头防控"机制与技术创新的"源头防控"机制进行检验,并构建PVAR模型对美丽江苏建设、环境规制以及技术创新之间的动态互动关系进行检验,以此为"源头防控"视角下高起点推进美丽江苏建设提供经验证据;最后对江苏省常州市创新探索开发区源头治理实践进行案例分析,为"源头防控"视角下高起点推进美丽江苏建设提供实践启示。

第一节 "源头防控"的必要性及关键问题剖析

随着工业化进程的快速发展,生态环境治理能力滞后于生态环境的破坏,末端治理的弊端日益突显,源头防控逐渐成为生态环境保护的主流治理观念。因此,本节主要讨论"源头防控"在高起点推进美丽江苏建设中的必要性,并从环境规制和技术创新两个方面剖析"源头防控"在高起点推进美丽江苏建设中的关键问题。

一、"源头防控"在高起点推进美丽江苏建设中的必要性

良好的生态系统与社会可持续发展是相辅相成的,生态环境高质量发展是高起点推进美丽江苏建设的必备条件。改革开放以来,伴随着经济社会持续快速发展,基于资源环境承载能力已经达到或接近上限的实际情况,生态环境保护

体系建设逐渐形成源头严防、过程严管、后果严惩的总体思路。长期以来,有关生态环境保护的治理研究,大多聚焦考察生态环境的末端治理,而从源头防控视角展开相关研究没有受到应有的关注。源头治理与末端治理相对应,更强调从治理过程的开端和根源上进行善治。鉴于此,源头治理的治理理念与生态环境保护的治理理念更加契合。具体而言,生态环境保护要求把治理手段贯穿到生态环境污染的始终,坚持标本兼治的同时,更加注重治本的关键作用。生态环境保护的源头治理重点强调的是从治理的前端开始,将预防和监控设置在治理的前端、中端和末端,贯穿生态环境污染事件的始终,以此达到从根源上实现治本的目的。

长期以来,由于对生态环境保护的源头治理重视不够,环境污染治理难度大、治理效果不显著成为中国环境污染问题的顽疾。生态环境保护的末端治理与源头治理相反,注重的是事后治理,即走"先污染,后治理"的老路,其存在的诸多弊端在于:其一,晋升激励驱使下,"为增长而竞争"的地方政府以牺牲环境为代价,片面追求 GDP 的增长,为地方的生态环境积累了不可逆转的摧毁与破坏;其二,末端治理弱化了中央调控和环保监管的能力,使得各地在自由市场经济调配下,在理性经济人和合理取向的价值观引领下,多数选择维护自身经济利益而忽视资源浪费和环境破坏;其三,生态环境保护治理的末端治理较大地增加了治理成本,污染处理设备投资大、运行费用高,企业生产成本负担的增加降低了经济运行效率和经济增长效益。相对于末端治理来说,生态环境保护的源头治理注重污染源头的防治,以"保护优先、预防为主、防治结合"为主要原则,将源头治理放在首位,彻底从根源上扭转一边破坏一边治理的被动不利局面。生态环境保护的源头治理不仅不会产生不可逆的环境危害,而且还可以节省环境污染治理的成本,提高经济效益,因此源头治理的开展具有生态环境保护和经济发展的双重意义。因此,从根源上分析,源头防控的环保治理策略可以突破环境保护与经济增长的"零和思维",为寻求协调生态环境与经济增长共赢的高质量发展路径提供有力抓手。

改革开放四十余载,江苏的经济体量已经领跑全国。江苏以占全国1%的国土面积容纳了近6%的人口,创造了占全国近10%的GDP,但是江苏的产业结构依然偏向于以资源消耗型、资本和劳动密集型为主体的传统制造业。虽然江苏水土资源充沛,但江河湖泊的源头污染依然是污染防治攻坚战的难点痛点,因此从整体来看,生态环境高质量发展依然是高起点推进美丽江苏建设的关键阻滞,高起点推进美丽江苏建设依然面临着严峻挑战。近年来,江苏提出全面推进"两减六治三提升"专项计划,要把补齐生态短板摆在更加突出位置,从"十三五"坚决打好污染防治攻坚战到"十四五"深入打好污染防治攻坚战,江苏省污染防治触及的矛盾问题层次更深、领域更广、要求更高,逐步明确了深入打好污染防治攻坚战的"作战图",即坚持精准治污、科学治污、依法治污,强化系统治理、源头治理,协同推进降碳、减污、扩绿、增长,不断提高源头防控的关键作用,以高度的共识、高度的警醒、高度的自觉,全力打赢生态保护和环境治理攻坚战,提高美丽江苏建设水平。

二、"源头防控"在高起点推进美丽江苏建设中的关键问题

江苏省是工业大省,其依靠工业先行优势创造了领先全国的经济增速,然而,与此相伴的是突出的环境污染问题。严重的环境污染不仅会逐渐反噬经济的可持续增长,还会不断阻碍社会福利水平的提升。加强生态环境治理、缓解资源环境约束、推动经济高质量发展已成为当下全社会的共识。2012年省委、省政府出台《关于加强生态环境保护和建设的意见》,提出转变经济增长方式,确立生态环境优先理念。2016年《江苏省生态环境保护制度综合改革方案》进一步确立了坚持环保优先的指导方针和可持续发展的战略,大力推进生态环境保护制度综合改革。同年,全省实施"两减六治三提升"专项行动,以弥补生态环境这个江苏发展中的突出短板。以上举措促进了江苏生态文明建设和绿色转型发展,在调"优"生态布局、调"轻"产业结构和调"绿"发展底色方面取得了显著成效。在我国经济换挡变道之际,江苏的经济发展与生态环境分化问题尤显突出,苏北部分地区工业园区环境污染与安全事故不断,如江苏省盐城市响水县生态化工园区的江苏天嘉宜化工有限公司发生爆炸事故,事故引发响水县附近发生3.0级左右的地震,爆炸波及园区16家化工企业、近2平方千米范围,造成2万多户居民、10所学校不同程度受损,空气、土壤、河流均受到污染。这恰恰是江苏省在经济发展模式转型与生态文明建设维度的迫切性需求的集中体现。

如何设计行之有效的环境治理政策,以源头治理掌握生态文明建设主动权是政策层面关注的焦点。坚持源头治理、系统治理、综合治理、依法治理,努力解决深层次问题,是高起点推进美丽江苏建设的重要方向。所谓高起点,最重要的就是要加强源头性、基础性工作,以更好地掌握生态文明建设的主动权。环境规

制是源头防控的重要手段之一，创新探索科学有效的环境规制机制也是江苏寻求生态环境保护与经济高质量增长协同共进的关键问题。当前阶段，中国的环境规制方式以行政指令式和绩效考核式两类环境规制工具为主，其中行政指令式环境规制工具包括酸雨和二氧化硫控制区计划、大气污染防治行动计划、水污染防治行动计划以及土壤污染防治行动计划等分类型专项治理行动，绩效考核式环境规制工具则主要有节能减排五年规划目标考核、环保考核问责制、河长制以及中央环保督察制度。江苏是全国唯一拥有"大江、大河、大湖、大海、大运河"的省份，因而也是较早遇到水资源短缺、水环境污染、水生态损害等水治理问题的省份。2007年太湖水污染危机让江苏成为全国最早探索河长制的地区。河长制是由中国各级党政领导担任"河长"，组织指导各区域内相应河流生态环境的行政监督管理和资源保护工作。各河段的水质检测审查结果作为各区党政主要领导和责任人员的业绩组成部分之一，各市(区)对延迟报告、拒报或谎报有关水质检测审查结果的具体责任人员，按照国家有关规定依法追究责任(余永泽和尹立平，2022)。近年来江苏江河湖海实现的"沧桑巨变"正是江苏通过河长制大力开展源头整治、高起点推进美丽江苏建设的缩影。

高起点推进美丽江苏建设，离不开绿色发展，所以要引领企业转型、产业升级，调整优化能源结构，大力实施可再生能源替代行动，深化重点领域节能增效，坚决遏制"两高"项目盲目发展，不断深入推进源头防控，实现生态环境治理能力现代化。技术创新则是提高绿色生产力，实现源头防控的重要助推力，因此加快构建绿色技术创新体系是高起点推进美丽江苏建设的又一关键问题。随着社会的发展，生态环境形势的复杂性和艰巨性需要新的理论、方法、技术作为指导和支撑，科技力量助力源头防控与源头治理显得尤为重要。科技创新能力能够充分发挥其在生态环保中的基础性、前瞻性和引领性作用，强化环境污染成因分析与环境污染过程管理、环境污染物的健康影响机理和风险评估、环境监管与预警机制建立等生态环保全过程管理，极大地加强对环境问题的超前预判，不断提升源头防控机制在污染防治攻坚战中的战略高度。特别是，现阶段打好污染防治攻坚战，地方政府出现很多"有想法、没办法"的困局，迫切需要环境科技支撑以实现科学治污、精准治污。因此，大力开展科技创新，以生态环境质量改善为根本目标，全力打好污染防治攻坚战，补齐生态环境短板，是高起点推进美丽江苏建设的必由之路。

第二节 "源头防控"视角下高起点推进美丽江苏建设的机制检验

基于第三章对"源头防控"关键问题的阐述可知,环境规制与技术创新是从"源头防控"视角推进美丽江苏建设的重要机制。因此,本节主要从以上两方面借助计量模型进行实证检验,以期为高起点推进美丽江苏建设提供"源头防控"层面的经验证据。

一、模型、变量与数据

(一) 模型构建

为检验环境规制、技术创新对美丽江苏建设水平的影响效应,以明晰环境规制与技术创新的源头防控机制作用,本研究以美丽江苏建设水平为被解释变量,以环境规制、技术创新为核心解释变量,构建如式(5-1)的计量模型:

$$\ln Y_{it} = \beta_0 + \beta_1 \ln ER_{it} + \beta_2 \ln TECH_{it} + \gamma \sum control_{it} + \varepsilon_{it} \quad (5-1)$$

其中,i 表示城市,t 表示年份,Y 为美丽江苏建设水平,ER 为环境规制,$TECH$ 为技术创新,$control$ 为一组控制变量,β_1、β_2、γ 分别为核心解释变量和控制变量的边际影响系数,ε_{it} 为随机扰动项。若 β_1 和 β_2 的估计系数显著为正,则说明环境规制与技术创新有助于推进美丽江苏建设水平。

模型(5-1)从环境规制与技术创新两个视角考察"源头防控"机制对美丽江苏建设水平的影响,然而不同的环境规制强度以及技术创新水平可能对美丽江苏建设水平产生差异影响。正如前文机理分析所述,"源头防控"机制可能对美丽江苏建设水平产生非线性影响。因此,本章进一步采用 Hansen 提出的面板门槛回归模型,分别检验在不同的环境规制水平和技术创新水平下,"源头防控"机制对美丽江苏建设的影响差异。具体的面板门槛模型如式(5-2)、式(5-3)所示:

$$\begin{aligned}\ln Y_{it} = & \beta_0 + \beta_1 \ln ER_{it} \cdot I(\ln ER_{it} \leqslant \theta_1) \\ & + \beta_2 \ln ER_{it} \cdot I(\theta_1 < \ln ER_{it} \leqslant \theta_2) \\ & + \beta_3 \ln ER_{it} \cdot I(\ln ER_{it} > \theta_3) + \gamma \sum control_{it} + \varepsilon_{it}\end{aligned} \quad (5-2)$$

$$\begin{aligned}\ln Y_{it} = &\beta_0 + \beta_1 \ln TECH_{it} \cdot I(\ln TECH_{it} \leqslant \theta_1) \\ &+ \beta_2 \ln TECH_{it} \cdot I(\theta_1 < \ln TECH_{it} \leqslant \theta_2) \\ &+ \beta_3 \ln TECH_{it} \cdot I(\ln TECH_{it} > \theta_3) + \gamma \sum control_{it} + \varepsilon_{it}\end{aligned}$$

(5-3)

其中，$I(\cdot)$为示性函数，若括号内的条件为真，则其赋值为1，反之则赋值为0；θ_1、θ_2、θ_3为门槛值，满足$\theta_1 < \theta_2 < \theta_3$；其他变量及参数与式(5-1)相同。

正如前文机理分析所述，环境规制可能存在"创新补偿效应"，从而强化技术创新的"源头防控"机制对推进美丽江苏建设的作用，本章进一步构建如下的调节效应模型，考察环境规制是否产生"创新补偿效应"从而进一步提高美丽江苏建设水平。具体计量模型如下：

$$\ln Y_{it} = \beta_0 + \beta_1 \ln TECH_{it} + \beta_2 \ln ER_{it} \times \ln TECH_{it} + \gamma \sum control_{it} + \varepsilon_{it}$$

(5-4)

上式中的相关变量、参数与模型(5-1)相同。其中，β_2为交互项的影响系数，若$\beta_2 > 0$，则与预期一致，说明环境规制强化了技术创新推进美丽江苏建设的作用。

(二) 变量说明

(1) 被解释变量

美丽江苏建设水平（$\ln Y$），美丽江苏建设的定义及测算方法与第四章所述一致。此外，本章还进一步考察"源头防控"机制对不同维度美丽江苏建设的影响差异，分别记为生态维度（$\ln Y1$）、经济维度（$\ln Y2$）、城乡维度（$\ln Y3$）、文化维度（$\ln Y4$）、社会维度（$\ln Y5$）。

(2) 核心解释变量

① 环境规制（$\ln ER$），环境规制一般分为正式环境规制和非正式环境规制两类，政府相关规制政策的颁布与实施不仅能够通过强制性命令和经济性激励倒逼企业开展环境保护与治理工作，还有利于引导公众强化环保理念、参与环境保护（王凤，2008）。政府工作报告是涵盖工作实施方案的纲领性文本，是各级政府工作部署的指向标。本文借鉴陈诗一和陈登科（2018）的思路，采用与环境保护、污染、减排等关键词相关的词汇在政府工作报告全文中出现的频次比例来衡量环境规制，该指标能够有效缓解污染治理投入、污染排放治理等常见的环境规

制代理变量可能带来的内生性问题。

② 技术创新（ln TECH），现有多数文献指出专利能够反映知识创造过程并更准确地捕捉创新活动。因此，基于专利的数据在现有研究中被广泛用于衡量创新能力或创新水平（Li，2011；Agrawal et al.，2017）。其中，专利数量可以细分为发明专利、实用新型专利、外观设计专利，本研究考虑到发明专利相对于其他两种类型的专利最具创造性和创新性，能够更为准确地代表城市创新质量的提升，因此本章主要采用城市的发明专利申请数（ln TECH）衡量技术创新水平。此外，本章同时采用绿色发明专利申请数（ln GREEN）作为绿色技术创新的代理变量，以考察绿色技术创新对源头防控机制的影响作用。

（3）控制变量

① 对外开放（OPEN）。对外开放是实现国家或地区经济腾飞的重要因素，但在对外贸易活动中的偏向性行为可能对地区的生态环境状况产生关键影响。关于对外开放水平与环境污染之间的关系，现有文献主要有两种观点：一种是污染密集型外资的进入产生污染避难所效应，对环境污染带来不利影响；另一种是外商投资带来先进技术和科学管理经验，产生污染光环效应，有助于污染治理。本章采用城市当年实际使用外资金额占 GDP 比重衡量对外开放水平，由于其对环境污染的影响不确定，因此其对美丽江苏建设水平的综合影响不能确定。

② 基础设施水平（INFRA）。加快基础设施建设是推动经济增长、缓解环境资源约束、惠及民生福祉的重要支撑力量。因此，基础设施水平是高起点推进美丽江苏建设的重要影响因素。考虑到数据的可获得性，本章采用市辖区的人均道路面积衡量城市的基础设施水平，其对美丽江苏建设水平的影响预期为正。

③ 能源结构（ENERGY）。能源结构在一定程度上能够反映地区的生产模式，如重污染型能源结构往往反映了粗放型的生产方式，清洁型能源结构则反映的是集约型的生产模式，因此能源结构的差异将直接关系到地方的生态环境发展状况。考虑到数据的可获得性，本章采用工业用电量占全社会用电量的比重衡量能源结构，该比重越大说明工业能耗越高，从而对地方的生态环境造成负担，不利于推进美丽江苏建设。

（三）数据来源

本章所使用的相关数据主要来自历年《中国城市统计年鉴》《江苏统计年鉴》以及江苏省各地级市统计年鉴，专利申请数据来自国家知识产权局网站，其中绿色发明专利申请数据是根据绿色专利国际专利分类(IPC)编码筛选而来。本章选取的研究区间为2009—2019年，观测城市为江苏省下辖13个地级城市。表5-1报告了本章实证检验中主要使用的变量描述性统计情况。

表5-1 描述性统计

变量	样本量	均值	标准差	最小值	最大值
$\ln Y$	143	−1.003	0.237	−1.431	−0.368
$\ln Y1$	143	−2.384	0.331	−3.312	−1.939
$\ln Y2$	143	−2.249	0.359	−3.143	−1.242
$\ln Y3$	143	−2.597	0.240	−3.326	−2.100
$\ln Y4$	143	−2.876	0.482	−3.937	−1.543
$\ln Y5$	143	0.027	0.007	0	0.056
$\ln ER$	143	−1.070	0.406	−2.455	−0.240
$\ln TECH$	143	8.380	1.316	4.543	10.830
$\ln GREEN$	143	6.270	1.389	2.708	9.114
$OPEN$	143	0.030	0.016	0.009	0.083
$INFRA$	143	7.502	5.188	1.545	22.980
$ENERGY$	143	0.701	0.087	0.072	0.826

二、"源头防控"机制对美丽江苏建设的影响效应分析

(一)"源头防控"机制对美丽江苏建设水平的影响

本节首先对模型(5-1)进行固定效应估计,结果报告于表5-2。其中方程(1)—(3)分别报告了环境规制、技术创新、绿色技术创新水平对美丽江苏建设水平的影响结果,方程(4)和(5)分别报告的是同时控制环境规制与技术创新、绿色技术创新的影响结果。结果显示,环境规制、技术创新、绿色技术创新对美丽江苏建设水平的影响系数均为正,且均在1%的显著性水平下通过显著性检验。以方程(4)和方程(5)为例,环境规制水平每提高1个百分点,美丽江苏建设水平将提高5.6%左右,技术创新水平每提高1个百分点,美丽江苏建设水平将提高7%~8%。值得注意的是,绿色技术创新推动美丽江苏建设的边际影响要高于技术创新的作用,说明绿色偏向的技术进步对高起点推进美丽江苏建设水平的

作用更加突出,可能的原因在于绿色偏向型技术进步能够同时协同经济增长与环境保护,实现经济增长与环保的共赢,且部分规避了生产技术创新投入对绿色技术创新投入的挤出问题,充分释放了技术进步在推动美丽江苏生态环境建设、经济增长建设两个重要维度的促增效应。

各个控制变量的回归结果基本符合预期。其中,对外开放水平基本上对美丽江苏建设水平的影响为负,说明研究期间对外开放整体上不利于推进美丽江苏建设,可能的原因在于受污染避难所效应的偏好,驱动低质量的外资引入对生态环境产生不利影响,造成能源消费强度及污染排放强度回弹,不利于有效推进美丽江苏建设。基础设施水平则均能在1%的显著性水平下推动美丽江苏建设水平,说明城市人均道路面积的提升能够有效助力美丽江苏建设,是高起点推动美丽江苏建设的重要因素之一。能源结构对美丽江苏建设的影响系数一致为负,显著性不高,说明工业能耗高对推进美丽江苏建设越存在一定的阻滞作用,因此清洁能源结构是高起点推进美丽江苏建设不可忽视的又一重要因素。

表 5-2 "源头防控"机制影响美丽江苏建设的基准估计结果

	(1) $\ln Y$	(2) $\ln Y$	(3) $\ln Y$	(4) $\ln Y$	(5) $\ln Y$
$\ln ER$	0.085 8*** (0.020 5)			0.055 9*** (0.020 0)	0.056 4*** (0.019 3)
$\ln TECH$		0.084 9*** (0.014 7)		0.071 6*** (0.015 1)	
$\ln GREEN$	0.093 8*** (0.014 7)	0.081 7*** (0.014 9)			
$OPEN$	−2.910 5*** (0.736 3)	−1.777 0** (0.748 1)	−1.197 2 (0.762 1)	−1.656 7** (0.730 0)	−1.100 3 (0.741 0)
$INFRA$	0.038 9*** (0.006 9)	0.022 9*** (0.007 2)	0.022 2*** (0.007 0)	0.024 2*** (0.007 1)	0.023 1*** (0.006 8)
$ENERGY$	−0.248 9** (0.122 0)	−0.171 4 (0.117 2)	−0.116 9 (0.116 1)	−0.161 7 (0.114 3)	−0.110 7 (0.112 8)
C	−0.942 2*** (0.124 8)	−1.713 6*** (0.170 2)	−1.640 9*** (0.152 5)	−1.562 6*** (0.174 4)	−1.518 5*** (0.153 9)

(续表)

	(1)	(2)	(3)	(4)	(5)
	$\ln Y$	$\ln Y$	$\ln Y$	$\ln Y$	$\ln Y$
N	143	143	143	143	143
$adj.R^2$	0.615 7	0.654 0	0.669 1	0.671 8	0.687 9

注：括号内为标准误，* $p<0.1$，** $p<0.05$，*** $p<0.01$。
数据来源：作者根据Stata16.0软件计算所得。

进一步地，考虑到美丽江苏建设水平的取值范围为[0,1]，属于受限变量，为避免OLS回归可能引起的有偏问题，本节采用Tobit模型进行再估计，结果报告于表5-3。结果显示，环境规制、技术创新、绿色技术创新对美丽江苏建设水平的影响与基准估计结果基本一致。控制变量中，对外开放水平均在1%的显著性水平下促降美丽江苏建设水平，基础设施水平均在1%的显著性水平下促增美丽江苏建设水平，且能源结构至少能在10%的显著性水平下促降美丽江苏建设水平。

表5-3 "源头防控"机制影响美丽江苏建设的Tobit估计结果

	(1)	(2)	(3)	(4)	(5)
	$\ln Y$	$\ln Y$	$\ln Y$	$\ln Y$	$\ln Y$
$\ln ER$	0.085 7*** (0.019 9)			0.053 9*** (0.019 2)	0.054 5*** (0.018 6)
$\ln TECH$		0.079 3*** (0.012 3)		0.069 0*** (0.012 6)	
$\ln GREEN$			0.086 7*** (0.012 6)		0.076 9*** (0.012 7)
$OPEN$	−2.966 8*** (0.554 2)	−1.962 7*** (0.548 5)	−1.641 4*** (0.560 9)	−1.790 3*** (0.540 6)	−1.466 9*** (0.552 0)
$INFRA$	0.037 4*** (0.003 6)	0.023 4*** (0.003 8)	0.020 6*** (0.004 0)	0.024 3*** (0.003 8)	0.021 6*** (0.004 0)
$ENERGY$	−0.260 4** (0.110 9)	−0.242 8** (0.105 5)	−0.201 3* (0.104 9)	−0.221 1** (0.102 7)	−0.181 7* (0.101 8)

(续表)

	(1) ln Y	(2) ln Y	(3) ln Y	(4) ln Y	(5) ln Y
C	−0.921 6*** (0.094 4)	−1.614 9*** (0.131 9)	−1.511 5*** (0.117 1)	−1.497 9*** (0.135 5)	−1.418 5*** (0.118 9)
sigma_u	0.073 3*** (0.016 1)	0.056 7*** (0.013 5)	0.058 2*** (0.013 7)	0.057 9*** (0.013 5)	0.059 9*** (0.013 8)
sigma_e	0.083 2*** (0.005 2)	0.079 1*** (0.004 9)	0.077 4*** (0.004 8)	0.076 7*** (0.004 8)	0.074 8*** (0.004 7)
N	143	143	143	143	143

注：括号内为标准误，* $p<0.1$，** $p<0.05$，*** $p<0.01$。
数据来源：作者根据 Stata16.0 软件计算所得。

(二)"源头防控"机制对各维度美丽江苏建设水平的影响

本节通过将美丽江苏建设水平细分为生态维度、经济维度、城乡维度、文化维度、社会维度，以进一步考察环境规制、技术创新机制对不同维度建设水平的影响作用。表 5-4 报告的是环境规制对美丽江苏建设各维度建设水平的影响，结果显示，环境规制在1%的显著性水平上促增生态维度的建设水平，在10%的显著性水平上促增经济维度的建设水平，在1%的显著性水平上促降城乡维度的建设水平，在5%的显著性水平上促增文化维度的建设水平，对美丽江苏建设的社会维度影响不显著。其中，环境规制对美丽江苏建设的生态维度影响效应最大，环境规制每提升1个百分点，生态维度的建设水平提高25.32%，说明本研究样本期间内，地方政府的环保政策起到了较为显著的环境治理效果。环境规制对美丽江苏建设经济维度影响的显著性和边际影响都要小很多，环境规制每提升1个百分点，经济维度的建设水平提高4.4%，可能的原因是环境规制在有效降低单位 GDP 能耗及排污强度从而促增经济维度建设水平的同时，可能因污染源头控制的投入成本压缩了产值的增长空间，从而一定程度上抑制了环境规制对经济维度建设水平的促增效应。环境规制对城乡维度建设水平的影响为负，可能的原因在于，"遵循成本效应"下环境规制增加了源头控制成本，造成企业生产成本负担，一定程度上降低了经济效率，导致经济结构失衡，从而不利于城乡差距的平衡，对美丽江苏建设的城乡维度造成一定的负面影响。环境规制对文化维度建设水平的影响系数仅次于生态维度，环境规制每提高1个百分点，文化维度的建设水平提高15.76%。文化与环境通常存在相互依存的密切联系，说明地方政府在推动环保政策实施的同时，加大了对文化层面的投资建设，为更好的绿色建设营造一个良好的发展环境。环境规制对社会维度的建设水平影响不显著的可能原因在于，环境治理投资对教育、医疗、社保等公共基础投资产生一定的挤出效应，从而抑制了其对社会层面的影响作用。

其他控制变量对各维度美丽江苏建设水平的影响同样存在一定的异质性。具体而言：① 对外开放水平对美丽江苏建设生态维度、经济维度、社会维度的建设水平均产生显著的负面影响，对城乡维度的建设水平存在显著的促增效应，对文化维度的建设水平不存在显著影响作用。究其原因，当前江苏的外商引资质量不高，存在污染避难所效应，导致污染密集型产业的投资入驻，从而对生态维度的建设水平产生了不利影响。不仅如此，低质量的外商投资对降低能源消费强度与污染排放强度造成了一定的压力，导致能源消费强度及污染排放强度回弹，抑制了经济维度的建设水平。对外开放水平显著提升城乡维度建设水平的可能原因在于：一方面，外商投资有助于吸收更多的农村剩余劳动力就业，从而缩小城乡收入差距；另一方面，外资的增加还有助于推动人口城镇化进程，从而有效提升城乡维度的建设水平。但地方政府对外商引资的偏好可能激励地方政府为营造更好的引资环境从而产生更多的有益于生产活动的配套投资如交通基础设施，进而挤出了其在其他关于民生如社保、医疗等社会公共基础设施建设方面的投资力度，从而对社会维度的建设水平产生不利影响。② 基础设施水平对美丽江苏建设生态维度、经济维度、城乡维度、文化维度的建设水平均具有显著的促增效应，对社会维度的建设水平影响不显著。其中，基础设施水平对经济维度建设水平的正向影响效应最大，这与交通基础设施在促增经济增长中的积极作用相符。人均道路面积的增加显著有利于江苏生态维度的建设水平，可能的原因在于交通基础设施条件的改善与扩张有助于重塑旧有生产模型，推动要素流动、结构优化以及创新增长，从而有益于地方的生态环境发展。交通基础设施投资不仅有助于推动人口城镇化进程，还能通过推动经济增长水平、平衡城乡收入差距以推进城乡维度的建设水平。基础设施水平对社会维度的建设水平影响为负且不显著，可能是因为道路面积的投资对其他公共基础设施投资造成挤出效应，从而抑制了其对美丽江苏社会维度的建设水平。③ 能源结构对美丽江苏建设生态维度、经济维度的建设水平均具有显著的负向影响，对城乡维度的建设水平影响显著为正,对文化维度与社会维度的建设水平不存在显著影响。具体而言,能源结构水平越高意味着能耗越高,从而对生态环境造成负面影响,同时能耗水平的提升不利于经济维度中能耗强度与污染排放强度的下降,进而对经济维度的建设水平带来不利影响;但能耗水平的提高却在一定程度上推动了城乡维度的建设水平,原因在于工业能耗的增加往往意味着经济收入水平的增长。这其中不仅有助于进一步消化农村剩余劳动力、提高居民收入,从而缩小城乡收入差距,还有助于进一步加速城镇化进程,推进美丽江苏城乡维度建设。

表5-4 环境规制对各维度美丽江苏建设水平的影响(Tobit估计)

	(1) ln Y1	(2) ln Y2	(3) ln Y3	(4) ln Y4	(5) ln Y5
ln ER	0.253 2*** (0.041 7)	0.044 0* (0.026 3)	−0.068 3*** (0.026 1)	0.157 6** (0.065 1)	0.001 9 (0.001 3)
OPEN	−5.441 6*** (1.203 3)	−6.322 0*** (0.993 2)	3.260 0*** (0.861 3)	0.888 9 (1.792 6)	−0.094 9*** (0.035 5)
INFRA	0.030 4*** (0.008 4)	0.078 3*** (0.009 4)	0.014 0* (0.007 3)	0.059 7*** (0.009 5)	−0.000 0 (0.000 2)
ENERGY	−0.600 7** (0.238 4)	−0.438 4*** (0.158 0)	0.311 3** (0.149 7)	0.005 2 (0.341 8)	−0.000 3 (0.007 1)
C	−1.757 8*** (0.209 2)	−2.293 1*** (0.183 2)	−3.090 3*** (0.147 1)	−3.184 6*** (0.275 8)	0.032 5*** (0.005 9)
sigma_u	0.187 1*** (0.040 1)	0.258 4*** (0.064 3)	0.158 0*** (0.037 8)	0.146 6*** (0.043 8)	0.003 8*** (0.001 0)
sigma_e	0.173 4*** (0.010 8)	0.108 5*** (0.006 9)	0.107 9*** (0.006 8)	0.273 9*** (0.017 8)	0.005 4*** (0.000 3)
N	143	143	143	143	143

注:括号内为标准误,* $p<0.1$,** $p<0.05$,*** $p<0.01$。
数据来源:作者根据Stata16.0软件计算所得。

表5-5报告的是技术创新对美丽江苏建设各维度建设水平的影响,结果显示,技术创新水平均能在1%的显著性水平上促进美丽江苏生态维度、经济维度、文化维度的建设水平,在1%的显著性水平上降低城乡维度的建设水平,对

美丽江苏社会维度的建设不存在显著影响。具体而言,技术创新对美丽江苏生态维度建设水平的边际影响最大,技术创新水平每提升1个百分点,生态维度的建设水平提高21.82%,说明技术创新在提高污染治理效率、改善生态环境质量方面具有较为显著的积极作用。技术创新对美丽江苏建设经济维度、文化维度的影响仅次于其对生态维度的影响,技术创新水平每提高1%,经济维度的建设水平提高12.65%,文化维度的建设水平提高12.33%,说明创新增长是协同环境保护与经济增长的重要内生动力,能够同时在1%的显著性水平下促增生态维度和经济维度的建设水平,这与既有研究的主要观点基本一致。技术创新水平同时对美丽江苏建设文化维度建设水平具有显著的正向影响,原因在于科技与文化本就是相互依存、彼此交融的关系,技术进步能为文化的创造与发展提供物质基础,文化则能为技术进步提供智力支持,因此创新水平的增长能够不断推动文化的建设与发展,从而为科技的发展提供良好的环境与氛围。技术创新对美丽江苏建设城乡维度的影响显著为负,说明本研究样本期内技术进步整体上拉大了江苏城乡差距,对美丽江苏城乡维度的建设产生不利影响。究其原因可能是城乡二元结构锁定导致科技资源占有不公平,导致创新增长反而加剧了城乡差距。此外,技术创新对美丽江苏建设社会维度建设水平的影响为正且不显著,说明当前技术创新在教育、社保、医疗等民生方面未能深入融合,技术创新领域仍偏重于增长效率,增进民生福祉的作用未能得以充分的发挥。事实上,新兴技术在推动人工智能、政务信息化、医疗一体化等方面的应用能够发挥关键作用,是推进美丽江苏社会维度建设的重要手段与力量。

表5-5 技术创新对各维度美丽江苏建设水平的影响(Tobit估计)

	(1)	(2)	(3)	(4)	(5)
	ln Y1	ln Y2	ln Y3	ln Y4	ln Y5
ln TECH	0.218 2*** (0.026 1)	0.126 5*** (0.016 3)	−0.096 9*** (0.017 7)	0.123 3*** (0.036 9)	0.000 5 (0.000 8)
OPEN	−2.724 2** (1.163 2)	−3.551 2*** (0.864 2)	1.423 0 (0.896 6)	2.505 1 (1.790 9)	−0.098 7** (0.038 8)
INFRA	−0.008 1 (0.008 4)	0.058 2*** (0.008 2)	0.028 8*** (0.007 7)	0.041 4*** (0.010 6)	−0.000 1 (0.000 3)

(续表)

	(1)	(2)	(3)	(4)	(5)
	ln Y1	ln Y2	ln Y3	ln Y4	ln Y5
ENERGY	−0.473 6** (0.216 5)	−0.248 9* (0.132 5)	0.210 1 (0.140 7)	−0.055 5 (0.336 5)	−0.000 9 (0.007 1)
C	−3.738 5*** (0.277 2)	−3.464 8*** (0.211 0)	−2.190 9*** (0.211 4)	−4.254 8*** (0.376 7)	0.027 3*** (0.009 0)
sigma_u	0.134 2*** (0.030 0)	0.289 4*** (0.064 8)	0.183 8*** (0.042 1)	0.117 8*** (0.040 2)	0.003 9*** (0.001 0)
sigma_e	0.163 2*** (0.010 1)	0.089 9*** (0.005 7)	0.098 4*** (0.006 2)	0.273 9*** (0.017 3)	0.005 5*** (0.000 3)
N	143	143	143	143	143

注：括号内为标准误，* $p<0.1$，** $p<0.05$，*** $p<0.01$。绿色技术创新对各维度美丽江苏建设水平的影响与上表基本一致，备索。
数据来源：作者根据 Stata16.0 软件计算所得。

三、"源头防控"机制对美丽江苏建设的非线性影响

Hansen 指出，面板门槛估计需要检验以下两个基本假设：①门槛效应是否显著。以单一门槛为例：其原假设为 H_0：$\beta_1=\beta_2$，即模型仅存在线性关系；备择假设为 H_1：$\beta_1\neq\beta_2$，即模型存在门槛效应。②门槛估计量是否等于真实值。原假设为 H_0：$\hat{\beta}=\beta_0$，备择假设为 H_1：$\hat{\beta}\neq\beta_0$。基于模型(5-2)、(5-3)的参数估计，表5-6报告了环境规制、技术创新以及绿色技术创新的门槛检验结果。可以看出，环境规制、技术创新以及绿色技术创新对美丽江苏建设的影响均存在显著的门槛效应。其中，环境规制作为门槛变量时，单一门槛的 F 值在1%的显著性水平上通过检验，双重门槛的 F 值则未能在10%的显著性水平上通过检验，说明环境规制对美丽江苏建设水平的影响存在单重门槛效应。以技术创新作为门槛变量时，双重门槛的 F 值在5%的显著性水平上通过检验，表明技术创新对美丽江苏建设水平的影响存在双重门槛效应。与技术创新的门槛效应类似，绿色技术创新作为门槛变量时，双重门槛的 F 值通过了1%的显著性检验，说明绿色技术创新对美丽江苏建设水平的影响同样具有双重门槛效应。

表 5-6　门槛检验结果

门槛变量	门槛顺序	门槛值	F 值	P 值	BS 次数
ln ER	单一门槛	−1.247	8.733***	0.007	300
	双重门槛	−0.551	3.19	0.160	300
ln TECH	单一门槛	9.466	1.741	0.430	300
	双重门槛	10.611	18.874**	0.017	300
ln GREEN	单一门槛	5.784	2.691	0.340	300
	双重门槛	7.173	28.136***	0.010	300

注：* $p<0.1$，** $p<0.05$，*** $p<0.01$。
数据来源：作者根据 Stata16.0 软件计算所得。

表 5-7 报告了"源头防控"机制对美丽江苏建设的门槛效应估计结果，可以发现：① 在不同的环境规制强度下，环境规制对美丽江苏建设的影响存在显著差异。具体而言，当环境规制强度的对数值低于−1.247 时，即当环保相关的词汇在政府工作报告中出现频率低于 28.74% 的情况下，环境规制强度的增加能够在 5% 的显著性水平上推进美丽江苏建设，而当环境规制强度的对数值超出−1.247 或者说环保相关的词汇在政府工作报告中出现频率高于 28.74%，此时环境规制对美丽江苏建设的影响不再显著，且边际影响系数显著下降。环境规制强度的增加固然能够强化其对生态环境质量的改善，但过高的规制强度对于生产活动而言则意味着过高的环境支付成本，企业对于环境规制强度提升的响应主要在于：在"遵循成本效应"主导下，压缩生产活动的增长空间或是转产；在"创新补偿效应"主导下，通过创新增长活动增加产出以弥补生产成本上升带来的损失，但这其中仍然需要遵循创新收益大于规制成本的原则，因此当创新收益无法弥补过高的规制成本时，环境规制将对美丽江苏经济维度建设产生不利影响，从而极大地抑制环境规制的"源头防控"机制对推进美丽江苏建设的积极作用。② 不同的技术创新水平下，技术创新对美丽江苏建设水平的影响存在一定的差异。具体而言，当技术创新水平的对数值低于 9.466 时，技术创新对美丽江苏建设水平的影响系数为 0.081 3，且通过 1% 的显著性检验，即技术创新水平每提高 1%，美丽江苏建设水平平均提高 8.13%；当技术创新水平的对数值介于 9.466 和 10.611 之间时，技术创新水平每提高 1%，美丽江苏建设水平显著提高 7.64%；进一步地，当技术创新水平的对数值高于 10.611 时，技术创新对美丽江苏建设水平的正向推动作用进一步下降，技术创新水平每提高 1%，美丽江苏建

设水平提高 5.9%。可见,随着技术创新水平的不断提高,其对美丽江苏建设水平的正向影响效应不断下降。与此类似的是,绿色技术创新水平对美丽江苏建设的推动作用也存在衰减趋势。正如前文所述,技术创新水平对美丽江苏建设的城乡维度存在较为显著的负面影响,从而成为其抑制技术创新进一步推进美丽江苏建设的重要原因。城乡二元结构锁定导致科技资源往往分布在条件较好的城市地区,随着大量农村人口进城务工,技术要素更多地流向城市地区,其产生的规模效应对流失大量生产要素的农村地区造成严重的经济、收入、投资方面的虹吸效应,因此在户籍制度的约束条件下,创新增长将不断扩大城乡差距,从而在一定程度上阻碍了美丽江苏建设水平的进一步提升。

表 5-7 "源头防控"机制对美丽江苏建设的门槛效应估计结果

	(1) $\ln Y$	(2) $\ln Y$	(3) $\ln Y$
$\ln ER \cdot I(\ln ER \leqslant -1.247)$	0.056 7** (0.022 6)		
$\ln ER \cdot I(\ln ER > -1.247)$	0.003 6 (0.035 9)		
$\ln TECH \cdot I(\ln TECH \leqslant 9.466)$		0.081 3*** (0.015 3)	
$\ln TECH \cdot I(9.466 < \ln TECH \leqslant 10.611)$		0.076 4*** (0.014 5)	
$\ln TECH \cdot I(\ln TECH > 10.611)$		0.059 0*** (0.015 9)	
$\ln GREEN \cdot I(\ln GREEN \leqslant 5.784)$			0.083 1*** (0.013 9)
$\ln GREEN \cdot I(5.784 < \ln GREEN \leqslant 7.173)$			0.078 1*** (0.013 8)
$\ln GREEN \cdot I(\ln GREEN > 7.173)$			0.054 0*** (0.015 5)
C	−0.945 2*** (0.121 7)	−1.791 4*** (0.164 9)	−1.762 4*** (0.141 6)

(续表)

	(1)	(2)	(3)
	ln Y	ln Y	ln Y
控制变量	控制	控制	控制
N	143	143	143
R^2(within)	0.678 7	0.732 1	0.759 2

注：括号内为标准误，* $p<0.1$，** $p<0.05$，*** $p<0.01$。
数据来源：作者根据Stata16.0软件计算所得。

四、环境规制的调节作用检验

本节分别对模型(5-4)进行固定效应、Tobit模型估计，结果报告于表5-8中的Panel A。可以发现，与基准估计结果一致，技术创新依然能稳健地在1%的显著性水平上正向推动美丽江苏建设。技术创新与环境规制的交互项系数均在5%的显著性水平上为正，说明环境规制每提升1个百分点，技术创新对美丽江苏建设水平的促增效应提升0.59%。同时，本节进一步考察环境规制对绿色技术创新的"源头防控"机制的调节作用，结果与技术创新的估计结果基本一致，即环境规制每提高1%，绿色技术创新对美丽江苏建设水平的促增效应提高0.74%。上述结果说明，环境规制存在创新激励效应，即环境规制强度的增加倒逼企业通过技术革新的方式弥补环境成本的负担，从而进一步强化了技术创新推进美丽江苏建设水平的效应。进一步地，本文对环境规制是否存在创新激励效应进行再检验，结果报告于表5-8的Panel B。可以发现，环境规制均能在1%的显著性水平上提升技术创新与绿色技术创新水平。因此，上述估计结果表明，环境规制的"源头防控"机制不仅在高起点推进美丽江苏建设方面具有直接影响，还能通过强化技术创新的路径强化技术创新的"源头防控"机制作用。

表5-8 环境规制的调节效应检验结果

	Panel A：环境规制的调节作用			
	固定效应		Tobit 估计	
	(1)	(2)	(3)	(4)
	ln Y	ln Y	ln Y	ln Y
ln TECH	0.081 9*** (0.014 5)		0.078 3*** (0.012 1)	

(续表)

	Panel A：环境规制的调节作用			
	固定效应		Tobit 估计	
	(1)	(2)	(3)	(4)
	ln Y	ln Y	ln Y	ln Y
ln ER · ln TECH	0.006 1** (0.002 5)		0.005 9** (0.002 4)	
ln GREEN		0.094 6*** (0.014 4)		0.088 7*** (0.012 4)
ln ER · ln GREEN		0.007 7** (0.003 2)		0.007 4** (0.003 1)
C	−1.657 1*** (0.168 4)	−1.610 8*** (0.150 1)	−1.580 2*** (0.130 3)	−1.498 0*** (0.115 4)
控制变量	控制	控制	控制	控制
sigma_u			0.057 7*** (0.013 5)	0.059 6*** (0.013 8)
sigma_e			0.077 2*** (0.004 8)	
N	143	143	143	143

	Panel B：环境规制对技术创新的影响	
	ln TECH	ln GREEN
ln ER	0.418 4*** (0.112 0)	0.360 4*** (0.110 8)
C	8.662 0*** (0.680 7)	7.054 3*** (0.673 3)
控制变量	控制	控制
N	143	143
adj. R^2	0.614 7	0.647 1

注：括号内为标准误，* $p<0.1$，** $p<0.05$，*** $p<0.01$。
数据来源：作者根据 Stata16.0 软件计算所得。

第三节 "源头防控"与美丽江苏建设的互动关系研究

据前文所述,环境规制与技术创新均是"源头防控"高起点推进美丽江苏建设的重要机制,但前文的计量方法无法有效识别内生变量之间的动态关系,因此本节重点借助 PVAR 模型对美丽江苏建设、环境规制与技术创新间的动态互动关系进行分析,以此明晰"源头防控"机制的长期效应。

一、模型构建

Sims 首次提出使用向量自回归(VAR)模型来分析多个变量之间的动态关系,该模型假定在模型中的变量全部为内生变量,内生变量对模型的全部内生变量的滞后量进行回归,从而估计全部内生变量之间的动态关系(程海燕和程宇,2012)。由于该模型将所有分析变量都设为内生变量,因此可以规避各个变量的内生性、外生性和因果关系等问题,但该模型对变量长度有数据要求,使得实际操作有所局限。Holtz-Eakin 不断拓展,构建 PVAR 模型分析面板数据的内生性变量之间的互动关系,其研究的是面板数据的向量自回归模型,即将所有的变量统一视为内生变量,分析各个变量及其滞后项之间的关系。PVAR 继承了 VAR 模型的优点,将研究变量视为内生变量,并将每一个内生变量作为系统中所有内生变量滞后值的函数,提供丰富的结构从而捕获数据的更多特征。此外,PVAR 模型允许数据中存在个体效应与异方差性,由于大量截面数据的存在,模型允许滞后系数随时间变化,放松了数据的时间平稳性要求。PVAR 模型利用面板数据既能够有效解决个体异质性问题,又能够充分考虑个体和时间效应。因此,本节构建如下 PVAR 模型:

$$\ln Y_{it} = \alpha_0 + \sum_{p=1}^{n} \beta_p \ln Y_{i,t-p} + \sum_{p=1}^{n} \gamma_p \ln ER_{i,t-p} + \sum_{p=1}^{n} \omega_p \ln TECH_{i,t-p} + \varepsilon_{it}$$

(5-5)

$$\ln ER_{it} = \alpha_0 + \sum_{p=1}^{n} \beta_p \ln Y_{i,t-p} + \sum_{j=p}^{n} \gamma_p \ln ER_{i,t-p} + \sum_{p=1}^{n} \omega_p \ln TECH_{i,t-p} + \varepsilon_{it}$$

(5-6)

$$\ln TECH_{it} = \alpha_0 + \sum_{p=1}^{n}\beta_p \ln Y_{i,t-p} + \sum_{p=1}^{n}\gamma_p \ln ER_{i,t-p} +$$
$$\sum_{p=1}^{n}\omega_p \ln TECH_{i,t-p} + \varepsilon_{it} \tag{5-7}$$

上式中，p 表示滞后阶数，其他变量与参数与模型(5-1)相同。各变量的衡量方法及数据来源与前文一致。

二、平稳性检验与最优滞后阶数选取

（一）数据的平稳性检验

为确保回归模型的有效性，避免在后续回归过程中对参数进行估计时可能出现"伪回归"现象，进而导致面板回归中参数估计结果与实际结果出现偏差，最终影响结果的准确性。本节首先对美丽江苏建设水平、环境规制以及技术创新三个变量进行面板数据的单位根检验，结果报告于表 5-9。具体的检验方法包括 LLC 检验、IPS 检验以及 Fisher 检验，这些检验的原假设均为面板数据存在单位根，即面板数据不平稳，备择假设为面板数据不存在单位根，即面板数据具有平稳性。因此，当检验结果接受原假设时，证明面板数据不具有平稳性，反之，当检验结果拒绝原假设时，证明面板数据具有平稳性。从检验结果来看，美丽江苏建设水平（$\ln Y$）、环境规制（$\ln ER$）以及技术创新（$\ln TECH$）三个变量至少能在 10% 以上的显著性水平上拒绝原假设，表明这三个指标都不存在单位根，即这三个变量具有平稳性，可以进行 PVAR 模型分析。

表 5-9 单位根检验

	LLC 检验	IPS 检验	Fisher 检验
$\ln Y$	−4.655 4***	−2.860 6***	6.234 4***
$\ln ER$	−6.331 9***	−3.880 1***	5.372 4***
$\ln TECH$	−3.296 0***	−1.571 1*	4.679 8***

注：* $p < 0.1$，** $p < 0.05$，*** $p < 0.01$。
数据来源：作者根据 Stata16.0 软件计算所得。

（二）最优滞后阶数的选择

在确定所需指标的平稳性之后，需要确定 PVAR 模型公式中滞后阶数 p 的最佳取值，再进行模型回归分析。本节参考 Shao 等（2009）的做法，构建了 AIC、

BIC 和 HQIC 三个统计量来确定模型的最优滞后阶数。表 5-10 报告了滞后阶数为 1 到 5 期时各统计量的运行结果,可以看出,AIC、BIC、HQIC 统计量下最优滞后阶数均为 1 阶。因此,本节选择滞后 1 阶为 PVAR 模型的最优滞后阶数。

表 5-10 PVAR 模型滞后阶数的选择

Lag	AIC	BIC	HQIC
1	0.045 2*	1.178 4*	0.505 3*
2	0.621 3	2.070 6	1.208 5
3	4.787 3	6.608 4	5.522 0
4	1.448 5	3.714 6	2.355 7
5	0.073 5	2.883 4	1.182 2

注:* $p<0.1$,** $p<0.05$,*** $p<0.01$。
数据来源:作者根据 Stata16.0 软件计算所得。

三、PVAR 模型的系统 GMM 估计

基于前文最优滞后阶数的选择,本文构建一阶 PVAR 模型,具体的环境规制、技术创新以及美丽江苏建设之间的互动关系报告于表 5-11。结果显示:① 当美丽江苏建设水平($\ln Y$)为被解释变量时,美丽江苏建设水平、环境规制、技术创新滞后一期的影响系数在 5% 和 10% 的显著性水平下显著为正,表明首先美丽江苏建设水平具有一定的路径依赖特征,即前期的美丽江苏建设水平越高,下一期的美丽江苏建设水平更高,从而推进美丽江苏建设形成"滚雪球效应"。滞后一期的环境规制强度仍能在 10% 的显著性水平上推动美丽江苏建设,但影响系数明显下降,说明环境规制对美丽江苏建设的推动作用具有短期冲击作用,在长期不具有可持续的正向作用,因此,当前高起点推进美丽江苏建设有必要持续推进环境规制政策。此外,滞后一期的技术创新水平在 5% 的显著性水平上提高美丽江苏建设水平,虽然显著性较基准估计有所下降,但其影响系数并未显著下降,说明技术创新在推进美丽江苏建设水平方面具有较强的可持续特征,也说明技术创新的"源头防控"机制是高起点推进美丽江苏建设的重要着力点。② 当环境规制($\ln ER$)为被解释变量时,美丽江苏建设、环境规制、技术创新的滞后一期对当期环境规制的影响均不显著,其中美丽江苏建设与环境

规制滞后一期的影响系数均为负,说明前期美丽江苏建设与环境规制水平越高,下一期的环境规制水平则可能存在回归均值的趋势;而技术创新滞后一期的影响系数为正,说明前期技术创新水平越高,下一期环境规制强度一定程度上也会因源头防污技术的提升得以加强。③ 当技术创新($\ln TECH$)为被解释变量时,环境规制与技术创新滞后一期对当前技术创新的影响显著为正,美丽江苏建设滞后一期对技术创新的影响为负,且不显著。具体而言,环境规制滞后一期在10%的显著性水平上提高技术创新水平,但其显著性及影响系数较当期的影响明显下降(见表5-8中Panel B的估计结果),说明环境规制的创新激励效应随着时间的推移存在衰减特征,因此持续的环境规制政策有助于为企业的技术革新行为提供持续动力。此外,技术创新滞后一期在1%的显著性水平上显著为正,说明技术创新活动具有显著的路径依赖特征,长期存在一定的"累积效应"。然而,美丽江苏建设水平的滞后一期无法有效为下一期的技术创新提供动力,说明当前推动美丽江苏建设仍未建立起创新水平的内生增长机制。

表5-11　PVAR模型系统GMM估计结果

	(1)	(2)	(3)
	$\ln Y$	$\ln ER$	$\ln TECH$
L1. h_ln Y	0.431 8**	−6.401 2	−1.374 9
	(0.218 1)	(5.019 4)	(1.210 9)
L1. h_ln ER	0.013 4*	−0.142 6	0.031 9*
	(0.007 4)	(0.419 1)	(0.019 3)
L1. h_ln $TECH$	0.080 6**	1.613 5	1.009 0***
	(0.037 8)	(1.143 7)	(0.279 5)

注:括号内为标准误,* $p<0.1$,** $p<0.05$,*** $p<0.01$。
数据来源:作者根据Stata16.0软件计算所得。

四、脉冲响应与方差分析

(一)脉冲响应分析

脉冲响应分析方法能够在其他变量不变的情况下,模拟一个变量对另一个变量标准化冲击的动态响应路径。本节通过500次蒙特卡洛模拟得到美丽江苏建设、环境规制与技术创新之间的脉冲响应图,其结果如图 5-1 所示。其中,横轴表示冲击作用的滞后期长度,纵轴表示内生变量对冲击的响应程度,中间曲线表示 IRF 点估计值,如内生变量美丽江苏建设受到环境规制一个标准差的冲击后,美丽江苏建设对环境规制的冲击响应,上下两侧曲线表示 95% 的置信区间的边界。依据图 5-1 的结果可以发现:① 对于美丽江苏建设($\ln Y$),在受到自身一个标准差的冲击时,当期会达到正向最大值,随后逐渐递减,在第 2 期基本上对自身冲击的响应趋近于 0;在受到环境规制($\ln ER$)一个标准差的冲击时,美丽江苏建设水平会有一个正向的响应,并于第 1 期达到峰值,随后该响应会逐渐减小,但仍保持正向响应;在受到技术创新($\ln TECH$)一个标准差的冲击时,美丽江苏建设水平同样存在正向响应,且该响应程度在第 3 期达到最大值,随后美丽江苏建设对技术创新的正向响应逐步趋于下降。② 对于环境规制($\ln ER$),其在受到自身一个标准差的冲击时,当期会有一个较大的正向响应,但在随后的第 1 期,该响应随即降至接近 0 的水平,说明环境规制对自身冲击的响应并不具有持续性;在受到美丽江苏建设($\ln Y$)一个标准差的冲击时,当期环境规制存在正向响应,但第 1 期该响应立即变为负,且在随后的几期美丽江苏建设对环境规制的影响接近 0;在受到技术创新($\ln TECH$)一个标准差的冲击时,环境规制对技术创新的正向响应在第 1 期最大,随后该正向响应逐渐衰减,并在第 5 期接近 0。③ 对于技术创新($\ln TECH$),在受到自身一个标准差的冲击时,其在当期的正向响应最大,随后该响应逐期下降,且在长期均能保持较为明显的正向响应;在受到美丽江苏建设($\ln Y$)一个标准差的冲击时,技术创新无论是在短期还是长期,其对美丽江苏建设的冲击响应均不明显,说明当前美丽江苏建设过程中还未形成长效的创新激励机制;在受到环境规制($\ln ER$)一个标准差的冲击时,技术创新在当期立即产生显著的正向响应,且该响应在第 1 期达到最大值,随后的第 2、3、4、5 期,环境规制对技术创新均存在正向激励作用,但该影响存在明显的衰减趋势。

(二) 方差分析

方差分解是用来描述每一个结构冲击对内生变量变化的贡献度,用以分析不同结构冲击的重要程度。本节在脉冲响应的基础上进行为期 10 期的方差分解,分析美丽江苏建设、环境规制以及技术创新之间的相互作用,结果报告于表 5-12。结果显示:① 在对美丽江苏建设($\ln Y$)的方差分解中,美丽江苏建设

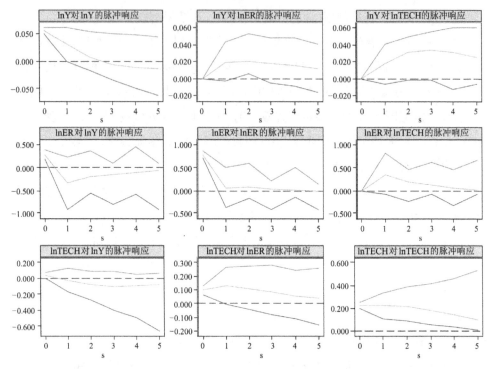

图 5-1 一阶 PVAR 模型的脉冲响应图

数据来源：作者根据 Stata16.0 绘制而成。

对自身的解释在前两期的贡献率在 80% 以上，随后其贡献率不断减少，到了第 6 期之后，美丽江苏建设对自身的解释贡献率基本维持在 43% 的水平，而环境规制和技术创新解释美丽江苏建设的贡献率在前两期分别只占 7.9% 和 7.2%，随后环境规制对美丽江苏建设的贡献率基本维持在 14% 的水平，而技术创新解释美丽江苏建设的贡献率逐渐增加，在第 6 期之后基本保持在 42% 的水平。因此，从方差分解的结果中可以看出技术创新是高起点推进美丽江苏建设更为重要的"源头防控"机制。② 在对环境规制（$\ln ER$）的方差分解中，环境规制对自身的贡献率存在递减趋势，在第 4 期之后基本保持在 58% 的水平，美丽江苏建设和技术创新解释环境规制的贡献率在长期增加得不是十分明显，二者的贡献率基本上从第 6 期就稳定在 24.1% 和 17.6%。③ 在对技术创新（$\ln TECH$）的方差分解中，长期技术创新对自身的贡献率依然占据主导，保持 70% 以上的贡献率。此外，美丽江苏建设对技术创新的贡献率一直处于较低的水平，而环境规制对技术创新的贡献率呈现出先增加后下降的趋势，可能的原因在于适宜的环境规制强度有助于激发技术革新效应,而过度的环境规制则可能导致"遵循成本效应",即不利于技术创新活动的产生。

表 5-12　方差分解结果

变量	期数	ln Y	ln ER	ln TECH
ln Y	1	1	0	0
	2	0.849	0.079	0.072
	3	0.659	0.124	0.217
	4	0.533	0.144	0.323
	5	0.470	0.149	0.382
	6	0.443	0.148	0.410
	7	0.433	0.145	0.421
	8	0.431	0.144	0.426
	9	0.431	0.142	0.427
	10	0.432	0.142	0.427
ln ER	1	0.116	0.884	0
	2	0.201	0.659	0.14
	3	0.221	0.612	0.167
	4	0.233	0.592	0.175
	5	0.239	0.585	0.177
	6	0.241	0.583	0.176
	7	0.241	0.582	0.176
	8	0.242	0.582	0.176
	9	0.241	0.582	0.177
	10	0.241	0.582	0.177
ln TECH	1	0.021	0.175	0.804
	2	0.016	0.212	0.771
	3	0.044	0.202	0.754
	4	0.073	0.19	0.736
	5	0.096	0.182	0.722
	6	0.112	0.176	0.712

(续表)

变量	期数	ln Y	ln ER	ln TECH
ln TECH	7	0.121	0.173	0.706
	8	0.127	0.171	0.702
	9	0.129	0.171	0.700
	10	0.130	0.170	0.699

数据来源：作者根据 Stata16.0 软件计算所得。

第四节 "源头防控"视角下高起点推进美丽江苏建设的实践案例

——江苏省常州市创新探索开发区源头治理

生态环境保护事关百姓民生福祉，是高起点推进美丽江苏建设的必由之路。江苏省生态环境厅把 2021 年确定为"源头治理年"，江苏省各地按照"源头治理"的主题定位，把服务经济社会高质量发展作为必做分内事，坚持依法依规监管、有力有效服务，在服务民生、服务企业等方面进行了大量卓有成效的工作，为深入打好污染防治攻坚战奠定了坚实基础，也为高起点推进美丽江苏建设提供有力保障。本节将以江苏省常州市探索开发区生态环境高质量发展的实践为例，讨论分析源头防控机制在高起点推进美丽江苏建设方面的具体实践方案。

一、案例背景与分析

2021 年是"十四五"开局之年，也是深入打好污染防治攻坚战的起步之年。开发区是常州市发展的优势所在，是常州市经济建设的"主阵地"，转型升级的"主力军"，然而，开发区排放量大、企业密集，管理难度大，是生态环境保护的重点和难点。为全方位加强开发区生态环境系统治理、源头治理，加快补齐省级以上开发区生态环境治理短板，推动开发区高质量发展，尤其是推动其生态环境治理水平走在前列，常州市生态环境局组织开展开发区生态环境高质量发展专项行动。常州市统筹集成园区环境管理的要求，通过全面"体检"，将生态环境质量作为一个标杆,分解落实指标体系、组织方案编制并及时开展评估,专项施策,从管理制度的软件到各类环境基础设施硬件建设的全面提升,来实现产业园区的高质量发展。具体的实践方案如下:

其一,超前部署提前谋划,开展污染物排放限值限量管理,积极推进生态环境源头治理。工业园区污染物排放限值限量管理,是通过开展工业园区及周边大气、水环境质量监测以及主要污染物排放总量测算,有效实施以环境质量为核心、以污染物排放总量为主要控制手段的环境管理制度体系,实施工业园区限值限量管理是深入打好污染防治攻坚战,推进源头治理的重大创新举措。过去由于监测监控能力不足,对企业、工业园区的排污总量无法进行实质性的监测和控制,即便是开展污染源普查,也不能实现排污总量的实时监控、动态管理,无法说清楚企业在一定时间内到底排放多少污染物。常州市生态环境局多次召开专题会议,积极理清工作思路,自我加压超前谋划部署,印发了开展全市省级以上开发区生态环境高质量提升行动的通知,在省内率先探索开展工业园区污染物排放限值限量管理工作,率先启动环保提升助推开发区高质量发展工作。例如,常州滨江经济开发区作为省级以上开发区,率先编制完成《江苏常州滨江经济开发区污染物排放限值限量管理实施方案》《常州滨江经济开发区新材料产业园污染物排放限值限量管理实施方案》和《江苏常州滨江经济开发区污染物排放限值限量监测监控系统建设方案》,并上报市、区生态环境局。

其二,统筹"三线"管控要求,强化生态环境准入门槛,积极开展规划环评修编。近年来,常州市各级开发区针对不同环境问题开展过多次生态环境整治工作,各类整治工作往往侧重点不同,无法全面解决园区的环境管理问题,随着开发区的不断发展,新问题也在不断出现。为此,各开发区在《开展全市省级以上开发区生态环境高质量提升行动的通知》要求的指引下,坚持管理部门引导、园区主体推进、专业第三方指导的方式推进园区高质量发展工作。常州市生态环境局以生态环境高质量提升作为重要着力点,从规划环评、落实"三线一单"、实施污染物限制限量管理、完善环境基础设施、强化监测监控能力、健全环境风险防范体系等方面分析了存在的突出问题,提出了统筹推进"565"任务的要求,具体包括:开展5项自查,排查存在问题;推进6项重点任务,厚植发展潜力;强化5项工作举措,优化服务保障。其中,"三线一单"是指以生态保护红线、环境质量底线、资源利用上线为基础,编制生态环境准入清单,力求用"线"管住空间布局、用"单"规范发展行为,构建生态环境分区管控体系的环境管理机制。落实"三线一单"即在统筹考虑"三线"的管控要求基础上,禁止和限制空间布局、污染物排放、环境风险、资源开发利用等方面的环境准入标准,以此不断强化环境规制的源头防控机制在高起点推进生态环境建设方面的重要作用。

其三,建立定期调度机制,落实源头防控机制基础设施建设。园区生态环境高质量发展工作并非一蹴而就,而在于长期的坚持。为了跟踪监督进展情况,确保高质量发展各项具体工作落到实处,常州市建立了常态化调度机制,每周定期由园区上报工作进展,并实施各开发区主要领导每周调度和局分管领导"每月调度"制度。通过相应的协调调度机制,及时掌握园区工作动态,并在第一时间针对问题给予回应,避免走弯路、错路。滨江经济开发区是常州市生态环境管理的重点区域,该区通过专项行动要求,积极开展自查自检,围绕生态环境短板制定了 6 个方面 21 条重点任务,在源头防控机制基础设施建设方面,全面构建监测监控网络体系,已完成水文地质调查勘察孔 18 个、水文试验井 7 个、长期监测井 253 个,地下水环境监测网络初步建成,全面摸清土壤和地下水污染现状。此外,全面提升了园区基础设施建设水平,稳步推进园区三级防控体系建设,完成了化工园区污水管网"明管化"改造以及民生环保污水处理厂提标改造。

二、存在的问题与启示

工业园区既是江苏省经济发展的主要载体,又是治污攻坚的主战场、主阵地。因此,加强开发区生态环境源头防控、系统治理,是高起点推进美丽江苏建设的重大关键举措。常州市通过一系列的生态环境高质量提升行动,在产业定位、环评效力、管理水平以及源头防控的设施建设方面取得了重要进展与突破。然而,生态环境治理问题任重而道远。2021 年 8 月,江苏省生态环境保护督察工作领导小组办公室专项督察组对常州市经济开发区开展生态环境保护专项督察,并反馈如下显著问题:一是落实高质量发展理念不够坚决。考核指标导向不强,高质量发展综合考核中"生态环境高质量"指标占比过低,绿色发展考核导向作用严重虚化弱化,存在执行太湖条例不严,落实减污降碳不实等现象。二是产业发展没有规划。常州经开区未按要求编制实施产业发展规划,也未重新开展区域规划环评,致使高污染、高能耗和低端制造等产业处于"失管失控失衡"状态,严重挤压高质量产业、高端制造业的发展空间。三是环境基础设施欠账较多。常州经开区对污水管网建设不重视,配套管网建设长期滞后,部分片区生活污水管网建设不到位,部分区域管网串管、破损、堵塞、标高不一致等问题突出,造成污水直排、溢排河道现象突出。工业企业接管排污监测监控体系缺失,部分企业非法接管、超标接管问题突出。四是环保制度执行不严格。常州经开区河长制流于形式,河长认河、巡河、治河、护河的制度体系尚未健全。点位长制执行不严格,国控站点周边污染源排查整治不到位。网格化监管流于形式。镇、村网格化环境监管体系未建立健全,"散乱污"反弹回潮问题突出。

现阶段,随着监管力度加大,在经济结构等改善速度较慢的情况下,通过末端治理改善生态环境的空间越来越少,园区高质量发展工作所体现出的源头管控作用也将更为明显。为深入打好污染防治攻坚战,切实提升"精准治污、科学治污、依法治污"水平,持续改善生态环境质量,实现高起点推进美丽江苏建设,全系统上下要认清新形势下推动源头治理的重要意义,一手抓经过长期实践、行之有效的治污措施,坚守"生态环境质量只能更好,不能变坏"底线,一手抓源头治理措施创新落实,加快推进生态环境保护从"污染防治"向"减污降碳"转变,早日实现"生态环境根本好转"目标。

第一,建立专班,统筹推进。建立"源头治理"专班专报制度,紧紧围绕生态环境质量改善目标,落实总体谋划、调度汇总、整体督办、统一考核等工作职能,推动"减污降碳、源头治理"工作组织到位、人员到位、责任到位、措施到位,为各项工作任务落实提供保障,确保完成年度目标任务。

第二,抓住重点,源头治理。聚焦钢铁、电力、水泥、化工等重点行业,综合运用清洁能源、清洁原料、清洁生产等措施,推进总量减排、源头减排、结构减排,推动产业结构、能源结构、运输结构优化调整。聚焦国控站点、重点断面周边,系统实施工业、生活、农业污染源以及支流支浜整治。聚焦工业园区、产业集群,探索推进工业园区污染物排放限值限量管理、水污染物平衡核算,积极推行"绿岛"建设项目,从源头上减少污染物排放。

第三,凝聚合力,协同治污。既要强化系统内部的治理合力,也要注重外部力量的耦合共振。各条线要围绕生态环境质量改善这一根本目标,紧扣源头治理"牛鼻子",主动融入,相互协作,共同发力。生态环境部门要积极做好源头治理政策措施的宣传解释工作,争取各级党委政府的理解和支持;切实扛起统一监督管理职责,以环境质量目标倒逼总量减排、结构优化,优化源头治理举措;充分发挥组织协调作用,团结各方力量,不断壮大污染防治"同盟军",真正实现各司其职、各尽其责。

第五节 本章小结

本章为高起点推进美丽江苏建设的"源头防控"专题,具体从"源头防控"视角探讨环境规制与技术创新在高起点推进美丽江苏建设中的机制作用。本章基于2009—2019年江苏省13个地级城市的面板数据,构建固定效应、Tobit模型对环境规制的"源头防控"机制与技术创新的"源头防控"机制进行检验,并构建门槛模型和调节效应模型分别考察"源头防控"机制对美丽江苏建设的非线性影响以及环境规制在强化技术创新提高美丽江苏建设水平中的调节作用,进一步构建PVAR模型考察美丽江苏建设、环境规制以及技术创新之间的动态互动关系,以此为"源头防控"视角下高起点推进美丽江苏建设提供经验证据。此外,以江苏省常州市创新探索开发区源头治理实践为案例分析,为"源头防控"视角下高起点推进美丽江苏建设提供实践启示。基于上述研究,本章主要研究结论如下:第一,摒弃"先污染,后治理"的老路,坚持走"在保护中发展的源头治理"新路,是新时期高起点推进美丽江苏建设的必然之举。其中,环境规制与技术创新是"源头防控"视角下高起点推进美丽江苏建设的重要抓手和关键着力点。第二,"源头防控"视角下,环境规制和技术创新是高起点推进美丽江苏建设的重要机制,但环境规制与技术创新对美丽江苏建设不同维度的建设水平存在差异影响;进一步地,环境规制与技术创新对美丽江苏建设水平的积极推进作用存在显著的门槛效应,不仅如此,环境规制在一定程度上有助于通过创新激励效应强化技术创新提升美丽江苏建设水平的积极作用。第三,环境规制对美丽江苏建设的推动作用具有短期冲击作用,在长期不具有可持续的正向作用,技术创新在推进美丽江苏建设水平方面具有较强的可持续特征,且从方差分解的结果中可以看出技术创新是高起点推进美丽江苏建设更为重要的"源头防控"机制。此外,环境规制的创新激励效应随着时间的推移存在衰减特征,因此持续的环境规制政策有助于为企业的技术革新行为提供持续动力。第四,江苏省常州市创新探索开发区源头治理给予我们的启示是,建立专班、统筹推进、抓住重点、源头治理、凝聚合力、协同治污。

第六章

高起点推进美丽江苏建设

——"协作共治"专题

高起点推进美丽江苏建设,生态环境的治理问题是主要短板所在。厘清生态环境治理的主要问题,不仅有助于了解现有水平与建设目标之间的差距,也有利于制定规划、联合众力补足短板。生态环境的区域关联性使得无论是大气污染治理还是水域污染治理都具有"艰巨性"和"公共性"的特征,因此亟须建立跨市乃至省域府际间的协作共治机制,实现美丽江苏生态环境建设的高效推进。本章通过构建高起点推进美丽江苏生态环境建设的"协作共治"演化博弈模型,分析"协作共治"机制对区域环境治理的重要影响,并对该演化博弈模型进行仿真模拟,进一步探索"协作共治"机制发挥作用的影响因素,清晰"协作共治"机制对府际行为决策的作用。最后结合太湖的协同治理案例,为江苏省高起点推进美丽江苏生态环境建设的"协作共治"机制提供经验借鉴。

第一节 "协作共治"与区域间制度矛盾

一、"协作共治"推进美丽江苏建设的必要性分析

生态美好才有生活美好,原中共江苏省委书记娄勤俭指出生态保护应作为美丽江苏建设的优先举措,提出"坚持生态优先、绿色发展,筑牢美丽江苏的生态基底"。江苏作为我国最发达的省份之一,工业化水平和发展速度都较高,但随之而来的环境问题依旧是高起点推进美丽江苏建设的短板所在。2022年4月19日江苏省政府发布《江苏省"十四五"生态环境基础设施建设规划》(后称《规划》),再次强调了江苏省第十四次党代会提出的空气质量"30"和水环境质量"90"的目标。具体而言,到2025年空气质量应达到$PM_{2.5}$浓度33 μg/m³左右和

空气质量优良天数比率82%左右的目标,水环境质量应达到国考断面水质优Ⅲ类比例87%左右。《规划》同时也指出,江苏省生态环境基础设施薄弱,如污染治理能力仍存在短板、信息化智能化水平不足、管理体制机制有待完善等问题。目前江苏省在空气质量改善、水污染整治、土壤污染治理与修复方面都提出了高标准严要求,近几年全省生态环境质量总体上虽呈现改善趋势,但在大气环境质量和水体污染方面仍与该目标存在一定差距(陈娟,2021)。

(一)高起点推进美丽江苏建设的突出短板分析

1. 大气环境质量差距

为明晰江苏省近期大气环境质量的现状及其与高起点推进美丽江苏建设之间的差距,本文采用2021年9月到2022年2月的江苏省城市空气质量指数数据,按照国家二级空气质量标准折算最优标准环境空气质量综合指数进行对比,并采用三维曲线图展示。借鉴江苏省环境空气质量的评价方法,最优标准环境空气质量综合指数采用《环境空气质量评价技术规范》(HJ 663—2013)的环境空气质量单项指数法,对《环境空气质量标准》(GB 3095—2012)中的6项指标(见表6-1)污染的24小时标准值进行折算,计算方法为:

$$I_i = \max\left(\frac{C_{i,a}}{S_{i,a}}, \frac{C_{i,d}^{per}}{S_{i,d}}\right) \tag{6-1}$$

式中:I_i表示污染物i的单项指数;$C_{i,a}$表示污染物i的年均值浓度值,i包括SO_2、NO_2、PM_{10}及$PM_{2.5}$;$S_{i,a}$表示污染物i的年均值二级标准限值,i包括SO_2、NO_2、PM_{10}及$PM_{2.5}$;$C_{i,d}^{per}$表示污染物i的24小时平均浓度的特定百分位数浓度,i包括SO_2、NO_2、PM_{10}、$PM_{2.5}$、CO和O_3(对于O_3为日最大8小时均值的特定百分位数浓度);$S_{i,d}$表示污染物i的24小时平均浓度限值二级标准(对于O_3为日最大8小时均值的二级标准)。选取环境空气污染物的平均时间浓度限值进行最优指数折算,得到:

$$\frac{C_{i,a}}{S_{i,a}} = 0.561 \tag{6-2}$$

$$\frac{C_{i,d}^{per}}{S_{i,d}} = 0.515 \tag{6-3}$$

$$I_i = \max\left(\frac{C_{i,a}}{S_{i,a}}, \frac{C_{i,d}^{per}}{S_{i,d}}\right) = 0.561 \tag{6-4}$$

因此选取最优空气质量指数值0.561,与自江苏省《关于深入推进美丽江苏建设的意见》出台后2021年9月—2022年2月半年间的城市空气质量指数值①进行对比,结果如图6-1所示。由于目前江苏省的空气污染主要来源于$PM_{2.5}$等颗粒物,因此选取江苏省2021年9月—2022年2月半年间的城市$PM_{2.5}$数据(见图6-2)以及《规划》所提出的2025年$PM_{2.5}$目标浓度作为最优标准进行参照分析。

表6-1 环境空气污染物基本项目浓度限值

污染物项目	平均时间一级限值(最优)	限值(二级)	单位
二氧化硫(SO_2)	年平均 20	60	$\mu g/m^3$
	24小时平均 50	150	
二氧化氮(NO_2)	年平均 40	40	
	24小时平均 80	80	
一氧化碳(CO)	24小时平均 4	4	mg/m^3
臭氧(O_3)	日最大8小时平均 100	160	
颗粒物(粒径小于等于10 μm)	年平均 40	70	$\mu g/m^3$
	24小时平均 50	150	
颗粒物(粒径小于等于2.5 μm)	年平均 15	35	
	24小时平均 35	75	

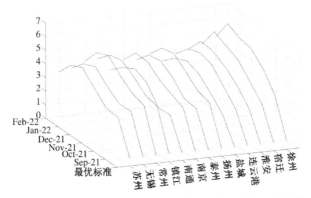

图6-1 2011—2018年间太湖水质及省界入湖河流断面水质情况

数据来源:水利部太湖流域管理局公布的2011—2018年度太湖水质数据报告。

---

① 浓度限值标准来源于江苏省生态环境厅公布的空气质量月报,http://sthjt.jiangsu.gov.cn/col/col83860/index.html。

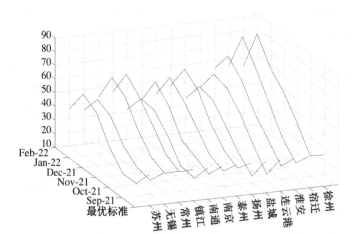

图 6-2　江苏省城市 $PM_{2.5}$ 浓度变化走势（2021 年 9 月—2022 年 2 月）

数据来源：https://www.aqistudy.cn 城市空气质量历史数据查询平台。

从时间演化的角度来看，高起点推进美丽江苏建设相关意见出台后的半年时间内，全域地区的空气质量指数处于 2~4 之间，虽与最优值存在较大距离，但各市空气质量控制均有所成效，体现出各市认真推进美丽江苏建设的积极意愿和决心。但此后各市的空气质量指数出现不同程度的反弹，持续增长的态势在维持了 4 个月之后才有所缓解，各区域拐点均在 3~6 之间。结合江苏省各市的 $PM_{2.5}$ 浓度来看，进入冬季后 $PM_{2.5}$ 的浓度迅速攀升，原本低于最优标准（33 μg/m³）的浓度值均在进入 11 月份后超过该标准，无论是以二级标准（指数为 1）为参照还是以最优标准（指数为 0.561）为参照，江苏省空气质量指数都还有很大的提升空间。从区域差异的角度来看，淮安、宿迁和徐州三个江苏北部城市的空气污染程度最高，空气质量指数拐点处于 5~7 之间，$PM_{2.5}$ 的浓度变化也与空气质量指数变化相一致，次之的是盐城、连云港两个北部沿海城市和中部城市扬州，空气质量指数拐点在 4~5 之间，而南通、无锡、镇江、苏州等南部城市的空气污染程度和 $PM_{2.5}$ 浓度相对较低，其变化趋势也较为平稳。

综合以上分析，江苏省北部工业城市的空气质量明显低于南部服务业主导型城市，且空气质量呈现由南向北依次递增的空间分布形态，因此可以推断，江苏省空气污染可能存在空间相关性和区域异质性，且改善北部区域空气质量的任务会更加艰巨。

2. 水环境质量差距

在高起点上推进美丽江苏建设，对生态维度中水环境质量的改善也设定了更高的目标。根据《江苏省"十四五"生态环境保护规划》(2021年11月印发)的要求,到2025年省考地表水断面应达到或优于Ⅲ类比例89%以上,其中国考断面达到或优于Ⅲ类比例达90%以上,近岸海域水质优良(一、二类)面积比例达65%以上,主要入海河流国控断面水质优良(达到或优于Ⅲ类)比例达87%左右,以达到建设美丽中国示范省的目标。

表6-2 《江苏省"十四五"生态环境保护规划》要求的地表水环境质量变化趋势

时间	地表水国考断面达标占比/%	地表水省考断面达标占比/%	入海河流国控断面达标占比/%	近岸海域水质达标比例/%
2021-09	56.7	69.3	28.5	87.7
2021-10	73.8	80.2	63.3	
2021-11	85.2	91.1	83.7	87.4
2021-12	88.6	91.9	83.7	
2022-01	84.2	91.3	83.7	
2022-02	92.9	93.9	93.8	82.8
2022-03	88.2	92.6	83.3	
最低标准	90	89	87	65

数据来源:江苏省生态环境厅发布的江苏省环境质量状况公报。

如表6-2所示,江苏省委在2021年8月印发《关于深入推进美丽江苏建设的意见》后,地表水及入海河流断面优良面积比例在10月得到大幅提升,地表水省考断面于2021年11月达标并维持在90%以上的水平,且近岸海域水质达标比例保持在82%以上,远超过《江苏省"十四五"生态环境保护规划》所要求的标准。但地表水国考断面达标占比除2022年的2月达到了90%以上外,其他时间均低于国考断面最低标准,并且入海河流国控断面考核也同样存在着大多时间并未达标的问题。其中2020年地表水国考断面重点评价湖泊中有2/3的湖泊评级低于Ⅲ类,具体情况如表6-3所示。

表6-3 江苏省2020年国家重点评价湖泊水质状况

主要水系	地理位置	总体水质状况	营养状况
高邮湖	高邮市与天长市交界	轻度污染/Grade Ⅳ	轻度富营养
阳澄湖	苏州市与无锡市交界	轻度污染/Grade Ⅳ	轻度富营养

(续表)

主要水系	地理位置	总体水质状况	营养状况
洪泽湖	淮安市与宿迁市交界	轻度污染/Grade Ⅳ	轻度富营养
太湖	苏皖浙三省交界	轻度污染/Grade Ⅳ	轻度富营养
白马湖	淮安市与扬州市交界	良好/Grade Ⅲ	轻度富营养
骆马湖	宿迁市与徐州市交界	良好/Grade Ⅲ	轻度富营养

数据来源:《中国环境统计年鉴2021》。

综上所述,江苏省在高起点上推进美丽江苏建设,最优先和最艰难的任务是生态环境的改善,其中空气质量和水环境质量既是江苏省生态环境改善的短板所在,也是《江苏省"十四五"生态环境保护规划》的重点内容。结合《关于深入推进美丽江苏建设的意见》出台后约半年左右的空气质量及水环境质量数据来看,目前江苏省在北部工业城市区域的空气质量与最优标准差距最大,相邻城市间空气质量水平趋同。而水环境方面最突出的问题是地表水国考断面水质和入海河流水质问题,并且省内湖泊国考断面水质低于Ⅲ类标准的均位于不同行政区划交界。

(二)"协作共治"弥补生态短板的必要性分析

1. 生态环境改善的艰巨性要求"协作共治"

高起点推进美丽江苏建设,新型城镇化和绿色发展齐头并进,江苏省的工业化和城镇化发展将会是长期趋势,因此生态环境保护的结构性、根源性和趋势性压力总体上需要很长的时间来缓解。

一方面,近年来江苏省的空气质量指数及$PM_{2.5}$浓度虽呈下降趋势,但下降幅度在进入2022年1月之后就逐步收敛,各市$PM_{2.5}$浓度波动幅度巨大,在夏季和秋季虽能够达到33 $\mu g/m^3$以下,但进入冬季后迅速反弹至50~85 $\mu g/m^3$之间,距《规划》制定的2025年最低目标还存在较大差距。事实上,不仅$PM_{2.5}$浓度的改善存在难度,2021年江苏省生态环境状况新闻发布会还强调了省内的臭氧污染问题更加突出,已成为影响江苏省优良天数比率的主要因素。因此在高起点推进美丽江苏建设的过程中,江苏省既要继续大幅降低$PM_{2.5}$浓度,又要有效遏制臭氧浓度的上升趋势,同时还要努力消除重污染天气,无论是对企业还是对区域政府来说,都是一项艰巨且长期的任务。

另一方面,水环境中地表水国考断面和入海河流断面水质问题依旧严峻。

长期以来江苏省长江沿岸重化工业高密度布局,"重化围江"的问题是导致江苏省生态之忧的重要原因。自长江大保护6年间,江苏省累计关停化工企业4 600多家,以"壮士断腕"的力度、冒着经济动能缺失的风险来优化生态水环境,目前依旧存在地表水及入海河流不达标的问题。并且,习近平总书记在全面推动长江经济带发展座谈会上强调,长江生态系统恢复不仅要看断面水质,还要看生物多样性是否得到改善,被人们称之为"微笑天使"的长江江豚已经成为极度濒危物种,江豚数量的恢复还要依靠长江生态系统的整体性修复。

2. 生态环境资源的公共性要求"协作共治"

基于江苏省空气质量和水环境质量的分析,空气质量指数及$PM_{2.5}$指数均由北向南呈现典型的阶梯式下降态势,尤其是北部工业城市的各项空气指数明显趋同,体现出环境污染具有较强的外部性、公共性和跨越行政边界等特点。尤其是徐州市存在跨省气象关联性,因其地处京津冀与长三角两大污染地带的过渡区域,西邻郑州、北邻济南两个空气重度污染的城市,整体呈现由西北向东南延伸的长块状,因此进入秋冬季节后,京津冀、郑州及济南的污染气团将随西北部冷空气南移,扩散至徐州市,并与本地的污染颗粒叠加,导致该市空气质量持续偏低。在2020年关停近80%的钢铁、水泥及焦化企业的情况下,$PM_{2.5}$浓度仅同比下降4%,难以依靠自身实现大气污染的完全治理。

同样,省内入海河流和重点监测湖泊也都具有该特点:入海河流以长江、淮河为例,江苏境内长江干流涉及南京、镇江、扬州、常州、泰州、无锡、苏州和南通8市,境内淮河干流涉及淮安、扬州、盐城3市,河流具有流动性,上游河段的污染不仅影响下游区域的居民用水,同时对下游的治理也增加了难度。重点监测湖泊以洪泽湖、太湖为例,洪泽湖位于淮安、宿迁两市境内,由洪泽区、淮阴区、盱眙县、泗洪县、泗阳县五县共同治理,太湖位于无锡、常州、苏州、上海及浙江湖州之间,其中三分之二属苏州管辖。无论是大气、河流还是国家重点监测湖泊都具有多个主体和利益相关者,作为典型公共产品,其负外部性很难及时得到有效解决,当本地污染源涉及跨区域影响时,过去基于行政辖区的污染防治体系就很难精准控制当下污染状况。

二、美丽江苏建设的区域间制度矛盾分析

肖建华(2020)在对省际环境污染联防联控治理的空间逻辑分析中提出三重

"空间生产"难题,该体系对区域性环境污染治理矛盾的描述具有高度的概括性,因此本研究根据该文提出的空间失衡、空间冲突和空间壁垒,来分析高起点推进美丽江苏生态环境建设的区域制度矛盾。

(一)空间失衡:经济发展与战略使命的矛盾

高起点推进美丽江苏建设,GDP 总量是衡量其经济维度的重要指标,也是城市功能赖以发挥的重要基础。根据 2021 年江苏省城市地区生产总值来看,江苏南部地区的苏州市生产总值为 22 718.3 亿元、无锡市生产总值为 14 003.24 亿元,而北部地区的淮安市生产总值为 4 550.13 亿元、宿迁市为 3 719.01 亿元,整体上苏南地区 GDP 总量要远高于苏北区域,但苏北地区因淮安、徐州、盐城等传统工业城市集聚,空气污染水平却远高于苏南地区。如图 6-3 所示,随着江苏省城市地区生产总值的下降,空气质量指数却在波折式上升,也即经济发展越是靠后的城市也越需要背负更多的污染治理任务。

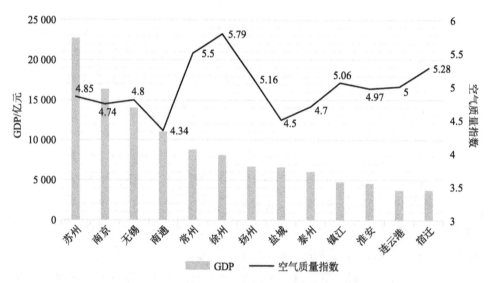

图 6-3 江苏省城市生产总值和空气质量指数对比

数据来源:江苏省统计局公布的 2021 年设区市地区生产总值报告及《中国环境统计年鉴 2021》。

根据 2021 年 1 月 15 日印发的最新《江苏省重污染天气应急预案的通知》,各市应定期开展重点行业绩效分级评价,及时更新应急减排项目清单并报省重污染天气应急指挥中心办公室备案。该预案根据企业装备水平、污染治理技术、监控监测水平等将重点行业企业分为 A、B、C、D 四个等级,B 级企业的减排比例根据应急等级不同分别在30%~50%之间，C和D级企业需要制定更严格的减排措施。进入秋冬重污染天气高发季节后，苏北地区作为传统工业集聚地区，各城市在经济发展水平较为落后的情况下，不仅需要付出更多努力平衡生产力差异，还需要支付更高的经济代价（如牺牲生产力、花费治理成本）治理污染问题。而共同的战略使命是协作共治推进美丽江苏生态环境建设的重要前提，地区生产力的差异性将导致空间主体之间的战略使命和目标产生偏差，从而在环境治理领域出现认知上的偏差和职责上的不协调。

(二) 空间冲突：行政区划竞争与合作的矛盾

改革开放以来，资本积累过程由国家下沉至城市单元，行政权力的高度分散化引致"城市企业化"的发展，横向的经济联合体被城市经济圈的空间组织所取代，江苏省因沿海的区位优势，依靠繁荣的对外加工贸易与浙江、上海等区域形成长三角经济圈，内部府际竞争与合作态势愈发激烈。

政府竞争主要体现在产业项目、基础设施建设、空间开发、资源集聚等等。目前南京市、苏州市都提出了打造"生产性服务业标杆城市"的目标，截至2020年南京市形成了市级以上生产性服务业示范区60个，苏州市形成了现代服务业集聚区98个。同时无锡市也在经历着一场"智改数转"驱动下的产业转型，2021年将免费为3000家以上的企业实施免费数字化诊断，并规划2024年实现全市规上"智改数转"的全面覆盖。各地争相谋局生产性服务业，在商业用地、高技术人员、税收等方面给予优惠政策，势必带来生产性服务业在某一空间上的集聚发展，众多研究证明生产性服务业的集聚不仅有利于当地产业升级转型，同时能够大幅缓解雾霾污染问题并促进工业污染减排（刘胜和顾乃华，2015；蔡海亚和徐盈之，2018）。从图6-4可发现，目前南京市、苏州市、无锡市已显著集聚了大量生产性服务业产业，且各自的人才引进政策也使得三市在科研人员的数量上远超省内其他城市，而南京市与苏州市商业用地的大量开发将会进一步集聚生产性服务业和高端技术人员，形成虹吸效应。

各地在产业升级转型和人才等方面的竞争容易导致污染联合治理的紧张关系，传统工业集聚地区本身就需要通过产业的转型升级助推低碳减排，而江苏南部地区对生产性服务业和人才的集聚吸引力，使得苏北区域的产业升级转型在一定程度上面临产业空心和人才缺失的窘况，在保持现有传统工业维持经济增长的情况下，又不得不花费更多的精力和成本进行污染治理和节能减排。一旦

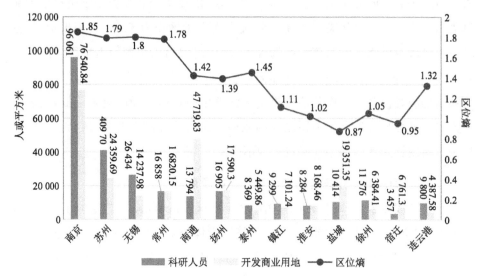

图 6-4　江苏省 2019 年科研人员数、商业用地开发和生产性服务业区位熵情况

注：区位熵根据城市生产性服务业就业人数占全国比重除以就业人数占全国比重计算得到，
数据来源于《中国城市统计年鉴 2020》。

利益从劣势方流向优势方，合作就有可能面临失败。例如，进入冬季后如果徐州市治理雾霾的积极性下降，那么南方各市的雾霾污染程度都会沿南北通道加剧，从而增加美丽江苏生态环境建设的难度。

（三）空间壁垒：非对等的平向府际权责矛盾

空间壁垒在美丽江苏生态环境建设中的重要体现是地方政府对治理项目的利益诉求不一致，而每一项目为参与联合治理的区域带来的效益也存在差异，也即当区域在该项目中享有的权益低于需要承担的责任时，区域矛盾就随之发生。这种壁垒既存在于静态划区联合治理中，也存在于动态上下游流域的联合治理中。

2007 年的太湖蓝藻事件是一项重大环境污染事件，紧随其后国家编制并实施了《太湖流域水环境综合治理总体方案》，明确了太湖流域协同治理的责任主体。2011 年的《太湖流域管理条例》更是进一步在水资源保护和水污染防控问题上形成了统一指挥。但太湖流域中部门的关系主要表现为等级制，下级部门受上级部门监督并对上级部门负责，平向府际间存在着鲜明的"行政分割"且缺乏系统化的协同工作机制。因此，平向部门间出于利益最大化的考虑在开展治理活动时会发生压缩内部治理成本、向平向部门转嫁成本的行为。各主体间职责划分不清,太湖流域的协同治理依旧存在着"公地悲剧"的风险。

2018年洪泽湖的黑水污染也是近年来较为重大的环境污染事故,自然洪灾后江苏泗洪县洪泽湖溧河洼片区出现了水质异常、鱼蟹大量死亡的现象,引起了安徽省环保厅与江苏省环保厅的"跨界之争"。由于该污水流经新濉河、新汴河排向洪泽湖,无法判断污水源自安徽省境内河段还是江苏省境内的支流。并且,在此次协商中安徽和江苏两省也未就上游开闸放水是否要提前告知下游达成一致意见,因此也就无法对洪泽湖污染事件进行责任划分和赔偿认定。由此可知,府际间的权责不对等导致了投机和搭便车行为,因而不利于美丽江苏建设的生态环境"协作共治"。

第二节 "协作共治"演化博弈模型的构建

一、基本假设

构建动态博弈模型博弈主体:大气污染及水环境污染的协作共治主体不仅存在于省内平向府际间,也存在于跨省界的同行政级别区域间。为简化模型分析,将以上各市简化为决策方式和行为习惯类似的A市和B市。而各地级市及跨省经济区合作市之间的"协作共治"机制也被加入本文分析中作为参与博弈的主体。

因此模型的博弈主体主要由A市、B市以及由二者共同构建的"协作共治"机制组成:A市、B市为地方政府利益主体、环境治理主体和跨区污染的受害者,而"协作共治"机制通常通过互通化监测、联合巡防、奖惩罚补等方式制约区域污染的跨界转移,是社会利益的代表和联合共治规则的执行者。本研究对有跨界污染可能的A市和B市,以及治理跨界污染的"协作共治"机制之间的关系展开分析。

二、参数变量

在不考虑"协作共治"机制干预的情况下,地方政府会采取两种决策:一是放任污染,二是严格监管。"协作共治"机制也存在两种作用情况:建立或不建立。在此假设：A 市放任污染的概率为 x，那么其做出严格监管决策的概率则为 $1-x(0 \leqslant x \leqslant 1)$；B 市放任污染的概率为 y，做出严格监管决策的概率则为 $1-y(0 \leqslant y \leqslant 1)$；该区域或流域联防联控机制有 z 的概率发挥作用，有 $1-z$ 的概率不发挥作用 $(0 \leqslant z \leqslant 1)$。博弈模型中的参数及含义如表 6-4 所示。

表 6-4　博弈模型中的参数及其含义

博弈方	参数	含义
A 市、B 市	R_{L1}、R_{L2}	污染转移收益
	C_{A1}、C_{A2}	污染治理成本
	C_{C1}、C_{C2}	合作交易成本
	C_{Z1}、C_{Z2}	追偿 B 市赔付
	PE_1、PE_2	对方治理转移污染对本市的正外部性
	NE_1、NE_2	对方治理转移污染对本市的负外部性
"协作共治"机制	R_I	协作共治参与成本
	C_M	协作共治成本
	P_R	受污方补偿费用
	P_U	排污方缴纳罚款

其中：R_I 表示"协作共治"机制为正常运转向各参与方收取的运作费用；C_M 表示"协作共治"机制运作所产生的成本；P_R 表示受到跨区污染的一方在"协作共治"机制中能够得到的补偿；P_U 表示带来污染负外部性的一方所缴纳的惩罚性费用；R_L 表示污染的转移为跨区污染城市节省的污染治理费用以及通过污染转移避免的环境损失的总和；C_A 表示污染治理所需耗费的成本总和；C_C 代表地方政府在相互协商中所花费的谈判、时间、信息搜寻等交易成本；C_Z 为跨区污染受害方向排污方追索的赔付；PE 表示污染外溢受害方治理污染对污染外溢方所产生的正外部性，主要表现为污染治理成本的缩减；NE 表示污染外溢受害方治理污染对外溢方所产生的负面影响，主要包括政府公信力、信誉下降。本研究主要通过对"协作共治"运作收益 R_I、污染补偿 P_R 和污染惩罚 P_U 的调节来表征"协作共治"在调节跨界环境污染治理中的作用。

三、动态演化博弈策略矩阵

在本次分析中假设双方的信息不对称，也即博弈中各市放任偷排的决策其他区域并不知情,因此 A 市与 B 市属于纯策略同时决策博弈。A 市和 B 市放任污染与严格监管的策略中做出决策的收益与"协作共治"机制是否发生作用的组合共同组成行为收益矩阵,每种行为组合为博弈参与者所带来的收益如表 6-6 所示。若 A、B 二市都选择放任污染策略,此时双方需对污染治理成本、合作交易成本、污染外溢的追偿、协作治理的费用进行支付,同时承担对方治理污染对自身带来的负外部性,获得的收益则为污染转移收益、对方治理污染正外部性、向对方追偿的补偿收益、"协作共治"机制为其补发的受污方补偿费用。"协作共治"机制由 A、B 市共同出资成立,支出 A、B 市的受污方补偿费用以及共同治理成本;若 A、B 二市都选择严格治理,则二者的收益则为对方治理污染的正外部性,支出为"协作共治"机制的构建成本,"协作共治"机制的参与成本用 A、B 两市建立合作的共同花费和退出合作组织的代价来衡量,支出为监管协调的运行成本,其余类似情况如博弈参与者行为列表及支付矩阵列表所示(见表 6-5、表 6-6)。

表 6-5　不构建"协作共治"机制时 A 市与 B 市行为矩阵

		A 市	
		放任污染	严格治理
B 市	放任污染	放任污染,放任污染	严格治理,放任污染
	严格治理	放任污染,严格治理	严格治理,严格治理

表 6-6　协作共治机制下污染治理博弈决策支付矩阵

A 市	收益方	B 市	
		放任污染(y)	严格治理($1-y$)
放任污染(x)	A 市	$R_{L1}+PE_1+zP_R+C_{Z2}-C_{A1}-C_{C1}-C_{Z1}-NE_1-zP_U-zR_I$	$R_{L1}+PE_1-C_{C1}-C_{Z1}-NE_1-zP_U-zR_I$
	B 市	$R_{L2}+PE_2+zP_R+C_{Z1}-C_{A2}-C_{C2}-C_{Z2}-NE_2-zP_U-zR_I$	$zP_R+C_{Z1}-C_{A2}-C_{C2}-zR_I$
	"协作共治"机制	$2zR_I+2zP_U-2zP_R-zC_M$	$2zR_I+zP_U-zP_R-zC_M$

(续表)

A市	收益方	B市	
		放任污染(y)	严格治理($1-y$)
严格治理 ($1-x$)	A市	$zP_R + C_{Z2} - C_{A1} - C_{C1} - zR_I$	$PE_1 - zR_I$
	B市	$R_{L2} + PE_2 - C_{C2} - C_{Z2} - NE_2 - zP_U - zR_I$	$PE_2 - zR_I$
	"协作共治"机制	$2zR_I + zP_U - zP_R - zC_M$	$2zR_I - zC_M$

四、环境污染"协作共治"博弈模型分析

（一）演化博弈复制动态方程分析

根据以上各主体的行动策略及相关参数分析，结合博弈支付矩阵，可以构造出 A 市、B 市是否放任污染外溢以及"协作共治"机制是否发挥作用策略的复制动态方程。

1. A 市采取放任污染和严格治理策略的期望收益与平均收益记为 G_{A1}、G_{A2}、$\overline{G_A}$，则三种收益的表达式为：

$$G_{A1} = y(R_{L1} + PE_1 + zP_R + C_{Z2} - C_{A1} - C_{C1} - C_{Z1} - NE_1 - zP_U - zR_I) + (1-y)(R_{L1} + PE_1 - C_{C1} - C_{Z1} - NE_1 - zP_U - zR_I)$$
(6-5)

$$G_{A2} = y(zP_R + C_{Z2} - C_{A1} - C_{C1} - zR_I) + (1-y)(PE_1 - zR_I)$$
(6-6)

$$\overline{G_A} = xG_{A1} + (1-x)G_{A2} \tag{6-7}$$

2. B 市采取放任污染和严格治理策略的期望收益与平均收益记为 G_{B1}、G_{B2}、$\overline{G_B}$，则三种收益的表达式为：

$$G_{B1} = x(R_{L2} + PE_2 + zP_R + C_{Z1} - C_{A2} - C_{C2} - C_{Z2} - NE_2 - zP_U - zR_I) + (1-x)(R_{L2} + PE_2 - C_{C2} - C_{Z2} - NE_2 - zP_U - zR_I)$$
(6-8)

$$G_{B2} = x(zP_R + C_{Z1} - C_{A2} - C_{C2} - zR_I) + (1-x)(PE_2 - zR_I) \quad (6\text{-}9)$$

$$\overline{G_B} = yG_{B1} + (1-y)G_{B2} \quad (6\text{-}10)$$

3. "协作共治"机制发挥作用与不发挥作用的期望收益与平均收益记为 G_1、G_2、$\bar{G}$：

$$\begin{aligned} G_1 = {} & xy(2R_I + 2P_U - 2P_R - C_M) \\ & + (x+y-2xy)(2R_I + P_U - P_R - C_M) \\ & + (xy - x - y + 1)(2R_I - C_M) \end{aligned} \quad (6\text{-}11)$$

$$G_2 = 0 \quad (6\text{-}12)$$

$$\bar{G} = zG_1 + (1-z)G_2 \quad (6\text{-}13)$$

联立方程(6-5)、方程(6-8)、方程(6-11)可得 A 市污染治理策略的复制动态微分方程，表达如下：

$$\begin{aligned} \frac{d\overline{G_A}}{dt} = {} & x(G_{A1} - \overline{G_A}) = x(1-x)(R_{L1} + (y-1)C_{C1} \\ & - C_{Z1} - NE_1 + yPE_1 - zP_U) \end{aligned} \quad (6\text{-}14)$$

联立方程(6-5)、方程(6-9)、方程(6-12)可得 B 市污染治理策略的复制动态微分方程，表达如下：

$$\begin{aligned} \frac{d\overline{G_B}}{dt} = {} & x(G_{B1} - \overline{G_B}) = x(1-x)(R_{L2} + (y-1)C_{C2} \\ & - C_{Z2} - NE_2 + yPE_2 - zP_U) \end{aligned} \quad (6\text{-}15)$$

联立方程(6-7)、方程(6-10)、方程(6-13)可得"协同共治"机制是否发挥作用的复制动态微分方程，表达如下：

$$\begin{aligned} \frac{d\bar{G}}{dt} & = z(G_1 - \bar{G}) \\ & = z(1-z)((x+y-xy)(P_U - P_R - C_M) + 2R_I - C_M) \end{aligned}$$
$$(6\text{-}16)$$

(二) 演化博弈策略均衡点及其稳定性分析

由 A 市、B 市以及为高起点推进美丽江苏建设构建的"协作共治"的三维动态复制动力系统如方程(6-13)、方程(6-14)、方程(6-15)所示。根据 John Maynard Smith 对演化稳定策略 ESS(Evolutionary Stable Strategy)的定义,演化博弈可能结果的确定需要先找到使得博弈各方最终趋于决策稳定的纳什均衡点即 ESS 点,采用弗里德曼提出的动力系统 ESS 点的辨别方法,对 ESS 点进行识别。首先需要求解由动态复制动力系统构成的雅可比矩阵:

$$J = \begin{bmatrix} \dfrac{\partial F(x)}{\partial x} & \dfrac{\partial F(x)}{\partial y} & \dfrac{\partial F(x)}{\partial z} \\ \dfrac{\partial F(y)}{\partial x} & \dfrac{\partial F(y)}{\partial y} & \dfrac{\partial F(y)}{\partial z} \\ \dfrac{\partial F(z)}{\partial x} & \dfrac{\partial F(z)}{\partial y} & \dfrac{\partial F(z)}{\partial y} \end{bmatrix}$$

$$= \begin{bmatrix} (1-2x)[R_{L1}+(y-1)C_{C1} \\ -C_{Z1}-NE_1+yPE_1-zP_U] & x(1-x)(PE_1+C_{C1}) & -x(1-x)P_U \\ y(1-y)(PE_2+C_{C2}) & (1-2y)[R_{L2}+(x-1)C_{C2} \\ -C_{Z2}-NE_2+xPE_2-zP_U] & -y(1-y)P_U \\ z(1-z)(1-y)(P_U-P_R-C_M) & z(1-z)(1-x)(P_U-P_R-C_M) & (1-2z)[(x+y-xy) \\ (P_U-P_R-C_M)+2R_I-C_M] \end{bmatrix}$$

由 Hofbauer 的研究可知三维动力系统中存在 8 个边界点,分别为(0, 0, 0)、(0, 0, 1)、(0, 1, 0)、(1, 0, 0)、(1, 1, 0)、(0, 1, 1)、(1, 0, 1)、(1, 1, 1)。求解该雅可比矩阵 J,并令 $F(x)=F(y)=F(z)=0$,根据李雅普诺夫稳定性分析第一方法对该系统的所有边界点进行稳定性考察,判别定理为:若该点的雅可比矩阵特征值均有负实部,则该点是渐近稳定的,若存在特征值具有正实部,则该点是不稳定的,若存在除此之外的其他情况则不能判定。

1. 考察复制动态系统在(0, 0, 0)点的雅可比矩阵稳定性过程。该点的雅可比矩阵为:

$$J_{(0,0,0)} = \begin{bmatrix} R_{L1}-C_{C1}-C_{Z1}-NE_1 & 0 & 0 \\ 0 & R_{L2}-C_{C2}-C_{Z2}-NE_2 & 0 \\ 0 & 0 & 2R_I-C_M \end{bmatrix}$$

(1) 若该矩阵的特征根均为负实数,即 $R_{L1} < C_{C1}+C_{Z1}+NE_1$,$R_{L2} < C_{C2}+C_{Z2}+NE_2$,$2R_I < C_M$,则(0, 0, 0)点为渐近稳定点。在此点上污染外溢带来的收益小于合作交易成本、赔付对方的损失以及由对方治理污染带来的

信誉损失等负外部性总和,而构建"协作共治"机制的运作收益小于该机制运行的成本,则各区域不会选择构建"协作共治"机制,A 市和 B 市都选择合作,也就是共同严格治理污染。但在该种情况下,参与主体容易出于区域间经济发展需求的不对等和污染治理水平的不对等,在无外部监管的情况下发生"搭便车"问题——有高发展需求和低污染治理水平的城市将会更倾向于通过污染转移的方式,为自身发展节约资源从而向集体转嫁成本。因此(0, 0, 0)点不是全局稳定点,而更可能为鞍点。

(2)若该矩阵的特征根存在正数,即 $R_{L1}-C_{C1}-C_{Z1}-NE_1$、$R_{L2}-C_{C2}-C_{Z2}-NE_2$、$2R_I-C_M$ 三式中有一个或多个大于零,则该复制动态系统在此点的平衡态不稳定。

2. 考察复制动态系统在(0, 0, 1)点的雅可比矩阵稳定性过程。该点的雅可比矩阵为:

$$J_{(0,0,1)} = \begin{bmatrix} R_{L1}-C_{C1}-C_{Z1}-NE_1-P_U & 0 & 0 \\ 0 & R_{L2}-C_{C2}-C_{Z2}-NE_2-P_U & 0 \\ 0 & 0 & C_M-2R_I \end{bmatrix}$$

(1)若该矩阵的特征根均为负实数,即 $R_{L1}<C_{C1}+C_{Z1}+NE_1+P_U$,$R_{L2}<C_{C2}+C_{Z2}+NE_2+P_U$,$C_M<2R_I$,则(0, 0, 1)点为渐近稳定点。在此点上污染外溢带来的收益小于合作交易成本、向对方赔付的费用、由对方治理污染带来的信誉损失以及排污方向"协作共治"机构缴纳的罚款之和,且构建"协作共治"机制的总体收益大于该机制的运作成本,此时"协作共治"机制成立且 A 市和 B 市选择共同合作,严格治理污染。由于三方选择合作策略得到的收益支付均为正数,因此在稳定状态下三者的不合作行为均为非理性行为,违反参与博弈的前提条件。三方区域稳定合作且不存在不平衡条件,因此判定(0, 0, 1)点为稳定点。

(2)若该矩阵的特征根存在正数,即 $R_{L1}-C_{C1}-C_{Z1}-NE_1-P_U$、$R_{L2}-C_{C2}-C_{Z2}-NE_2-P_U$、$C_M-2R_I$ 三式中有一个或多个大于零,则该复制动态系统在此点的平衡态不稳定。

3. 考察复制动态系统在(0, 1, 0)点的雅可比矩阵稳定性过程。该点的雅可比矩阵为:

$$J_{(0,1,0)} = \begin{bmatrix} R_{L1}+PE_1-C_{Z1}-NE_1 & 0 & 0 \\ 0 & R_{L2}-C_{C2}-C_{Z2}-NE_2 & 0 \\ 0 & 0 & P_U+2R_I-P_R-C_M \end{bmatrix}$$

(1)若该矩阵的特征根均为负实数,即 $R_{L1}+PE_1<C_{Z1}+NE_1$,$R_{L2}<C_{C2}+C_{Z2}+NE_2$,$P_U+2R_I<P_R+C_M$,则(0,1,0)为稳定点。在此点上,污染外溢带来的收益和对方治理污染为自身带来的正外部性总和小于对方追偿的赔付以及对方治理污染带来的负外部性,并且"协作治理"机制并不发挥作用,在此情况下作为理性参与人的博弈主体一定选择收益支付最大的决策行为,即选择放任污染的决策,否则 $R_{L1}+PE_1<C_{Z1}+NE_1$ 的条件不能成立。因此即使B市在此时选择了严格治理污染,也会在后期的反复博弈中选择向放任污染策略转移,进一步说,(0,1,0)点为非稳定点。

(2)若该矩阵的特征根存在正数,即 $R_{L1}+PE_1-C_{Z1}-NE_1$、$R_{L2}-C_{C2}-C_{Z2}-NE_2$、$P_U+2R_I-P_R-C_M$ 三式中有一个或多个大于零,则该复制动态系统在此点的平衡态不稳定。综上所述,无论在何种情况下(0,1,0)点都为该博弈系统中的非稳定点。

4. 考察复制动态系统在(1,0,0)点的雅可比矩阵稳定性过程。由于该博弈系统中A市和B市的条件相同且为同时博弈,因此二者具有轮换对称性,即该博弈系统在(1,0,0)点处和(1,0,0)点处的稳定性一致,由此可以推断(1,0,0)点也非渐近稳定点。

5. 考察复制动态系统在(0,1,1)点的雅可比矩阵稳定性过程。该点的雅可比矩阵为:

$$J_{(0,1,1)} = \begin{bmatrix} R_{L1}+PE_1-C_{Z1}-NE_1-P_U & 0 & 0 \\ 0 & C_{C2}+C_{Z2}+NE_2+P_U-R_{L2} & 0 \\ 0 & 0 & P_R+C_M-P_U-2R_I \end{bmatrix}$$

(1)若 $R_{L1}+PE_1<C_{Z1}+NE_1+P_U$,$C_{C2}+C_{Z2}+NE_2+P_U<R_{L2}$,$P_R+C_M<P_U+2R_I$,则(0,1,1)点为渐近稳定点。此时A市污染外溢的收益与B市治理A市的外溢污染为A市带来的正外部性之和小于B市向A市的追偿赔

付、A 市补缴的排污惩罚以及 B 市治理污染带来的负外部性之和,也即收益小于损失;而 B 市的污染转移收益大于与 A 市的协调合作成本、A 市的追偿费用、A 市治理污染带来的负外部性以及补缴的排污惩罚,也即收益大于损失。此时"协作共治"机制建立,A 市会选择严格治理污染,但 B 市会选择放任污染转移,即在一定极端条件下(如排污惩罚较轻、B 市污染治理压力极大、合作交易成本极大等等)"协作共治"机制会发生难以制约合作区域的问题,在(0,1,1)点形成博弈系统的稳定点。

(2) 若该矩阵的特征根存在正数,即 $R_{L1}+PE_1-C_{Z1}-NE_1-P_U$、$C_{C2}+C_{Z2}+NE_2+P_U-R_{L2}$、$P_R+C_M-P_U-2R_I$ 三式中有一个或多个大于零,则该复制动态系统在此点的平衡态不稳定。

6. 如前所述,由于在博弈系统中(1,0,1)点与(0,1,1)点所处的稳定状态一致,A 市与 B 市具有轮换对称性,因而可以推断(1,0,1)点在特征根为负实数的情况下同样为复制动态系统中的稳定点。

7. 考察复制动态系统在(1,1,0)点的雅可比矩阵稳定性过程。该点的雅可比矩阵为:

$$J_{(1,1,0)}=\begin{bmatrix} C_{Z1}+NE_1-R_{L1}-PE_1 & 0 & 0 \\ 0 & C_{Z2}+NE_2-R_{L2}-PE_2 & 0 \\ 0 & 0 & P_U+2R_I-P_R-C_M \end{bmatrix}$$

(1) 若 $C_{Z1}+NE_1<R_{L1}+PE_1$,$C_{Z2}+NE_2<R_{L2}+PE_2$,$P_U+2R_I<P_R+C_M$,则点(1,1,0)为渐近稳定点,此时双方追偿赔付和受污方治理污染带来的负外部性之和小于跨界偷排收益与对方污染治理带来的正外部性之和。"协作共治"机制中给予受污方的补偿金额以及该机制运作所产生的总成本小于对排污方的惩罚金额,因此成立"协作共治"机制不如由受污方直接向排污方追索惩罚金额,集体均不选择成立"协作共治"机制,并且均倾向于放任污染外溢,此时(1,1,0)点为稳定点。

(2) 若该矩阵的特征根存在正数,即 $C_{Z1}+NE_1-R_{L1}-PE_1$、$C_{Z2}+NE_2-R_{L2}-PE_2$、$P_U+2R_I-P_R-C_M$ 三式中有一个或多个大于零,则该复制动态系统在此点的平衡态不稳定。

8. 考察复制动态系统在(1,1,1)点的雅可比矩阵稳定性过程。该点的雅可比矩阵为:

$$J_{(1,1,1)} = \begin{bmatrix} C_{Z1}+NE_1-R_{L1}-PE_1-P_U & 0 & 0 \\ 0 & C_{Z2}+NE_2-R_{L2}-PE_2-P_U & 0 \\ 0 & 0 & P_R+C_M-P_U-2R_I \end{bmatrix}$$

(1) 若 $C_{Z1}+NE_1<R_{L1}+PE_1+P_U$，$C_{Z2}+NE_2<R_{L2}+PE_2+P_U$，$P_R+C_M<P_U+2R_I$，则点(1,1,1)为渐近稳定点。此时双方追偿赔付和受污方治理污染带来的负外部性之和小于跨界偷排收益、对方污染治理带来的正外部性以及排污方缴纳罚款之和，也即任由污染外溢的损失小于污染外溢的收益，因此 A、B 二市均选择放任偷排；而"协作共治"机制中给予受污方的补偿金额以及该机制运作所产生的总成本小于对排污方的惩罚金额，由于二者均为排污方且排污收益大于损失，此时"协作共治"机制成立但不发挥作用，二者虽然缴纳罚款，但都在"协作共治"的装饰下继续放任污染，此时(1,1,1)也为稳定点。

(2) 若该矩阵的特征根存在正数，即 $C_{Z1}+NE_1-R_{L1}-PE_1-P_U$、$C_{Z2}+NE_2-R_{L2}-PE_2-P_U$、$P_R+C_M-P_U-2R_I$ 三式中有一个或多个大于零，则该复制动态系统在此点的平衡态不稳定。

综上所述，对该演化博弈系统中的 8 个边界点的稳定性进行考察后，得到结果如表 6-7 所示。

表 6-7 各边界点的均衡条件及稳定性

均衡点	均衡条件	稳定性
(0, 0, 0)	$R_{L1}+PE_1<C_{Z1}+NE_1$，$R_{L2}+PE_2<C_{Z2}+NE_2$，$P_U+2R_I<P_R+C_M$	不稳定
(0, 0, 1)	$R_{L1}<C_{C1}+C_{Z1}+NE_1+P_U$，$R_{L2}<C_{C2}+C_{Z2}+NE_2+P_U$，$C_M<2R_I$	ESS
(0, 1, 0)	$R_{L1}+PE_1<C_{Z1}+NE_1$，$R_{L2}<C_{C2}+C_{Z2}+NE_2$，$P_U+2R_I<P_R+C_M$	不稳定
(1, 0, 0)	$C_{C1}+C_{Z1}+NE_1<R_{L1}$，$R_{L2}+PE_2<C_{Z2}+NE_2$，$P_U+2R_I<P_R+C_M$	不稳定
(0, 1, 1)	$R_{L1}+PE_1<C_{Z1}+NE_1+P_U$，$C_{C2}+C_{Z2}+NE_2+P_U<R_{L2}$，$P_R+C_M<P_U+2R_I$	ESS
(1, 0, 1)	$R_{L2}+PE_2<C_{Z2}+NE_2+P_U$，$C_{C1}+C_{Z1}+NE_1+P_U<R_{L1}$，$P_R+C_M<P_U+2R_I$	ESS

(续表)

均衡点	均衡条件	稳定性
(1, 1, 0)	$C_{Z1}+NE_1<R_{L1}+PE_1$, $C_{Z2}+NE_2<R_{L2}+PE_2$, $P_U+2R_I<P_R+C_M$	ESS
(1, 1, 1)	$C_{Z1}+NE_1<R_{L1}+PE_1+P_U$, $C_{Z2}+NE_2<R_{L2}+PE_2+P_U$, $P_R+C_M<P_U+2R_I$	ESS

第三节 "协作共治"演化博弈模型的仿真分析

一、变量赋值

根据对演化博弈系统的均衡点考察,得到 5 个演化稳定策略点,如表 6-8 所示。本研究涉及两个不同的区域政府,因此两个参与城市的参数选择并不相同,进而使本次模拟更加贴近现实情况中不同条件区域之间的博弈决策过程,各变量初次赋值及其代表的现实含义如表 6-9 所示。在仿真系统中,为分析建立协作共治机制的退出成本、协作成本以及协作共治机制的奖惩对各市决策演化的影响,本次仿真分别调节了 R_I、P_U、C_M 的取值来模拟各因素变化对博弈主体行为的影响。

表 6-8 跨界污染治理的三方博弈演化稳定策略点

向量值	"协作共治"	A 市	B 市
(0, 0, 1)	完全发挥作用	严格治理	严格治理
(0, 1, 1)	完全发挥作用	严格治理	放任污染
(1, 0, 1)	完全发挥作用	放任污染	严格治理
(1, 1, 0)	不发挥作用	放任污染	放任污染
(1, 1, 1)	完全发挥作用	放任污染	放任污染

表 6-9 演化博弈仿真的变量赋值及其含义

变量赋值	含义
$R_{L1}=12$, $R_{L2}=13$	污染转移收益
$C_{C1}=1.5$, $C_{C2}=2$	合作交易成本

(续表)

变量赋值	含义
$C_{Z1}=6$, $C_{Z2}=5.5$	追偿赔付
$PE_1=PE_2=1$	对方治理转移污染对本市的正外部性
$NE_1=3$, $NE_2=3.5$	对方治理转移污染对本市的负外部性
$R_I=1.5$	协作共治退出成本
$C_M=0.5$	协作共治成本
$P_R=2.75$	受污方补偿费用
$P_U=5.5$	排污方缴纳罚款

二、博弈主体行为决策的仿真分析

(一) 固定条件下区域二维演化博弈分析

首先,采用MATLAB2021a软件对未建立"协作共治"机制的情形进行仿真,即设置"协作共治"机制发挥作用的概率为0,仿真起始时间为0。仿真结果如图6-5所示,虚线曲线代表A市的决策演变路径,实线曲线代表B市的决策演变路径,纵轴为博弈决策主体选择"放任污染"的概率,横轴为时间。在"协作共治"机制完全不发挥作用的情况下,无论二市放任污染的初始倾向如何,二者都在4个单位时间内形成放任污染的决策,并始终稳定在此点。由此可知,协作共治机制的缺失使区域更加倾向放任污染,不利于美丽江苏生态环境的建设。

接下来模拟"协作共治"机制建立并发挥作用情况下的区域环境治理决策变化,分别设置$z=0.5$、$z=1$,探析"协作共治"作用程度的影响。

如图6-6所示,"协作共治"机制发挥作用后,A、B两市的博弈决策最终都在选择严格治理上趋于稳定,也即"协作共治"机制的建立对区域环境治理决策的影响效应显著,该机制的建立提升了区域严格治理环境的倾向。从图6-6(a)来看,当"协作共治"机制严格执行的概率为0.5时,两区域还存在侥幸心理,在决策初期有向放任污染倾向的趋势,但均在2个时间单位内迅速收敛,向严格治理环境的策略转变。相比较而言,图6-6(b)中"协作共治"机制完全发挥作用(也即监督、奖惩和协调会严格执行)的情况下,两个区域均不存在继续放任污染

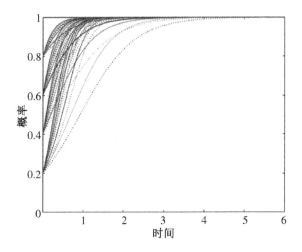

图 6-5 "协作共治"机制未发挥作用下 A 市及 B 市博弈策略仿真

的倾向,无论放任污染的初始倾向多高都陆续在 10 个时间单位内收敛至严格治理决策上并保持均衡稳定状态。

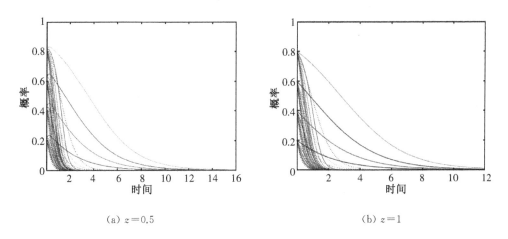

图 6-6 "协作共治"机制发挥作用后 A 市及 B 市博弈策略仿真

(二) 三维演化博弈分析

为进一步明晰"协作共治"机制的作用力度对区域环境治理决策的影响,设置"协作共治"机制的作用范围为(0,1),步数为 0.2,采用 MATLAB 软件绘制三维动态仿真图,深入探究"协作共治"机制的介入力度变化如何引致 A 市及 B

市的决策变化。从图6-7可以发现"协作共治"机制的介入力度对区域环境污染治理决策的影响存在明显的阈值效应,在"协作共治"机制发挥作用的概率低于0.6的情况下,A市的环境治理决策持续向放任污染端移动,也即当"协作共治"机制发挥作用的概率较小,如奖惩不及时、信息交换不畅通、缺乏有效监督等等,区域的放任污染倾向会有所持续甚至缓慢增加,虽然最后仍会选择严格治理,但其发展路径相对较长也即需要更多的时间调整决策倾向。当"协作共治"机制发挥作用的概率超过0.6时,A市的环境治理决策会持续向严格管理端靠近,也即"协作共治"机制的介入力度跨过0.6的门槛时,其作用程度的提升会促进区域严格治理环境污染倾向的提升,从而为跨区域污染治理的共同合作提供保障。

从三维坐标轴的x-z面看,即使B市将行为决策固定在"放任污染"上,只要"协作共治"机制发挥作用的概率不为0,A市的行为决策最终都会在波动后回归至0值也即严格治理上,并且y-z面中B市的行为决策也呈现出同样特征。表明"协作共治"机制的建立可以在一定程度上阻断相邻区域的放任污染行为对自身决策的影响,有效阻止跨区域环境资源"公地悲剧"的发生。

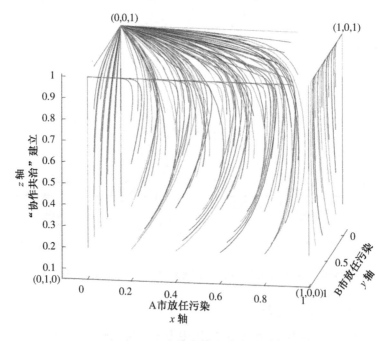

图6-7 三方博弈策略三维仿真图

三、"协作共治"机制效应的影响因素

(一) 退出成本的影响

退出成本是多方合作中防止主体不合作行为的有效途径,为检验退出成本对"协作共治"影响效应的调节,在仿真系统中将退出成本 R_1 由初始值 1.5 提升为 4,观察 A 市及 B 市的决策路径变化,以探究退出成本提高对"协作共治"机制效应的影响。由图 6-8 可以看出,在其他条件不变的情况下提高退出成本,A 市及 B 市的决策路径方向并未发生改变,但区域污染治理决策的路径曲率发生了明显变化,二市的污染治理决策以更接近于直线的状态向严格治理收敛,路径弯曲程度明显降低,表明退出成本的提高显著促进了"协作共治"机制影响效应的发挥,在该演化系统中有效推动了区域严格治污的行为决策。

值得注意的是,退出成本的提高同时也提高了"协作共治"机制发挥作用的门槛,各路径均以平滑的"类直线"趋近于严格治理,收敛围度较宽,也即退出成本的提高使得"协作共治"的影响效应不再呈现较大幅度的转折,表明退出成本更多是在协作共治机制严格执行后发挥作用。

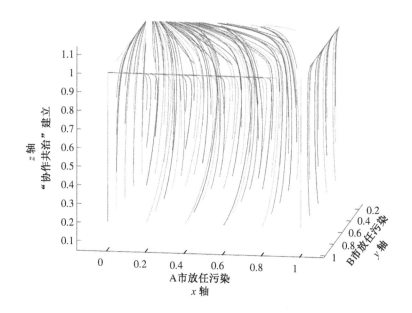

图 6-8 提高退出成本后演化博弈系统的变化

（二）协作成本的影响

无论以何种方式合作，合作主体间的协同程度都对合作效果产生重要影响。影响主体协同的因素包括信息丰度、协调机制等等，而完善协同相关因素就需要协作成本。因此，通过在演化博弈系统中调节协作成本的赋值来探究协作成本对"协作共治"机制效应的影响，结果如图6-9所示。在提高了协作成本后A市与B市的决策演化路径同样发生了明显改变，"协作共治"机制发挥作用的门槛值几乎接近于1，在其发挥作用的概率低于0.8时，A市及B市的行为决策始终向放任污染靠近并且保持在0.4~0.8的概率范围之间，只有在协作共治机制以1的概率严格运作时，二者的决策路径才开始迅速趋近于严格治理。

由此可知，协作成本的提升会削弱"协作共治"机制运作对区域污染治理的作用。一方面体现在"协作共治"机制严格运作之前，各区域即使在该机制运作概率较高的情况下也会选择放任污染，表明主体间的合作意愿降低。可能的原因是，较高的协作成本影响了各区域在治理目标、分工、信息交换上的协同，以至于各博弈主体本就不倾向选择"协作共治"；另一方面体现在"协作共治"机制严格运行后，与低协作成本的图6-7相比，各区域由放任污染向严格治理转变的路径曲度较大，决策转变缺乏主动性。

（三）惩罚力度的影响

针对负外部性行为进行惩罚也是一种常见的调节合作行为的方式，一般来说区域的环境污染治理会采用奖惩相补的方式，给予污染治理有效的区域或被污染转移的区域一定的资金进行鼓励或补偿，对消极治理、转移污染的区域进行惩罚。本研究同时检测了提升奖补力度和提升惩罚力度的影响，发现二者的影响效应相似，为节省篇幅在此仅汇报提升惩罚力度的效应检验结果（图6-10）。在演化博弈系统中将惩罚赋值由初始值5.5更改为10.5，再次进行仿真发现，惩罚力度的增加提升了A、B二市严格治理污染决策的速度。与图6-7相比，"协作共治"机制发挥作用的阈值下移至0.4附近，区域转变环境治理策略的节点较早，并且图中较少存在紧贴x轴和y轴走向的曲线，表明区域改变污染治理策略的主动性较强。

由此可见，惩罚力度的提升不仅提升了"协作共治"机制的威慑力，促使区域提早转变污染治理策略即使协作共治未严格发挥作用，提升了达成合作的速度，同时也促进了区域污染治理倾向的积极转变，减少了区域间依赖对方决策而决策的"策略型治理"。

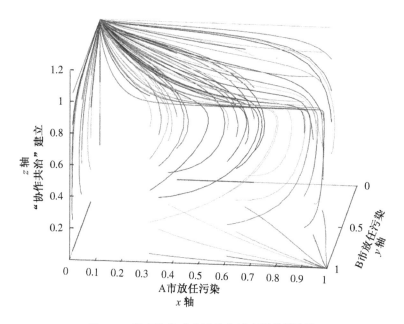

图 6-9 提高协作成本后演化博弈系统的变化

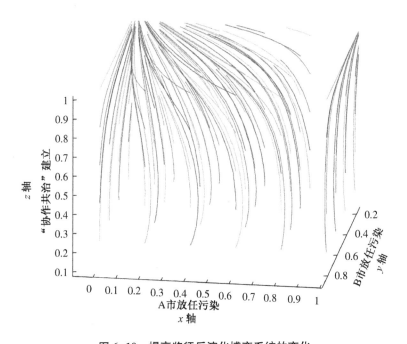

图 6-10 提高奖惩后演化博弈系统的变化

第四节　"协作共治"视角下高起点推进美丽江苏建设的实践案例
——以太湖流域协同治理为例

一、典型案例选取

无论大气还是河流湖泊都是一个有机整体,具有明显的区域流动特征,而自然环境本身没有行政界限的划分,人为割裂河湖及大气的管控范围可能会增加水体和空气污染的治理难度。目前江苏省的空气治理难点主要集中在北方紧挨河南及山东等重工业省份的徐州市,由于处于淮海经济区内,郑州及济南的空气污染常年向徐州外溢,导致徐州市在强力推进产业转型升级、强化源头治理的情况下,空气质量改善幅度依旧受输入性污染冲抵而未有显著成效。近年来淮海经济区更是成为除京津冀大气污染传输通道城市外另一污染最严重的区域,2020年生态环境部已召开苏鲁豫皖交界地区的大气污染联防联控座谈会,并提出参照京津冀模式成立淮海经济区大气污染联防联控领导小组,建议将省域交界地带的钢焦化等重污染产业新上项目的环评审批权限上移生态环境部,目前大气污染联合治理的成效还有待检验。

在水体污染治理方面,目前省内的主要治理难点为洪泽湖入湖流域、高邮湖围养殖、兴盐界河民主村流域、太湖流域的共同治理问题,各水域治理均涉及多利益主体。其中太湖流域的治理从2007年震惊全国的蓝藻事件以来,已形成相对完善的联合治理体系及相对丰富的治理经验。因此,本节选取太湖流域的协同治理实践阐述江苏省高起点推进美丽江苏假设的"协作共治"机制。

二、太湖流域协同治理的现实背景

(一) 太湖流域概况

太湖是我国五大淡水湖之一,位于长江三角洲南部,流域面积共24.5万平方千米,湖泊面积两千多平方千米,拥有岛屿50多个。处于江苏、浙江和上海之间,北部为无锡管辖,东部由苏州管辖,南部由浙江湖州管辖。入湖河流众多,多源于西部浙江区域内的山区和北部江苏境内的支流,出口河道集中于流域东部地区,进出河流共计50多条(朱喜群,2017)。

在行政上分属江苏省、浙江省、安徽省和上海市三省一市管辖,其中江苏省管辖面积占比最大,为52.8%,浙江管辖面积占比为32.8%,上海市管辖面积占比为14%,安徽省管辖0.6%的太湖水域。流域内拥有1个特大城市(上海),7个中大城市(苏州、无锡、常州、镇江、杭州、湖州、嘉兴)和30多个县级单位。太湖流域涉及行政区域如图6-11所示。

图6-11 太湖流域行政区划图

(二) 太湖流域污染的历史事件

2007年5月,无锡太湖的梅梁湖等湖湾出现了大规模蓝藻现象,大量蓝藻集中繁殖使太湖水质受到严重污染,引发了无锡市有史以来因太湖蓝藻暴发导致的最大规模的供水危机。尽管无锡市政府认为此次事件由异常的气候因素导致(如高温少雨、水位偏低),但多方相关主体认为此次太湖蓝藻暴发的直接原因为水体富营养化,而导致太湖水质变化的主要因素包括:

1. 太湖流域工业废水排放总量巨大。在对太湖流域着手整改之前,乡镇企业的快速发展形成了布局分散的初级粗加工业集群,包括化工、纺织印染、黑色冶金等重点污染行业。大量工厂的设立不仅对太湖取用水的需求剧增,同时也增加了工业废弃物、工业废水向水体的排放。

2. 太湖流域农业生产面源污染。自工业化肥代替有机肥、农用药品更广泛地进入农业生产，农业土壤中含有的难以分解的物质随之增加。农地肥料和农药由于很难充分被分解吸收，而残留在农地中的剩余物质会随雨水一起流入太湖造成污染。并且在太湖周围形成的规模网箱养殖需要投入大量的饵料，但只有30％的饵料被养殖畜禽或鱼类利用，其余均沉入湖底，而在这30％的被利用的饵料中，又有91％的氮磷物质会通过畜禽粪便、排水管道等方式排入太湖当中。

3. 生活废污水未经处理排放。随着地区工业化和城市化的发展，无锡及苏州区域内快速积聚大量人口，随之产生的生活污水也迅速增多。由于城市建设尚未跟上人口集聚的步伐，向太湖流域排放污水的管道铺设尚不健全，且污水未经处理或仅简单处理就向水体排放，导致大量氮磷元素物资的进入。

4. 气候及降雨量等自然因素。2007年上半年，太湖水温高于正常年份1.88摄氏度，而4月平均温度为近25年来最高，水位却处在25年以来的最低，20摄氏度以上的太湖水温正适合藻类的生产和繁殖，再加上当年降雨量偏少，太湖水体系统缺少更换循环，流动性降低加速了蓝藻的累积生长。

三、太湖流域"协作共治"机制的构建、运行及创新

（一）太湖流域"协作共治"机制的构建

为明晰自太湖蓝藻水污染事件爆发后三省一市"协作共治"的建立及运行过程，本研究梳理了2008年至今出台的相关政策文件，通过文本分析法梳理并展现协作共治机制的发展完善历程，相关文件及其涉及主体、主要内容等情况见表6-10、表6-11、表6-12。由表可见，太湖流域的"协作共治"机制由最初的两省一市协作深入至环太湖五个地级市间的协作，最后扩大至三省一市的四级政府机构协作，"协作共治"的主体不断扩大，协作权责不断清晰，协作手段不断丰富。

表6-10　太湖流域协作共治机制构建的相关政策文件

文件名	签署单位	时间	涉及主体	"协作共治"相关内容
《太湖流域水环境综合治理总体方案》	国务院	2008.05	国家发改委、江苏省、浙江省、上海市	由国家发改委牵头建立省部际联席会议制度，国家有关部门和两省一市共同建立治理太湖水环境的协调机制

(续表)

文件名	签署单位	时间	涉及主体	"协作共治"相关内容
《太湖流域水环境综合治理省部际联席会议制度工作细则和职责分工》	江苏省发改委	2008.07	江苏省、浙江省、上海市	明确了两省一市和太湖流域管理局在水源地保护、引江济太、水体监测、蓝藻打捞合作机制、流域水功能区划、污染物总量控制、底泥疏浚、引排工程、河网整治、太湖管理条例等方面的职责分工和进度安排
《关于太湖水环境治理和蓝藻应对合作协议框架》	江浙沪	2008.08	江苏省、浙江省、上海市	确定了要重点抓好环境合作平台建设,并明确了平台建设的组织协调、工作重点、时序进度等内容;建立太湖流域水环境综合治理工作情况的定期交流制度;建立重大事项应急协商制度;建立关于太湖流域综合治理相关信息的通报制度;建立苏浙沪"蓝藻打捞合作机制"

2007年苏浙沪三地在分别就太湖蓝藻污染制定了应急方案后,由国家发改委牵头建立省部际联席会议制度,充当区域地方利益的协调人与仲裁人,引导两省一市开展区域协作共治。通过明确两省一市在水源地保护、引江济太、水体监测、蓝藻打捞合作机制、流域水功能区划、污染物总量控制、底泥疏浚、引排工程、河网整治、太湖管理条例等方面的职责分工和建立关于太湖流域综合治理相关信息的环境合作平台,明晰了太湖流域"协作共治"机制的主体权责和信息交换,为环太湖区域的城市合作治理降低了合作交易成本。

(二)太湖流域"协作共治"机制的运行

自国家编制并实施《太湖流域水环境综合治理总体方案》,明确区域协同治理的责任主体及总体目标后,区域间的"协作共治"机制展开了一系列太湖水环境整治工作。

太湖流域环境治理首先细化至环太湖五市,其任务具体到省市县乡四级政府。2010年环太湖五市人大常务委员会共同签署《无锡宣言》,共同搭建五市人大治理太湖的联动平台,建立环太湖五市人大常委会推进治理太湖联席会议制度,每年举办一次。会议由各市人大常委会轮流举办和主持,交流经验,研究推进解决问题,此举显著提升了参与主体之间的信息交流意愿。2010年6月提出的《关于"十二五"期间保护和治理太湖的建议案》进一步推动了环太湖区域信息共享的落实,该会议提出建立环太湖入湖河流污染物负荷考核机制,共同推进信息共享平台建设工作,实现太湖流域水环境综合治理信息的交流与共享。此举不仅提供了"协作共治"参与主体间的信息交流渠道,还制定了考核奖惩机制,对参与主体的非合作行为形成了有效制约。随后《关于加快规划建设环太湖绿色经济产业带的联合建议》提出加快建立健全协调联动机制,由国务院协调国家有关部门和江浙两省及环太湖五市,每年召开一次现场办公会,协调解决太湖生态建设过程中的突出问题和矛盾,强力推进绿色经济发展。该建议进一步引入了国务院有关部门等权威机构作为协调者和监督者,并将合作目标扩展至经济发展层面,从权力引入和转变治理渠道两方面完善"协作共治"机制的运行。2011年由国务院签发的《太湖流域管理条例》建立了行政区域间的生态效益补偿机制,完善了"协作共治"机制参与主体间的奖惩制度,显著提升了参与主体间的合作意愿。

总的来说,太湖流域协作共治机制的运行首先明确了参与主体,并规定了相关主体的管理职责;其次,建立起信息交流机制并搭建信息共享平台,实现参与主体间的信息透明,以降低协调合作成本;再次,确立了污染物负荷考核机制与惩罚机制,提升了参与主体非合作行为的经济成本;最后,建立生态效益补偿机制,为合作行为提供了相应奖励,提升了参与主体合作的意愿。

表 6-11　太湖流域协作共治机制运作的相关政策文件

文件名	签署单位	时间	涉及主体	"协作共治"相关内容
《无锡宣言》	环太湖五市人大	2010.04	无锡市、苏州市、常州市、湖州市、嘉兴市	加大协作力度,积极搭建五市人大治理太湖的联动平台。建立环太湖五市人大常委会推进治理太湖联席会议制度,每年举办一次。会议由各市人大常委会轮流举办和主持,交流经验,研究推进解决问题。建立情况通报、信息交流机制
《关于"十二五"期间保护和治理太湖的建议案》	环太湖五市政协	2010.06	无锡市、苏州市、常州市、湖州市、嘉兴市	进一步推进流域水资源水环境信息共享,建立环太湖入湖河流污染物负荷考核机制;共同推进信息共享平台建设工作,实现太湖流域水环境综合治理信息的交流与共享

(续表)

文件名	签署单位	时间	涉及主体	"协作共治"相关内容
《关于加快规划建设环太湖绿色经济产业带的联合建议》	环太湖五市政协	2011.05	无锡市、苏州市、常州市、湖州市、嘉兴市	加快建立健全协调联动机制,由国务院协调有关部门和江浙两省及环太湖五市,每年召开一次现场办公会,协调解决太湖生态建设过程中的突出问题和矛盾,强力推进绿色经济发展
《太湖流域管理条例》	国务院	2011.09	三省一市的省、市、县、乡四级政府	① 规定了国务院水行政、环境保护等部门,太湖流域管理机构和县级以上地方人民政府有关部门的管理职责。② 要求建立太湖流域监测体系和信息共享机制。③ 建立行政区域间的生态效益补偿机制

(三) 太湖流域"协作共治"机制的创新

在太湖流域"协作共治"过程中,江苏省率先推行建立的"河长制"对明确参与主体的权责、完善污染事件的追责以及落实上级部门的监督有显著的积极作用。2018年12月27日,江苏省全面建立河长制新闻发布会在南京召开,经江苏省人民政府同意,江苏省河长制工作办公室宣布江苏省全面建立河长制。省、市、县、乡、村5级河长组织体系全面建立,全省共落实各级河长66 037人,实现了全省河流河长全覆盖。

在此之前,2017年由江苏省政府出台的《江苏省"十三五"太湖水环境综合治理行动方案》就提出了全面深化河长制,赋予河长明确的工作任务与职责要求。发挥太湖治理专项资金项目数据库作用,统筹监督考核工作,并切实完善流域水环境信息共享机制,推动横向相关部门的信息系统和平台对接。在接下来的《关于推进太湖流域片率先全面建立河长制的指导意见》中更是进一步提出要充分发挥流域水环境综合治理水利工作协调小组、环太湖城市水利工作联席会议等协商平台作用。将协商平台与河长制相结合不仅将治理目标细化分解至各个区域、各个部门和各个责任人,同时也提升了"协作共治"机制的协调能力,使信息更加透明,权责更加清晰。目前,太湖流域对包括秦淮河、京杭大运河、通榆河、望虞河、太湖、新孟河、骆马湖等多处重点河湖实行全面管控,确定编制主体和单位,开展方案编制及协调,实行成果审查与批复模式,"河长制"在太湖流域协同治理中取得了良好成效。

表6-12 太湖流域协作共治机制创新的相关政策文件

文件名	签署单位	时间	涉及主体	"协作共治"相关内容
《江苏省"十三五"太湖水环境综合治理行动方案》	江苏省政府	2017.01	江苏省内五市：无锡市、常州市、苏州市、南京市、镇江市	全面深化河长制，赋予河长明确的工作任务与职责要求；发挥太湖治理专项资金项目数据库作用，统筹监督考核工作；切实完善流域水环境信息共享机制，推动横向相关部门的信息系统和平台对接
《关于推进太湖流域片率先全面建立河长制的指导意见》	太湖流域管理局	2017.03	三省一市的省、市、县、乡四级政府	结合河长制主要目标任务，进一步完善流域与区域议事协调机制，充分发挥流域水环境综合治理水利工作协调小组、环太湖城市水利工作联席会议等协商平台作用

四、太湖流域"协作共治"的治理成效

为进一步明晰"协作共治"机制对太湖水环境治理带来的成效，选取水利部太湖流域管理局公布的2011—2018年度水质数据，分析各区域的水质治理对太湖水质改善的影响。图6-12为2011—2018年间太湖水质及省界断面水质情

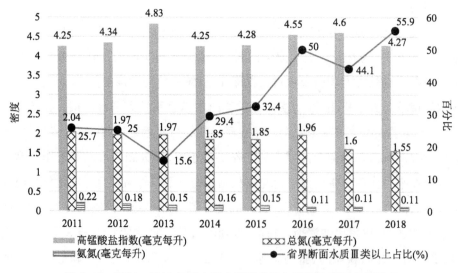

图6-12 2011—2018年间太湖水质及省界入湖河流断面水质情况

数据来源：水利部太湖流域管理局公布的2011—2018年度太湖水质数据报告。

况,可以发现省界断面水质Ⅲ类以上占比呈波折式上升,由2011年的22.5%上升至2018年的55%,表明自环太湖五市共同签署《无锡宣言》建立信息合作平台并细化分解治理目标后,各省界向太湖流入的河流水质均有所提升,并且太湖中的总氮和氨氮含量呈现出明显的下降趋势,表明"协作共治"机制各参与主体对本区域内的水体治理带来了显著的正外部性,有效降低了太湖湖泊中有害污染物的含量。

从环太湖各区域临近的水体质量来看,贡湖、东太湖、东部沿岸区的水质较好,总氮及含磷量较低,而竺山湖、西部沿岸区的水质较差,仍为劣Ⅴ类。但无论是西部的浙江省还是北部的江苏省,临近水体的总氮含量均呈逐年下降趋势。其中东部沿岸区已持续实现国考断面水质Ⅲ类以上,南部沿岸区、梅梁湖、贡湖、东太湖也陆续消除劣Ⅴ类水质,各区域在协同治理过程中均改善了区域内部水质,由此带来湖心区总氮含量的持续下降,并在2017年达到Ⅴ类以上水质。近年来太湖各湖区的总磷、总氮指标浓度变化如图6-13所示。总体而言,"协作共治"机制在太湖流域水环境治理当中发挥了职责清晰化、信息透明化、奖惩制度化的作用,促进了环太湖区域湖体水质及入湖河流水质的明显提升,也显著促进了太湖健康状况的优化,协同治理成效显著。

第五节 本章小结

本章第一节利用江苏省印发的《关于深入推进美丽江苏建设的意见》后半年内的大气环境及水环境质量数据,分析高起点推进美丽江苏生态环境建设的突出短板,并结合弥补该短板任务的特性分析,阐述"协作共治"对高起点推进美丽江苏建设的现实意义。最后,通过"空间失衡""空间冲突""空间壁垒"三个角度刻画江苏省环境治理所面临的区域间制度矛盾,阐明"协作共治"所面临的主要困境。

第二节构建了动态博弈模型博弈主体,借助三方博弈从理论视角分析"协作共治"机制建立的可能影响,首先确定了各参与主体的相关变量及其现实含义,其次构建了三方动态博弈模型,分析演化过程,确定了五个具有相对稳态的ESS点,并深入分析了该点成为ESS点的可能原因。

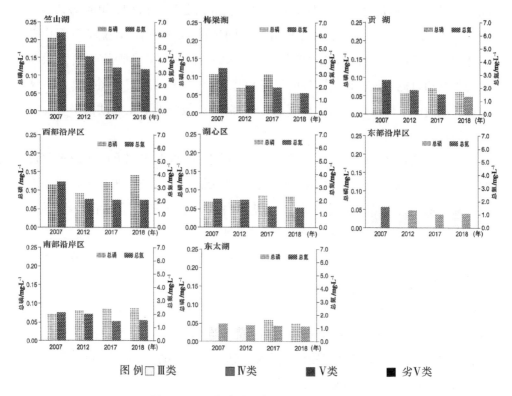

图 6-13 近年来太湖各湖区水质变化情况

数据来源：水利部太湖流域管理局公布的 2007—2018 年度太湖水质数据报告。

第三节借助 MATLAB 软件实现了三方演化博弈模型的仿真模拟，通过固定"协作共治"机制发挥作用的概率值，分析区域在固定场景下的环境污染治理行为决策演化，进一步将三个博弈主体共同纳入演化博弈系统中，分析"协作共治"机制运作概率的动态变化对区域博弈主体的策略选择影响。最后通过调节变量赋值分析了退出成本、协作成本、惩罚力度对"协作共治"机制效应的调节作用，主要得到如下结论：第一，在不建立"协作共治"机制的情形下，区域倾向于选择放任污染；第二，"协作共治"机制的建立会改变区域的策略选择，当"协作共治"机制发挥作用的概率超过 0.6 时，区域决策将以极快的速度趋于严格治理污染；第三，退出成本的提升将会增强"协作共治"机制的影响效应；第四，协作成本的提升将会削弱"协作共治"机制的影响效应，并将其发生作用的阈值提高到 0.9～1.0 之间；第五，惩罚力度的适当增加将会增强"协作共治"机制的影响效应，并将其发生作用的阈值降低至 0.4 附近。

第四节结合太湖流域综合环境整治的案例,阐述了高起点推进美丽江苏建设在生态建设方面的现实"协作共治"机制,主要探讨了"协作共治"机制的构建过程、"协作共治"机制如何运作及重点工作、"协作共治"机制在"河长制"应用上的创新,最后结合环太湖水质变化探讨"协作共治"机制的成效。

综合以上结论,本节提出如下政策启示:第一,积极构建"协作共治"机制共同促进美丽江苏生态环境建设。高起点推进美丽江苏建设,需要建立碧水蓝天净土攻坚战的跨区域联动机制,破解多地市共用部位污染治理的联防联控问题,构建前中后领域协同治理的有效衔接机制。在跨界水体治理上,借鉴推广无锡工作模式、新安江"水质"对赌模式、联合河湖长制,在破解跨界水体治理难题上积极探索创新制度;在跨界空气治理上,积极推进苏皖鲁豫交界地区大气污染联防联控机制建设,推进钢铁、砖瓦、胶合板、有色再生、橡胶制品等行业升级改造,强化苏皖鲁豫地区重点行业协同治理。第二,提高"协作共治"共建美丽江苏各合作组织的退出成本。高起点推进美丽江苏生态环境建设的主要瓶颈在大气与水体的治理,而省内大气及大多水体治理必须依赖与外省的协同合作,如太湖治理需要与浙江、上海合作,洪泽湖的治理需要与入湖上游支流所在的安徽合作,徐州的空气污染需要与淮海经济圈城市共同协商治理。由于省际为平向合作,相互间不存在权力约束,因此单独依靠省际的自愿合作容易导致退出成本过低,很难实现严格治污的稳定状态。"协作共治"机制建立可以引入上级政府的权威进行约束,也可以通过共同成立基金、专项资金库等多种方式提高合作机制的稳定性,防止因个体利益而选择不合作的退出行为,如太湖流域的治理就是由国务院相关部门牵头,组织江苏、浙江、安徽、上海三省一市的共同治理行动,以更高一级的权威保证了严格治污的有效执行。第三,共建信息共享平台和综合治理工作平台降低协作成本。在已形成的协作项目间搭建信息共享平台,借鉴区域"河长制"工作信息共享模式,通过构建河湖长制信息化平台,基层河长、民间河长巡河履职,将巡查记录、问题举报、跟踪处理、反馈销号等基础数据互联互通。在共同工作平台上,进一步完善流域与区域议事协调机制,充分发挥环境综合治理水利工作协调小组、城市水利工作联席会议、淮海经济区生态环境专项座谈会等协商平台作用,利用智慧城市、钉钉移动平台等多种手段建成重点专项调度指挥系统,丰富区域间信息共享和交流效率,系统依托多部门联合协同作战,针对合作项目重点工作,明确责任单位及责任人,进行全过程跟踪,实时掌握进展情况。第四，明确任务、分工与奖惩，提高协作积极性。针对太湖流域治理应继续引领河湖长制提质增效，完善河湖长体系，严格进行河湖长履职与考核，充分发挥流域片湖河长联席会议作用，统筹推进河湖长制新老任务落地，全面实现统一标准、统一监测、统一考核、统一奖惩，推动水质持续向好。针对淮海经济区大气污染治理，应统一区域政策助推区域产业转型升级，就淮海经济区产业结构调整、优化布局、准入门槛、污染物排放标准等出台统一的政策标准，明确产业排放及环境准入标准，制定环境准入负面清单，实现污染源头控制，避免落后产能和"散乱污"企业跨界异地转移。

第七章

高起点推进美丽江苏建设

——"共同参与"专题

高起点推进美丽江苏建设是在各个系统中的各要素复合作用下所产生的各种关系的总和,是一项关乎江苏发展、社会稳定、人民幸福生活的系统性规划。虽然政府部门在自然资源与生态环境保护中起到了引领性作用,但是仅仅依靠政府的力量难以真正实现高起点推进美丽江苏建设的最终目标。为在一个更高的起点推进实现建设美丽江苏的最终目标,政府需要积极联合企业、社会公众等主体,强化各个主体之间的协同治理能力,发挥各项要素投入的优势与潜能,形成以政府为主导,企业、公众协同共治的绿色行动图景,构建一个"共同参与"的新型治理体系。本章为高起点推进美丽江苏建设的"共同参与"专题,首先分析高起点推进美丽江苏建设中"共同参与"的主体及共治机制,然后基于一般均衡理论构建高起点推进美丽江苏建设的"共同参与"理论模型,进一步从"共同参与"的视角出发对高起点推进美丽江苏建设进行影响效应评估,最后对"共同参与"视角下高起点推进美丽江苏建设进行实践案例分析,为高起点推进美丽江苏建设工作提供理论与实践支撑。

第一节 "共同参与"的主体与共治机制

高起点推进美丽江苏建设离不开社会各个主体的通力合作,并应当着力解决各部门职能交叉重复和监管不力等问题,从而实现各部门相互独立、相互配合、相互监督。2020年3月,中共中央办公厅、国务院办公厅印发《关于构建现代环境治理体系的指导意见》,其中将"多方共治""多元参与"放在了突出位置。该文件明确了中央、省、市县的职责,中央负责提出总体目标,谋划重大战略举措,省级党委和政府则负责贯彻落实中央的决策,组织落实目标任务,而市县级的党委和政府则承担具体责任,做好监管执法、市场规范等工作。同时,该文件还强调要健全环境治理企业责任体系,要求企业依法实行排污许可管理制度、推进生产服务绿色化、提高治理污染的能力和水平并公开环境治理信息。此外,该文件还提出要健全环境治理全民行动体系,强化社会监督,倡导各类社会团体和公民共同参与到环境治理中去。基于此,本节将讨论高起点推进美丽江苏建设的共同参与主体与共治机制问题。第一,将对高起点推进美丽江苏建设进行利益相关者识别;第二,将对高起点推进美丽江苏建设的共治机制进行解构。

一、高起点推进美丽江苏建设的利益相关者识别

(一)"共同参与"治理理念中利益相关者识别的必要性

"共同参与"的多元协作治理理念为高起点推进美丽江苏建设创造了一个新的格局。本质上说,"共同参与"是通过深层次的整合政府、企业以及社会公众的方式来构建一种全新的治理局面,这种局面强调多元主体的参与、负责以及共享,更强调多元主体内部的融合与协同。从短期视角来看,"共同参与"的多元协同治理理念的提出与采用为解决高起点推进美丽江苏建设的问题提供了一个有效的方案;从长期视角来看,构建多主体"共同参与"的多元共治机制是我国面对推进美丽江苏建设具备的长期性、复杂性以及全局性属性的客观映射。结合短期与长期视角来看,改革单一主体的政府命令型的建设与管理机制,是实现高起点推进美丽江苏建设的必然要求。

高起点推进美丽江苏建设的"共同参与"理念是指通过重新配置生产要素投入,调整利益相关者之间的利益关系,实现集体利益最大化以及外部性问题内部化的治理理念。设计一项多元主体共同参与的前提是明确美丽江苏建设的过程中各个利益相关主体的权利和责任,界定推进美丽江苏建设的主体和客体。2020年中共江苏省委办公厅发布《关于深入推进美丽江苏建设的意见》,在基本原则处提出要坚持整体推进、重点突破,聚焦重要领域和关键环节,协同推进经济绿色转型发展、人民生活品质提升、生态环境保护修复。坚持全民参与、共建共享,建立健全政府、社会和公众协同推进机制,增强价值认同,凝聚整体合力。但是,该意见并没有提出具体的具备可操作性的法规与系统的科学性指引办法,参与建设的主体和客体的界定标准仍然存在不一致、不清晰等具体问题。

(二)"共同参与"治理理念的利益相关者识别

20世纪60年代出现了利益相关者理论,随着利益相关者理论在欧美国家企业生产实践中的不断发展与完善,利益相关者理论也经历了产生影响、初步参与以及实施治理的演变过程。利益相关者理论情景条件包括相关主体与被影响主体,这些主体存在于核心目标的实现过程之中。利益相关者理论认为企业追求的不应该仅仅是某些少数主体的利益,更应该注重全体利益相关者的共同利益,其组织的发展方向不应该是单一的、局限的,其核心目标的实现必须通过多方面的利益主体的合作协调与共同管理。本质上说,利益相关者理论强调的是对多个利益相关者的利益进行科学的、合理的安排与协调,实现整体的、全面的组织目标。

基于利益相关者理论,本研究将对高起点推进美丽江苏建设的利益相关者进行准确识别。美丽江苏建设规划不仅仅是一项提升江苏省内全面发展水平的局部规划,更是一项惠及他省且共同发展的前瞻性、引领性的全局规划。也就是说,高起点推进美丽江苏建设是一项具有较高正外部性的制度安排,是实现江苏省经济高质量发展、生态资源高效率利用、人民生活幸福、社会健康和谐的有效途径,也是实现美丽中国最终建设目标的重要一步。因此,对高起点推进美丽江苏建设的利益相关者的识别也应该是全方位的。本研究将利益相关者分为核心利益相关者、次要利益相关者以及边缘利益相关者三类。参考李芬等(2009)、马莹(2010)、龙开胜等(2015)的研究结果,本研究将从利益相关者所具备的主动性、重要性以及需求性的角度出发,将各个层级的利益相关者分别做出如下识别:核心利益相关者(江苏地方政府、企业以及江苏民众)、次要利益相关者(中央政府、社区机构以及投资机构)、边缘利益相关者(科研机构、其他地方政府、其他地区民众、环保机构以及媒体机构)(见图7-1)。

第一,在核心利益相关者方面。①江苏地方政府是中央政策法规的具体执行者与落实者,是高起点推进美丽江苏建设规划的总体设计者。江苏地方政府包括江苏省以及下属各个市、县政府,他们在高起点推进美丽江苏建设中扮演着最为重要的角色,是促进江苏实现经济高质量发展、人民美好生活需求、生态资源高效利用的第一驱动力。随着中央政府行政体制改革以及放权简政步伐的不断加快,江苏地方政府在推动社会发展的各个方面具有了更多的行政自主权和选择权。同时,江苏地方政府也是美丽江苏建设政策效果的第一负责者。因此,

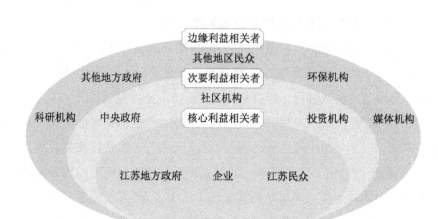

图7-1 高起点推进美丽江苏建设的利益相关者识别示意图

江苏地方政府是高起点推进美丽江苏建设的核心利益相关者之一。②企业是推动经济发展、解决环境问题的重要力量,是高起点推进美丽江苏建设的主力军。企业主要包括在江苏省行政区域内从事生产、流通、服务等经济活动,以生产或服务满足社会需要,实行自主经营、独立核算、依法设立、具有经济法人资格的一种营利性的经济组织。在过去,企业既是人民物质与精神需求满足者的角色,又扮演了"先污染、后治理"的角色。也就是说,在环境与资源问题方面,过去的企业是问题制造者而不是解决者。然而,随着企业经营环境的变化以及企业社会责任概念的提出,企业已经变成了解决资源与环境问题的主体,其在高起点推进美丽江苏建设的过程中也发挥着重要的作用。因此,企业是高起点推进美丽江苏建设的核心利益相关者之一。③江苏民众是高起点推进美丽江苏建设的直接受益者与参与者,同时也是建设成果的重要监督者与评价者。高起点推进美丽江苏建设,要以"绿水青山就是金山银山"的"两山"理论为重要指引,要以"满足人民日益增长的对美好生活的需要"为根本目的。这表明,保护资源环境、建设生态文明、打造宜居城市、推进乡村振兴是高起点推进美丽江苏建设的重中之重,这些都离不开江苏民众的参与与监督。一方面,江苏民众需要增强环保意识,亲自参与到高起点推进美丽江苏建设中来。另一方面,江苏民众发挥着对高起点推进美丽江苏建设中违法行为的监督监察作用。因此,江苏民众也是高起点推进美丽江苏建设的核心利益相关者之一。总的来说,高起点推进美丽江苏建设要形成江苏政府是主导、江苏企业是主体、江苏民众是主人的"共同参与"的新局面。

第二,在次要利益相关者方面。次要利益相关者是指受到某项目或某规划间接或次要影响的群体或机构,本研究包括中央政府、社区机构、投资机构等。①对于中央政府来说,高起点推进美丽江苏建设是美丽中国建设的一部分,各省份建设的成功才能拼凑出完整的美丽中国。但中央政府又不会完全聚焦于美丽江苏建设。因此,中央政府是高起点推进美丽江苏建设的次要利益相关者之一。②社区机构的主要任务是将社区各社会机构组织起来,促进其合作努力,进而使得社区内的资源得以充分运用。社区机构为社区民众提供服务最基本的功能。社区机构也将民众个体的力量集合起来,将分散的资源整合起来,共同面对社区存在的共同问题,确定社区的需要,提升社区内部民众的凝聚力。除此之外,社区参与也是社区工作的核心任务之一,是民主价值的体现,也是了解社区需要、促进社区发展的最佳途径,促进了民众参与美丽江苏的建设。因此,社区机构是高起点推进美丽江苏建设的次要利益相关者之一。③投资机构一般包括商业银行、投资银行、投资公司、信托投资公司等。投资机构也在促进江苏经济发展方面起到了重要的作用。一方面,有效投资是推动江苏经济发展的重要助推器,是经济高质量发展的必要前提。另一方面,有效投资也是技术进步的必要载体,任何技术成果的应用都需要通过有效的投资行为才能实现转化,有效投资是技术与经济之间产业联系的纽带。换言之,虽然投资机构并没有与民众有直接的利益关系,但投资机构需要一个稳定且发展的经济环境。因此,投资机构是高起点推进美丽江苏建设的次要利益相关者之一。综上所述,中央政府、社区机构以及投资机构构成了高起点推进美丽江苏建设的次要利益相关者。

第三,在边缘利益相关者方面。①科研机构是指有明确的研究方向和任务,有一定水平的学术带头人和一定数量、质量的研究人员,有开展研究工作的基本条件,长期有组织地从事研究与开发活动的机构。科研机构是高起点推进美丽江苏建设中技术进步的核心创造者。科研机构的利益与江苏的经济、文化、环境发展水平息息相关,但相关水平低于次要利益相关者和核心利益相关者。因此,科研机构是高起点推进美丽江苏建设的边缘利益相关者之一。②其他地方政府与其他地区民众是高起点推进美丽江苏建设的间接受益者,尤其是与江苏省地理位置相邻或经济往来密切的地区。经济理论与经济实践告诉我们,互惠互利是经济一体化发展的基本原则。经济利益联合的加强逐渐打破相互之间的行政壁垒,这种趋势在国内各经济圈的建设中表现得较为明显。因此,其他地方政府与其他地区民众是高起点推进美丽江苏建设的边缘利益相关者之一。③环保机构的宗旨是持之以恒抓好生态环境保护和建设工作,切实为人民群众创造良好的生产生活环境。相对于物质与经济领域的建设,高起点推进美丽江苏建设的重点更在于对生态环境、生活环境的建设。环保机构作为推动环境保护与资源节约的公益性机构,其在高起点推进美丽江苏建设中起到了重要的监督作用,是社会监督主体的重要组成部分之一。因此,环保机构是高起点推进美丽江苏建设的边缘利益相关者之一。④媒体机构是高起点推进美丽江苏建设中社会监督的核心主体,是社会公众、第三方社会机构了解情况、发言发声的主要媒介。媒体机构作为当今时代最重要的舆论导向载体,扮演着美丽江苏建设成果最得力的宣传者与推动者的角色,它是文化产业的核心层。但作为最核心的监督主体,媒体机构更要充分借助舆论的引导力,最准确、及时、生动地观察美丽江苏的建设成果,旗帜鲜明地维护江苏人民群众的利益。因此,媒体机构是高起点推进美丽江苏建设的边缘利益相关者之一。

二、高起点推进美丽江苏建设的共治机制解构

(一) 高起点推进美丽江苏建设共治机制的解构思路

在对高起点推进美丽江苏建设的共治机制进行解构之前,本部分对解构思路进行简单的阐述。现阶段,"共同参与"已经深入到多个领域的多个方面,即"共同参与"的多元共治机制是高起点推进美丽江苏建设的必然选择。首先,各个领域的共治机制具有一个共同的特点,即其倡导的是引导性与激励性措施,而并非是命令性与强制性措施。所有的共治机制强调的都是打破政府部门的单一治理格局,缓解政府部门对企业进行直接行政干预所引起的矛盾,解决人民大众参与治理过程难度高的问题,提升各参与主体对合作和协同的认知水平,鼓励企业积极履行在市场经济运行过程中应当履行的社会责任。与之相对应的是,党的十九大曾提出"政府为主导、企业为主体、社会组织与公众参与"的新治理理念。也就是说,政府—企业—公众多重维度的共治机制得到了广泛的认可。

其次,政府部门作为高起点推进美丽江苏建设的第一责任主体,需要对企业营造一个有利于绿色经营与高质量发展的政策性指引,即需要通过相关方向性手段推动企业做出有利于美丽江苏建设的行为与决策;企业作为高起点推动美

丽江苏建设的关键主体,需要设定正确可持续的企业发展目标,在企业正常发展的情况下,积极接受来自政府部门、社会公众的意见,形成一种与政府部门和社会公众良性互动的交流模式;社会公众作为高起点推进美丽江苏建设的参与主体,相关权利的获取需要政府部门通过法律与条例赋予,这也表明社会公众需要在政府部门与企业间寻求一种实现利益最大化的均衡状态。

最后,本研究对"共同参与"的共治机制的解构主要从政府、企业与公众在高起点推进美丽江苏建设过程中的相互关系入手,依据不同主体之间的互动方式进行细致解构。主要关注以下问题:第一,在政府—企业的维度上,政府与企业间应当树立何种关系?应当如何分配政府与企业的治理任务?第二,在企业—公众的维度上,企业对公众的企业社会责任如何理解?企业如何构建均衡的双优生产策略?第三,在政府—公众的维度上,政府如何建立在公众参与面前的公信力?如何处理好企业与公众之间的关系?

(二) 高起点推进美丽江苏建设的共治机制解构

图7-2展示了高起点推进美丽江苏建设"共同参与"的共治机制。其中包括政府—企业维度上的政府引导机制、企业—公众维度上的企业履责机制以及政府—公众维度上的公众参与机制三个部分。

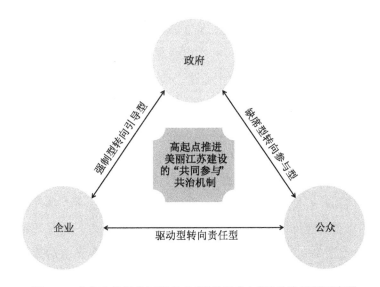

图7-2 高起点推进美丽江苏建设"共同参与"的共治机制示意图

第一层解构为政府—企业维度上的政府引导机制。在经济发展的各个领域,政企合作是一项较为典型的合作类型。然而,政府是否应当干预企业以及政府应当如何干预企业是一项值得思考的问题。在高起点推进美丽江苏建设的过程中,政府与企业的关系应当由强制型向引导型转换。具体来看,政府与企业之间的关系可以分为政企合作、政企分治、政企损害以及政企合谋。政企合作类型是指在合法合规的界限内,政府深度干预企业的生产行为或经济行为,这些干预主要包括公私合营、产业政策扶持以及公共政策支持等。政企分治类型是指政府与企业各自遵守相应的法律法规,但政府几乎不采取各种手段去干预企业的各种生产行为或经济行为,也就是所谓无为而治的局面,这是西方古典经济学派中的思想。政企损害是指政府不会干预企业的生产行为或经济行为,但政府或者企业可能会超越相关的法律法规而损害到另一方的利益。一般来说,政府往往具有更强的谈判力,因此在此类型下往往是政府损害企业的利益。政企合谋是指政府深度干预企业的生产行为或经济行为,而企业会超越法律法规的界限,此时,政府与企业进行利益交换,企业有可能俘获政府,政府也有可能向企业寻租。在高起点推进美丽江苏建设的过程中,政府与企业的关系应当由政企分治转向政企合作,即由强制型转向引导型,形成有效的政府引导机制,出台完备的监管法规,杜绝政企损害与政企合谋关系的出现,进而构建一个具备高效率且良性循环的政企关系。

第二层解构为企业—公众维度上的企业履责机制。自始至终,企业一直被认为是在市场经济的生产与经营过程中以营利为目的的提供商品服务的最重要的市场参与主体。因此在过去,对企业是否应肩负社会责任这一话题还没有形成统一的定论。一种论调认为企业的第一目标就是尽力获取更高的营业利润,这种论调可以解释企业在进行生产经营活动时,为了获取更高的营业利润而出现的违背社会道德、侵害消费者权益等违反相关法律法规行为出现的原因。这种现象的出现使得社会公众与企业之间在权益与利润方面出现了严重的冲突。但另一种论调则并不赞成这样的观点,另一种论调认为企业本身就应当具有社会与人本的双重属性特征,企业的行为目标仅仅局限于营业利润是短视经营的结果。另外,所谓单一的营业利润目标只不过是为解释在静态均衡之外的问题而专门创造的多余的概念。总而言之,在高起点推进美丽江苏建设的过程中,企业与社会公众之间的关系应当摒弃单纯利润追逐所引起的矛盾,应当加强企业与公众的双向满足,公众有了更高的消费能力和消费欲望也会为企业营造一个更好的营商环境。因此,应当推动企业形成企业履责机制,由驱动型转向责任型,构建良好的企业与公众的互动关系。

第三层解构为政府—公众维度上的公众参与机制。在传统的社会经济关系中,政府与社会公众的关系一般内含于国家与社会的关系之中,于是形成了法团主义和市民社会的两大理论支撑。在我国的经济社会背景之下,政府的治理机制可以解释为阐释政府、企业、社会公众之间的结构变化与互动关系的重要工具,这种政府的治理机制也适用于解释政府与社会公众之间的关系。在此基础上,一部分论调认为政府与社会公众之间可以形成相互支持、相互受益的良性关系,应当克服并规避二者之间的不信任与对抗,进而强化二者之间的良性互动。另外,还有一部分论调提出了一些本土化的理论。例如,"行政吸纳社会"以及"社会中间层"等,这些理论也形成了一定的学术影响。总的来说,这些新的本土化理论也仍未脱离市民社会、法团主义中提到的静态结构特征框架。它们在一定程度上仍然忽略了制度环境中各个主体的主动性特征。换言之,政府与社会公众之间的互动应当是一个充满妥协与冲突的动态变化过程。对于高起点推进美丽江苏建设来说,政府应当在经济、环境、文化等利益分配领域开展权力共享的变革,创造一个政府与社会公众良好互动的制度环境,推动政府—公众维度上的公众参与机制,由缺席型转向参与型,营造良好的公众参与美丽江苏建设的社会氛围。

第二节 基于一般均衡理论的"共同参与"模型构建

美丽江苏的建设应当符合新时代的新要求,而现阶段这项要求则集中体现于人民对美好生活的需要。目前来看,江苏人民对美好生活的需求已不再满足于单纯的物质需求,而是经济、社会、文化、生态等方面有机结合的综合性需求。换言之,我们在提高物质文化供给水平的同时,也应当关注并满足群众诸如公平、环境等其他方面的需要。基于上一节对高起点推进美丽江苏建设的共同参与主体与共治机制问题的讨论结果,本节将会基于"政府、企业与公众"三部门的一般均衡理论,构建高起点推进美丽江苏建设的"共同参与"理论模型,由此分析"共同参与"共治机制的原理。

一、高起点推进美丽江苏建设"共同参与"模型的前提假设

为了有效探讨公众参与后的"共同参与"共治机制对高起点推进美丽江苏建设的影响,本研究参考孙大鹏等(2022)的研究方法,通过构建"政府、企业与公众"三部门的理论模型,推导建立公众参与与美丽江苏建设之间的效果函数。首先,需要对模型相关的变量及假设进行阐述:

(一) 公众部门

假设在一个生产消费周期内,存在一个公众部门,其由无数的江苏公众组成,其效用水平可以做一般性加总。为了更加方便的分析,本研究假设公众部门加总个体的效用函数为 $U_t = U(c_t, s_t)$,其中,假设公众部门的效用来源包括在第 t 期的消费水平 c_t 以及美丽江苏建设的参与水平 s_t。随着江苏经济社会发展水平的不断提升,江苏公众的生活与消费水平得到了持续的改善,包括医疗、住房、生活、教育等各个方面。因此,本研究假设 $c_{t+1} > c_t$。另外,江苏公众虽然生活与娱乐水平较从前有了很大的提升,但是现阶段对美丽江苏建设规划的参与水平与参与意愿并没有较大的改变。由此,本研究假设在一定时期内公众的美丽江苏建设参与水平相对平衡,表现为 $s_{t+1} = s_t$。

在此基础上,假设公众的收入水平为 w_t,由于公众在劳动力市场处于弱势地位,因此 w_t 为外生变量。其次,本研究假设公众在第 t 期所持有的资本存量为 K_t,且资本存量 K_t 满足折旧率为 α 的资本运动公式。同时,本研究假设公众在第 t 期用于投资的资本为 KI_t,用于储蓄的资本为 KD_t,因此,$K_t = KI_t + KD_t$。进一步地,本研究假设在第 t 期资本市场的利率为 r_t,公众的工资收入和投资收入均需缴纳一定的税费,税率为 π。另外,再考虑到政府给予公众的社会福利政策,可以认为公众在第 t 期所获得的转移支付为 TP_t。最后,本研究的研究时间区间为 n,资本的投资收益函数为 $f(KI_t)$,且假定公众跨期消费的贴现率为 β。

综上,公众的福利最大化问题可以表示为:

$$\max \sum_{t=0}^{n} \beta U(c_t, s_t) \qquad (7\text{-}1)$$

$$\text{s.t.} \quad c_t + KI_{t+1} + KD_{t+1} \leqslant (1-\pi)[w_t + f(KI_t) + r_t KD_t]$$
$$+ (1-\alpha)(KI_t + KD_t) + TP_t \qquad (7\text{-}2)$$

(二) 企业部门

与江苏公众部门相比,本研究假设企业部门是由多个企业生产者组成的,主要通过劳动力 L_t 和资本 KE_t 实现生产活动和经营收益。企业部门同时也会吸收公众的劳动力与资本进行生产经营活动,吸收劳动力和资本需要通过市场支付相应的成本,即工资支付为 w_t,资本的利率为 r_t。基于此,可以认为公众主要在企业部门活动并参与企业的生产经营行为,即其在第 t 期向企业部门供给 K_t 数量的资本以及 L_t 数量的劳动力。

在此基础上,本研究假设企业生产函数与利润函数是相同的,并且二者可以相互叠加。因此,企业部门的生产函数可以表示为:

$$Y_t = F(KE_t, L_t) \tag{7-3}$$

综上,本研究假设企业产品的价格为 P_t,企业部门的利润最大化问题可以表示为:

$$\max[P_t F(KE_t, L_t) - (w_t L_t + r_t KE_t)] \tag{7-4}$$

(三) 政府部门

一般来说,政府部门通过有效的宏观调控来干预我国的市场经济发展和生产要素流动。基于此,本研究将进一步引入政府部门,利用政府的税收、转移支付、政府投资等财政手段来干预江苏的宏观经济发展和民众生活水平,进而干预高起点推进美丽江苏建设的发展方向与建设效果。基于此,本研究假设政府在第 t 期的资本存量为 KG_t,且资本存量 KG_t 满足折旧率为 α 的资本运动公式。另外,基于对公众在企业部门的收入所得,本研究假设政府设定的税率为 π,则政府在第 t 期的税收收入可以表示为:

$$T_t = \pi(w_t + r_t KE_t) \tag{7-5}$$

综上,政府在第 t 期向资本市场进行投资,并利用转移支付的方式改善江苏民众的生活福利。因此,政府的财政预算约束可表示为:

$$KG_{t+1} + TP_t = \pi(w_t + r_t KE_t) + r_t KG_t + (1-\alpha)KG_t \tag{7-6}$$

二、高起点推进美丽江苏建设"共同参与"模型的均衡求解

基于上述构建的理论模型假设,本研究进一步求得在高起点推进美丽江

苏建设过程中政府、企业与公众三部门经济运行下的均衡解。当各个经济体处于均衡的状态时，企业产品市场出清以及生产要素市场出清需要得到同时的满足。具体来说，产品市场的出清可以表示为 $c_t + KI_{t+1} + KD_{t+1} + KE_{t+1} + KG_{t+1} = P_t F(KE_t, L_t) + (1-\alpha)(KI_t + KD_t + KE_t + KG_t)$，资本市场的出清可以表示为 $KE_t = KI_t + KD_t + KG_t$ 以及劳动力市场的出清可以表示为 $L_t = l_t$。

在此基础上，本研究计划求出高起点推进美丽江苏建设"共同参与"模型政府、企业与公众的三部门均衡及其均衡解。进一步联立公众福利最大化的目标函数以及各个部门的预算约束，则该经济体在均衡状态得到实现时存在如下欧拉方程：

$$\frac{\frac{\partial U(c_t, s_t)}{\partial c_t}}{\frac{\beta \partial U(c_{t+1}, s_{t+1})}{\partial c_{t+1}}} = \frac{P_{t+1} \partial F(KE_{t+1}, L_{t+1})}{\partial KE_{t+1}} + (1-\alpha) \qquad (7-7)$$

式(7-7)表示企业部门在达到均衡时的情景。其经济学含义表示为当生产的边际收益与边际劳动支付相等时，市场达到均衡状态。

在此基础上，本研究假设二元对数函数为公众的福利效用函数，该函数满足边际效用递减的条件，即 $U(c_t, s_t) = \ln(c_t, s_t)$。假设企业部门的生产函数为一般的柯布—道格拉斯生产函数，即 $F(KE_t, L_t) = A_t KE_t^{\gamma} L_t^{1-\gamma}$，其中，$A_t$ 为第 t 期综合技术水平系数，γ 和 $1-\gamma$ 分别为资本与劳动力的投入产出弹性系数。基于此，将具体函数代入式(7-7)，并结合前文所述的政府、企业与公众的三部门均衡条件，利用泰勒二阶展开式来表示 $U(c_t, s_t)$ 与 $U(c_{t-1}, s_{t-1})$，进一步可解得在高起点推动美丽江苏建设的过程中公众的效用满足：

$$U(c_t, s_t) = c_t^{-1} \beta (c_t - c_{t-1}) \left[P_t A \gamma \left(\frac{KE_t}{l_t} \right)^{\gamma-1} + 1 - \alpha \right]$$
$$+ \ln(c_{t-1} s_{t-1}) - \frac{(c_t - c_{t-1})^2}{2 c_{t-1}^2} \qquad (7-8)$$

式(7-8)即表示高起点推动美丽江苏建设的过程中公众的效用函数。基于此，本研究将公众效用 $U(c_t, s_t)$ 对公众美丽江苏建设参与水平 s_t 分别求一阶和二阶偏导可得：

$$\frac{\partial U(c_t,s_t)}{\partial s_t}=\frac{\partial \ln(c_{t-1}s_{t-1})}{\partial s_t}=\frac{1}{s_{t-1}}\times\frac{\partial s_{t-1}}{\partial s_t}=\frac{1}{s_t}>0 \quad (7-9)$$

$$\frac{\partial^2 U(c_t,s_t)}{\partial s_t^2}=\frac{\partial^2 \ln(c_{t-1}s_{t-1})}{\partial s_t^2}=\frac{1}{s_{t-1}}\times\frac{\partial s_{t-1}}{\partial s_t}=-\frac{1}{s_t^2}<0 \quad (7-10)$$

由此可得，公众参与美丽江苏建设与公众的效用水平呈正相关关系，但这种正相关关系是持续递减的。这表明现阶段，在江苏民众对美丽江苏建设规划的参与水平与参与意愿并没有较大改变的背景下，大力倡导公众参与美丽江苏建设将会在短期内显著提高公众的福利效用水平，但在长期公众福利效用水平的增长趋势会逐渐衰减。具体来看，一方面，"共同参与"的多元共治机制是有效的，在政府和企业形成一个合作共赢的治理局面之下，引入适度的公众参与可以形成良好的福利效用提升效果，这也验证了本章研究的基本观点和研究逻辑。另一方面，应当注意到"共同参与"的多元共治机制带来的福利效用提升存在门槛效应。在研究时间段的初期，公众参与的引入会形成良好的福利效用提升效果，而当参与程度达到一定的阈值之后，这种福利效用提升效果会逐渐放缓，甚至会出现停滞或反向抑制的情况。在这样的背景下，政府应当如何把握好公众参与在"共同参与"机制中的存在尺度，是确保高起点推进美丽江苏建设的关键所在。最后，本研究将继续利用计量经济模型做出进一步的实证检验。

第三节 "共同参与"视角下高起点推进美丽江苏建设的影响效应评估

基于上一节进行的"政府、企业与公众"三部门的一般均衡分析结果可知，大力倡导公众参与美丽江苏建设将会在短期内显著提高公众的福利效用水平，但在长期公众福利效用水平的增长趋势会逐渐衰减。换言之，虽然江苏省已走在美丽中国建设的前列，但是"共同参与"的多元共治机制对高起点推进美丽江苏建设的影响仍存在诸多的不确定性。因此，本研究将继续利用计量模型做出实证检验，以进一步讨论形成"协作共治"的治理战略是否能够实现高起点推进美丽江苏建设。

一、研究方法、变量选择与数据来源

(一) 研究方法

本章节拟将第四章美丽江苏建设水平的测算结果作为被解释变量,选择政府参与度、企业参与度以及公众参与度为核心解释变量,并选取相关的控制变量,进而从"共同参与"视角下探讨高起点推进美丽江苏建设的影响效应评估。鉴于美丽江苏建设水平的取值范围为[0,1]的截断数据,属于受限制的被解释变量回归,为避免利用 OLS 回归引起的有偏问题,本研究选择 Tobit 模型进行分析。如式(7-11)所示,针对本研究的 Tobit 模型的基本形式可以构建为:

$$Y = \begin{cases} \beta_0 + \sum_{j=1}^{n} \beta_j X_j + \mu, & 0 \leqslant \beta_0 + \sum_{j=1}^{n} \beta_j X_j + \mu \leqslant 1 \\ 0, & \text{其他} \end{cases} \quad (7\text{-}11)$$

其中,Y 表示受限制的被解释变量,j 表示解释变量的序号,X_j 表示第 j 个影响因素所对应的解释变量,β_j 表示第 j 个解释变量所对应的回归系数,μ 为系统随机扰动项,并服从于均值为 0 的正态分布。

设定了 Tobit 模型的基本形式之后,结合上文选择的解释变量与被解释变量,本研究构建如式(7-12)所示的具体面板 Tobit 回归模型:

$$Y_{it} = \beta_0 + \beta_1 \overline{Gen}_{it} + \beta_2 \overline{Age}_{it} + \beta_3 \overline{Edu}_{it} + \beta_4 \overline{GP}_{it} \\ + \beta_5 \overline{EP}_{it} + \beta_6 \overline{PP}_{it} + \mu_{it} \quad (7\text{-}12)$$

其中,i 表示样本的序号,t 表示样本的年份,Y 表示样本美丽江苏建设水平的评价值,$\overline{Gen}_{it}$ 表示性别变量均值,$\overline{Age}_{it}$ 表示年龄变量均值,$\overline{Edu}_{it}$ 表示受教育程度变量均值,$\overline{GP}_{it}$ 表示政府参与度均值,$\overline{EP}_{it}$ 表示企业参与度均值,$\overline{PP}_{it}$ 表示公众参与度均值,$\beta_j (j=1,2,\cdots,6)$ 表示各个解释变量的回归系数,μ_{it} 为系统随机扰动项,并服从于均值为 0 的正态分布。

(二) 变量选择

本研究的研究重点为"共同参与"的共治机制对美丽江苏建设水平的影响效应评估。因此,本研究将核心解释变量分为三项,分别是政府参与度、企业参与度以及公众参与度。参考洪大用等(2014)、卢春天等(2014)的研究方法,本研究

对江苏省 13 个地级市的民众进行了多元主体参与度的调研与测量(见表 7-1)。具体的测量方法如下:

(1) 政府参与度。政府参与度是指政府在解决江苏经济、社会、环境等问题实现美丽江苏建设的过程中采取的一系列的措施和手段的程度。本研究将利用公众对政府实施的这些措施和手段的感知水平来表示对应的实施程度。本研究构建了包括政府重视程度、政策制定水平、部门协调水平、环境监管力度、理念宣传教育程度、后续追责力度六个角度在内的综合测量体系。

(2) 企业参与度。企业参与度是指企业在从事生产经营活动、履行社会责任进而实现美丽江苏建设的过程中采取的一系列行为的程度。本研究将从公众对企业履责行为的认知程度角度来衡量企业参与度变量。本研究构建了包括环境义务履行程度、社会生产信誉水平、企业守法程度三个角度在内的综合测量体系。

(3) 公众参与度。公众参与度是指在面对美丽江苏建设过程中的问题时,公众进行交流讨论、诉求表达等方面权利的参与程度。本研究将利用公众对美丽江苏建设参与程度的感知水平来衡量公众参与度变量。本研究构建了包括公众参与法规完备度、媒体信息畅通度、公众参与意识水平、公众意愿反馈程度四个角度在内的综合测量体系。

在被解释变量方面,本研究选择美丽江苏建设水平为被解释变量。在美丽江苏建设水平的度量方面,本章选择利用第四章的美丽江苏建设水平的度量结果。

表 7-1 "共同参与"核心变量综合测量体系

潜变量	符号	显变量	度量方式
政治参与度	GP1	政府重视程度	很高=5;较高=4;一般=3;较低=2;很低=1
	GP2	政策制定水平	很高=5;较高=4;一般=3;较低=2;很低=1
	GP3	部门协调水平	很高=5;较高=4;一般=3;较低=2;很低=1
	GP4	环境监管力度	很高=5;较高=4;一般=3;较低=2;很低=1
	GP5	理念宣传教育程度	很高=5;较高=4;一般=3;较低=2;很低=1
	GP6	后续追责力度	很高=5;较高=4;一般=3;较低=2;很低=1
企业参与度	EP1	环境义务履行程度	很高=5;较高=4;一般=3;较低=2;很低=1
	EP2	社会生产信誉水平	很高=5;较高=4;一般=3;较低=2;很低=1
	EP3	企业守法程度	很高=5;较高=4;一般=3;较低=2;很低=1

(续表)

潜变量	符号	显变量	度量方式
公众参与度	PP1	参与法规完备度	很高=5;较高=4;一般=3;较低=2;很低=1
	PP2	媒体信息畅通度	很高=5;较高=4;一般=3;较低=2;很低=1
	PP3	参与意识水平	很高=5;较高=4;一般=3;较低=2;很低=1
	PP4	意愿反馈程度	很高=5;较高=4;一般=3;较低=2;很低=1

(三) 数据来源

本章所使用的数据,一方面来源于《江苏统计年鉴》(2010—2020)、江苏省各地级市统计年鉴(2010—2020)等;另一方面来源于课题组于2021年9月至2022年2月间对江苏省各地级市进行的随机问卷调查结果。具体的调研方式包括实地访谈、网络访谈、电话访谈、网络问卷等方式,主要的调查对象包括政府人员、企业人员、社会公众三类,共发放问卷650份,去掉失效问卷48份,总有效问卷602份,问卷有效率为92.62%。有效样本数据的构成情况如表7-2所示,有效样本核心解释变量的描述性统计结果如表7-3所示。

表7-2 有效样本数据的构成情况

变量	符号	样本数量	样本占比/%
性别	男	328	54.49
	女	274	45.51
年龄	25岁及以下	135	22.43
	26~40岁	220	36.54
	41~60岁	174	28.90
	61岁及以上	73	12.13
受教育程度	研究生学历	154	25.58
	本科学历	326	54.15
	大专及以下	122	20.27
职业类型	政府人员	121	20.10
	企业人员	247	41.03
	社会公众	234	38.87
户口类型	城镇户口	398	66.11
	农村户口	204	33.89

表 7-3 有效样本核心解释变量的描述性统计结果

变量	符号	均值	标准差
政府重视程度	GP1	4.05	1.14
政策制定水平	GP2	4.14	1.10
部门协调水平	GP3	3.26	1.33
环境监管力度	GP4	3.84	1.26
理念宣传教育程度	GP5	3.20	1.34
后续追责力度	GP6	2.94	1.21
环境义务履行程度	EP1	3.03	1.31
社会生产信誉水平	EP2	3.28	1.18
企业守法程度	EP3	2.95	1.23
参与法规完备度	PP1	2.70	1.36
媒体信息畅通度	PP2	3.72	1.30
参与意识水平	PP3	3.69	1.34
意愿反馈程度	PP4	3.69	1.19

二、"共同参与"视角下高起点推进美丽江苏建设的影响效应评估结果

（一）信度与效度检验结果

本研究的核心解释变量主要是通过有序逻辑变量来表示的，其中也涉及了多年的递进变化趋势。因此，对通过问卷所获得的数据进行数据质量的检验与分析是保证研究结论科学与准确的关键步骤。参考刘华兴和曹现强（2019）、王右文和张艳（2020）、尚虎平和孙静（2020）、陈胜东和周丙娟（2020）以及邓锴等（2020）的研究方法，分别对问卷所获得的数据进行信度和效度的检验。

（1）信度检验与分析。信度（reliability）是指测验结果的一致性、稳定性及可靠性，一般多以内部一致性来表示该测验信度的高低。信度的检验系数越高表示该数据越一致、稳定以及可靠。一般来说，系统误差不会对信度产生影响，因为系统误差总是对测量值产生相同方向的影响。而随机误差可能会导致数据的不一致性，从而造成信度的降低。本研究采用 Cronbach α 系数检验数据的信

度,样本数据的信度检验结果如表 7-4 所示。

表 7-4　样本数据的信度检验结果

潜变量	符号	显变量数量	Cronbach α 系数	信度水平
政府参与度	GP	6	0.927	高信度
企业参与度	EP	3	0.871	高信度
公众参与度	PP	4	0.909	高信度

如表 7-4 所示,政府参与度、企业参与度以及公众参与度的 Cronbach α 系数值分别为 0.927、0.871 和 0.909,所有潜变量的 Cronbach α 系数值均大于 0.8,处于高信度的信度水平,表明了数据质量的可信度较高。

(2) 效度检验与分析。效度(validity)是指数据的有效性,即测量工具或手段能够反映所需测量事物的准确程度。测量结果越吻合要考察的内容,对应的效度就越高;反之,则效度越低。本研究采用 KMO 检验和 Bartlett 球形检验两种方法来检验样本数据的效度,样本数据的效度检验结果如表 7-5 所示。

表 7-5　样本数据的效度检验结果

潜变量	符号	显变量数量	KMO 值	Bartlett 球形检验的 p 值	效度水平
政府参与度	GP	6	0.891	0.000	高效度
企业参与度	EP	3	0.804	0.005	高效度
公众参与度	PP	4	0.837	0.001	高效度

如表 7-5 所示,政府参与度、企业参与度以及公众参与度的 KMO 值分别为 0.891、0.804 和 0.837,所有潜变量的 KMO 值均大于 0.8;Bartlett 球形检验的 p 值分别为 0.000、0.005 和 0.001,所有潜变量的 Bartlett 球形检验 p 值均小于 0.010。上述检验结果表明三项核心变量均处于高效度的信度水平,该组样本数据反映事物内容的准确度较高。综上所述,本研究所使用的调研数据通过了信度与效度的检验,符合本研究对数据质量的要求。

(二) 相关性分析结果

在对多个变量或因素进行计量回归之前,一般需要进行相关性分析,以初步检验计量回归的必要性。相关性分析是指对两个或多个具备相关性的变量进行相关强度的检验性分析,进而判断出两个变量因素之间相关性的密切程度。因此,本研究将在多元主体参与度的各个潜变量与美丽江苏建设水平之间进行相关性检验与分析,以判断政府参与度、企业参与度以及公众参与度分别与美丽江苏建设水平之间的相关程度,结果如表7-6所示。

表7-6 多元主体参与度与美丽江苏建设水平的相关性分析

皮尔逊相关系数	美丽江苏建设水平
政府参与度	0.267***
企业参与度	0.172*
公众参与度	0.203**

注:***、**、*分别表示在0.01、0.05、0.10的显著性水平上显著相关。

从表7-6中可以看出,政府参与度的皮尔逊相关系数为0.267,且在0.01的显著性水平上显著正相关;企业参与度的皮尔逊相关系数为0.172,且在0.10的显著性水平上显著正相关;公众参与度的皮尔逊相关系数为0.203,且在0.05的显著性水平上显著正相关。从上述相关性分析结果可以认为,政府参与度、企业参与度以及公众参与度与美丽江苏建设水平之间是显著相关的,即因素之间存在统计学意义上的相关性。这也证明了,本研究中后续的计量回归模型是具有实证意义的。

(三) Tobit 模型回归结果

上一部分利用相关性分析确定了多元主体参与度与美丽江苏建设水平之间存在显著的相关关系,但这种关系的具体影响情况与程度尚不明确,并且在加入控制变量后是否会产生其他影响也不得而知。因此,本研究利用前文构建的Tobit回归模型,将多个解释变量置入同一个回归模型之中,进一步探讨多元主体参与度与美丽江苏建设水平之间的关系。其中,性别($\overline{Gen}$)、年龄($\overline{Age}$)以及受教育程度($\overline{Edu}$)变量为控制变量,政府参与度($\overline{GP}$)、企业参与度($\overline{EP}$)以及公众参与度($\overline{PP}$)变量为核心解释变量,美丽江苏建设水平(Y)为被解释变量。多元主体参与度对美丽江苏建设水平影响的Tobit模型回归结果如表7-7所示。

表7-7　多元主体参与度对美丽江苏建设水平影响的Tobit模型回归结果

变量	回归系数	标准误差	t值	p值
$\overline{Gen}$	0.012	0.088	0.137	0.891
$\overline{Age}$	−0.047	0.140	−0.335	0.738
$\overline{Edu}$	0.074*	0.041	1.796	0.073
$\overline{GP}$	0.327***	0.068	4.786	0.000
$\overline{EP}$	0.243***	0.092	2.644	0.008
$\overline{PP}$	0.267***	0.068	3.907	0.000
常数	5.621***	0.447	12.568	0.000
F检验的P值	0.000			
调整的R^2	0.374			

注：***、**、*分别表示在0.01、0.05、0.10的显著性水平上显著相关。

如表7-7所示，Tobit回归分析结果显示：进入Tobit回归模型的6个变量有4个通过了至少10%显著性水平检验，而其他解释变量未通过显著性检验。另外，F检验的P值为0.000，调整的R^2值为0.374，表明该模型的拟合状态较好。受教育程度、政府参与度、企业参与度以及公众参与度对美丽江苏建设水平有明显的正向影响。

（1）从政府参与度上来看，政府参与度通过了1%显著性水平的检验，并且影响系数符号为正，与预期的影响方向相同，表明随着政府参与度的提升美丽江苏建设水平也会随之提高。政府作为高起点美丽江苏建设规划的制定者与指挥者，在高起点推进美丽江苏建设中占据着绝对的领导地位，当政府越重视江苏经济、社会、生态等各方面的建设时，美丽江苏的建设水平将会越高。在这样的背景下，江苏地方政府作为高起点推进美丽江苏建设政策效果的第一负责者，应当继续提升政府工作人员对美丽江苏建设的意识水平，提升相关政策制定者的政策制定水平，加强相关部门之间的合作与协调，完善建设效果的评价机制和后续追责机制，提高美丽江苏建设的宣传教育力度等。

（2）从企业参与度上来看，企业参与度通过了1%显著性水平的检验，并且影响系数符号为正，与预期的影响方向相同，表明随着企业参与度的提升美丽江苏建设水平也会随之提高。在现代经济社会发展背景下，企业的经营目标不仅应当注重短期效益，更应当着眼于长期效益。换言之，企业作为经济发展的核心主体,应当履行其应有的社会责任,为高起点推进美丽江苏建设添砖加瓦。因此,一方面,政府应当监督企业遵纪守法,鼓励企业注重提高社会生产信誉水平,与企业形成良好的合作关系,共同完成美丽江苏建设的伟大目标;另一方面,应当出台相关政策鼓励企业应当积极履行自身的环境保护义务,将企业部门塑造成一个环境问题解决者的形象。

(3)从公众参与度上来看,公众参与度通过了1%显著性水平的检验,并且影响系数符号为正,与预期的影响方向相同,表明随着公众参与度的提升美丽江苏建设水平也会随之提高。江苏公众是美丽江苏建设的直接参与者,高起点推进美丽江苏建设离不开社会公众的监督与评价。社会公众的意愿能否得到回应与满足,是高起点推进美丽江苏建设的根本目标。因此,相关政府部门应当完善公众参与美丽江苏建设的法律法规,建设美丽江苏专门的社交媒体互动平台,积极开展相关宣传活动,提高公民参与美丽江苏建设的意识水平,疏通江苏民意的反映渠道,积极且正确地对待合理的公众意见,积极营造一个"共同参与"的多元治理新局面。

第四节 "共同参与"视角下高起点推进美丽江苏建设的实践案例
——江苏省交通厅的交通智能化案例

江苏省有着良好的经济与产业发展基础,在高起点推进美丽江苏建设的道路上,应着力于解决江苏民众遇到的问题,通过政企合作的方式满足江苏民众对美丽生活的向往与要求,构建"共同参与"的多元共治机制。为了更好地展示"共同参与"的多元共治机制,本节将以江苏省交通厅2014年的交通智能化建设为例,阐明政企合作进而满足民众需求的具体实践形式(江苏省交通厅通信信息中心,2016)。

一、案例背景介绍

(一)计划流程

2014年,江苏省为提升公共服务水平和服务能力,满足江苏民众高效、快速、安全、智能的交通条件需求,加快推进公众出行信息服务系统建设,江苏省以交通运输部"政企合作信息服务示范工程"为抓手,积极开展与交通信息互联网企业合作,取得了一些成效,并就合作存在的问题进行了积极思考与探索。江苏省交通运输部推进政企合作模式的出行信息服务示范工程建设,江苏省交通厅积极加入示范工程,以此为契机,与百度公司开展了全方位、深层次的合作。具体来看:

2014年7月—2014年10月:江苏省交通厅与百度公司LBS(基于位置的服务)事业部建立了良好的交流与合作通道,在百度公司的技术支持下,利用LBS平台的开放接口优化完善了江苏交通出行网的自驾路径查询和公交换乘查询功能,显著提高性能,增强用户体验。下一步将以百度地图为载体,完成交通基础设施、实时路况、交通气象等各类展示专题的数据迁移与融合,降低现有出行信息服务平台的维护工作量。

2014年11月—2014年12月:江苏省交通厅与百度公司梳理省市两级的政企合作需求,编制完成《政企合作模式的江苏省交通出行服务信息共享应用示范工程实施方案》,上报交通运输部科技司申请部级示范工程。并与百度公司共同拟定了省交通厅与百度公司合作框架协议(草稿),以及信息中心与百度LBS事业部的合作协议(草稿),为政企合作的顺利实施提供依据。

2015年1月—2015年4月:江苏省交通厅以GPS数据为试点,完成了数据共享和信息服务建设。目前已共享给百度公司全省"两客一危"车辆GPS数据和部分城市公交GPS数据,百度公司也已完成相应信息服务功能的开发,包括城际路网实时路况、"两客一危"OD分析、城市路网实时路况、实时公交服务、城市通勤图分析、智能路径引导等。所建服务由百度公司负责运行维护,同时在江苏省出行平台和百度地图为公众提供服务。此外,在江苏省交通厅牵头下全省已有11个地级市与百度公司开展了信息服务建设的合作交流,计划2015年年底前完成城市公交信息服务的合作共建。

2015年年底前,江苏省交通厅还将与百度公司合作完成交通运输相关科研课题的深化研究,包括公交信息可视化维护、城际交通流量计算模型研究、基于大数据的出行行为分析研究、基于大数据的路径引导算法研究等,为进一步提升信息服务质量和行业决策支持提供参考。未来,江苏省交通厅将以交通运输管理部门负责提供数据,社会企业负责服务建设和运行维护,双方产品服务互相共享引用的思路,进一步扩大公共服务领域的政企合作范围,在更多交通业务领域与社会企业开展数据共享与信息服务建设。

(二) 合作内容

(1) 完善省级出行信息服务平台。通过政企合作,以数据换取服务与技术,优化完善省级公众出行信息服务平台,提升服务质量,提高系统安全性,解决性能隐患,增强用户体验。主要完成自驾路径和公交换乘查询功能的优化、增加综合交通换乘查询、接入百度 LBS 平台其他功能、自有数据与百度地图融合等。

(2) 建立市级出行信息服务平台。由省交通厅信息中心提供出行数据,百度公司提供技术支持,基于百度地图,建设以实时公交、公交换乘查询、城市路况和基于路况的智能引导等为主要功能的市级公众出行信息服务平台。

(3) 建设出行数据资源管控平台。梳理各级交通运输部门与出行相关的信息资源,并建立健全各类信息资源在省厅的汇聚机制,编制采集、更新、维护管理规范与考核制度,建立标准化的共享与服务机制。

(4) 提供交通大数据分析服务。基于江苏省交通行业数据信息,结合百度公司海量用户定位数据,利用云计算和大数据处理技术,建设 OD 分析、公交分担率、节假日热点预测和重大交通枢纽热力图等大数据分析服务,为江苏省交通规划提供决策支持。

(5) 构建开放的增值服务体系。通过建立开放的交通增值服务体系,为各类社会主体提供增值服务入口,在保障通用出行信息服务功能的基础上,提供多层次、个性化的交通增值出行服务,满足不同群体差异化的服务需求,促进行业生态圈的繁荣。

二、案例分析与启示

(一) 案例分析

基于政企合作模式的出行信息服务建设是一个全新的课题,江苏省交通厅在工作过程中边探索、边总结,逐步形成"合作共赢、权责分明,省市共建、分层推进,由点及面、示范推广,多方合作、合理竞争"的合作原则与思路。

(1) 合作共赢,权责分明。政企合作双方本着整合各自优势资源、合作共赢的原则,建立互惠互利的战略式伙伴关系,积极开展信息资源、服务和技术的共享交换,共同提升双方服务质量。一般来说,政府部门主要提供权威可靠的信息资源,企业主要负责信息服务建设与维护,并为政府信息化系统建设提供技术支持。对于合作过程中出现的问题,双方将秉承"友好务实、公益为先"的原则协商处理。

(2) 省市共建,分层推进。江苏省交通厅在与百度公司积极开展政企合作交流的同时,组织各地市交通运输局也与百度公司开展了合作交流,省市两级共举,分层同步推进。省交通厅层面主要共享城际路网动态数据和"两客一危"车辆定位数据,建设城际路况服务及面向管理的数据分析服务平台。市交通局层面主要共享城市公交动静态数据,建设城市路况和实时公交信息服务平台。

(3) 由点及面,示范推广。在政企合作交流过程中,江苏省交通厅与百度公司共同梳理了省市两级的信息资源与合作需求,选取数据质量较高、建设成效明显的作为试点,通过政企合作建设,在较短周期内显著提升出行信息服务水平和覆盖范围,以达到示范效应,以便将政企合作模式、机制与成功经验推广到其他信息服务领域。

(4) 多方合作,合理竞争。在与百度公司开展出行信息服务建设政企合作的同时,江苏省交通厅拟与其他具有成功信息服务产品的企业开展政企合作,以便在更大范围内促进江苏交通信息资源的共享与应用,服务更多的社会公众。同时也可以引入合作竞争机制,避免数据被企业垄断,以便政府的开放资源得到充分利用,提供更高品质的服务,使政企合作成果最大化。

(二) 案例启示

"共同参与"的多元共治机制是高起点推进美丽江苏建设的必然选择。在江苏省交通厅的交通智能化案例中,"政企合作、满足民众"的运作原则得到了充分的体现,为高起点推进美丽江苏建设做出了良好的典范。

(1) 合作机制的民众服务导向。政府应当积极开放相关的数据资源,为推动政企合作构建良好的交流平台,以满足民众的需求为根本导向,积极引导江苏企业与民众参与到美丽江苏建设中来。注重民众需求的多样性,畅通民意反馈渠道,引导企业与民众形成互利互惠的新型发展关系。注重信息系统的服务创新,建立开放的增值服务接入体系,为企业与民众提供便利化服务,更好地帮助经营者满足差异化的民众需求。

(2) 数据信息的开放共享导向。政府应当意识到数据信息在高起点推进美丽江苏建设中的重要性。当代社会是一个科学技术飞速发展的社会,数字化技术在高起点推动美丽江苏建设中的重要作用不言而喻。政府应当继续推进政企合作模式服务系统的建立,建立健全各部门的信息资源开放目录体系,完善数据信息开放共享机制,按照统一的标准规范分层分类推动信息资源向社会公开共享,以达到有效促进公众信息服务品质提升的目的。

(3)合作与竞争的规范化导向。积极高效的政企合作与公众参与固然重要,但相关法律法规的完备也同样重要。换言之,政企合作与公众参与需要专门的法律法规框架加以发展与维护。一方面,政府应当制定相应的法律法规保障信息资源的质量和开放共享的及时性,以便各类社会主体依法平等获取使用,从而让信息资源的价值得到充分挖掘,注重从技术上保障共享数据信息的有效性和安全性,启动对相关管理手段和法规的研究,制定共享数据信息的分级保护制度,并在与企业签订的政企合作相关协议中明确双方的安全保密义务与泄密责任;另一方面,要为公众参与美丽江苏建设建立专门的法规条文,增强公众参与的主体意识与社会责任感,正确引导公众积极而有序地参与美丽江苏建设,平衡各个主体之间的利益,消除公众政策的执行障碍,最大限度确保公众参与美丽江苏建设的正当性与可行性

(4)经济与环境的和谐化导向。高起点推进美丽江苏建设的关键问题是如何实现江苏经济与环境的和谐。政府应当基于"共同参与"的多元治理机制,积极构建高效能源体系,持续推动能源供给低碳化,深入推进能源消费电气化,大力推进能源利用高效化。积极构建高端产业体系,提升主导产业发展能级,推进传统产业技改提效,培养新经济新业态,发展都市现代农业。积极构建智慧流通体系,加快构建智慧物流体系,探索构建绿色商贸体系等。

第五节 本章小结

本章为高起点推进美丽江苏建设的"共同参与"专题。本章首先对高起点推进美丽江苏建设中的"共同参与"利益相关主体进行了识别,并进行了"共同参与"共治机制的理论解构。然后基于一般均衡理论构建高起点推进美丽江苏建设的"共同参与"理论模型。进一步从"共同参与"的视角出发对高起点推进美丽江苏建设进行影响效应评估。最后以江苏省交通厅的交通智能化案例为例,对"共同参与"视角下高起点推进美丽江苏建设进行实践案例分析,为高起点推进

美丽江苏建设工作提供理论与实践支撑。主要研究结论如下：第一，高起点推进美丽江苏建设中各个层级的利益相关者主要包括：核心利益相关者（江苏地方政府、企业以及江苏民众）、次要利益相关者（中央政府、社区机构以及投资机构）、边缘利益相关者（科研机构、其他地方政府、其他地区民众、环保机构以及媒体机构）。高起点推进美丽江苏建设"共同参与"的共治机制包括：政府—企业维度上的政府引导机制、企业—公众维度上的企业履责机制以及政府—公众维度上的公众参与机制三个部分。第二，"共同参与"的多元共治机制是有效的，在政府和企业形成一个合作共赢的治理局面之下，引入适度的公众参与可以形成良好的福利效用提升效果。但是当参与程度达到一定的阈值之后，这种福利效用提升效果会逐渐放缓，甚至会出现停滞或反向抑制的情况。第三，政府作为高起点美丽江苏建设规划的制定者与指挥者，在高起点推进美丽江苏建设中占据着绝对的领导地位，当政府越重视江苏经济、社会、生态等各方面的建设时，美丽江苏的建设水平将会越高。企业的经营目标不仅应当注重短期效益，更应当着眼于长期效益，企业作为经济发展的核心主体，应当履行其应有的社会责任，为高起点推进美丽江苏建设添砖加瓦。江苏公众是美丽江苏建设的直接参与者，高起点推进美丽江苏建设离不开社会公众的监督与评价，使社会公众的意愿能够得到回应与满足，是高起点推进美丽江苏建设的根本目标。第四，江苏省交通厅的交通智能化案例中，江苏省交通厅在工作过程中边探索、边总结，逐步形成了"合作共赢、权责分明，省市共建、分层推进，由点及面、示范推广，多方合作、合理竞争"的合作原则与思路。另外，案例还启示政府应当注重合作机制的民众服务导向、数据信息的开放共享导向、合作与竞争的规范化导向以及经济与环境的和谐化导向，充分体现"政企合作、满足民众"的运作原则，为高起点推进美丽江苏建设做出良好典范。

第八章

高起点推进美丽江苏建设

——"新型城镇化"专题

根据中国共产党第十八次全国代表大会报告、《中共中央关于全面深化改革若干重大问题的决定》《国家新型城镇化规划(2014—2020年)》等文件,江苏省在 2014 年 5 月 25 日提出首个《新型城镇化与城乡发展一体化规划(2014—2020年)》,主要明确江苏未来推进新型城镇化和城乡发展一体化的总体目标、重大任务、空间布局、发展形态与发展路径,提出体制机制改革的主要方向和关键举措,是引领全省新型城镇化和城乡发展一体化的基础性、战略性规划。目前,江苏总体上已进入工业化中后期,处于全面建成小康社会并向率先基本实现现代化迈进的关键时期。推进新型城镇化和城乡发展一体化,对江苏加快转型发展、实现"两个率先"目标具有重大现实意义和深远历史意义。本章为高起点推进美丽江苏建设的"新型城镇化"专题。首先,阐述新型城镇化的内涵与演进历程,介绍江苏省新型城镇化建设的政策措施和发展模式,并归纳总结高起点推进美丽江苏在新型城镇化建设方面的现实困境。其次,根据新型城镇化的概念内涵,从人口城镇化、土地城镇化、经济城镇化和社会城镇化四个方面建立评价指标体系,利用综合评价模型对江苏 13 个地级市新型城镇化综合得分及趋势进行测度和分析。然后利用耦合协调度模型评估新型城镇化与美丽江苏建设的耦合协调水平并分析其现状,以此为"新型城镇化"视角下高起点推进美丽江苏建设提供实证依据。最后,以沭阳县新型城镇化发展为例,为"新型城镇化"视角下高起点推进美丽江苏建设提供成功经验借鉴。

第一节 "新型城镇化"与高起点推进美丽江苏建设的现实困境

一、新型城镇化的内涵与演进历程

城镇化，顾名思义，即农村人口转化为城镇人口的过程，是人口持续向城镇集聚的过程，包括人口职业布局的转变、产业结构的转变、土地及地域空间利用格局的变化。这个过程表现为两个方面，一方面是城镇数目的增多，另一方面是城市人口规模不断扩大。不同的学科从不同的角度对之有不同的解释，国内外学者对城市化的概念分别从人口学、地理学、社会学、经济学等角度予以阐述。城镇化是经济结构调整的重要引擎，与工业化一道，是现代化建设的必由之路，是破除城乡二元结构的重要依托。由于城镇化是一个长期的历史进程，要科学有序、积极稳妥地向前推进。推进城镇化是解决农业、农村、农民问题的基本途径，是推动区域协调发展的有力支撑，是扩大内需和促进产业升级的主要路径，对全面建成小康社会、加快推进社会主义现代化具有重大现实意义和深远历史意义。2002年，中共十六大提出"走中国特色的城镇化道路"。2007年，中共十七大提出"按照统筹城乡、布局合理、节约土地、功能完善、以大带小的原则，促进大中小城市和小城镇协调发展"。

2012年，中共十八大提出"新型城镇化"，从国家发展战略角度对城镇化做出重要部署。新型城镇化是以城乡统筹、城乡一体、产业互动、节约集约、生态宜居、和谐发展为基本特征的城镇化，是大中小城市、小城镇、新型农村社区协调发展、互促共进的城镇化。新型城镇化的核心在于不以牺牲农业和粮食、生态和环境为代价，着眼农民，涵盖农村，实现城乡基础设施一体化和公共服务均等化，促进经济社会发展，实现共同富裕。新型城镇化与传统城镇化的最大不同，在于新型城镇化是以人为核心的城镇化，注重保护农民利益，与农业现代化相辅相成。新型城镇化不是简单的城市人口比例增加和规模扩张，而是强调在产业支撑、人居环境、社会保障、生活方式等方面实现由"乡"到"城"的转变，实现城乡统筹和可持续发展，最终实现"人的无差别发展"。

2013年12月12—13日，中央城镇化工作会议在北京举行，这是改革开放以来中央第一次召开城镇化工作会议。会议科学分析中国城镇化发展形势,明确了推进城镇化的指导思想、主要目标、基本原则、重点任务,从战略和全局上做出了一系列重大部署,对推动城镇化沿着正确方向发展具有重要战略意义和指导作用。2014年3月,中共中央办公厅、国务院办公厅联合发布《国家新型城镇化规划(2014—2020年)》。2014年12月,国家发改委等11个部委联合下发了《关于印发国家新型城镇化综合试点方案的通知》,将江苏、安徽两省和宁波等62个城市(镇)列为国家新型城镇化综合试点地区。2015年,中国国务院总理李克强在第十二届全国人民代表大会第三次会议政府工作报告中明确提出"加强资金和政策支持,扩大新型城镇化综合试点"。中国城镇化步入了新的历史阶段。2017年中共十九大报告明确提出,坚持新发展理念,继续推动新型工业化、信息化、城镇化、农业现代化同步发展。2019年3月5日,国务院总理李克强在发布的2019年国务院政府工作报告中提出,促进区域协调发展,提高新型城镇化质量。2019年4月8日,国家发改委发布了《2019年新型城镇化建设重点任务》,提出了深化户籍制度改革、促进大中小城市协调发展等任务。这对于优化我国城镇化布局和形态,进而推动新型城镇化高质量发展具有重大的积极意义。2020年5月22日,国务院总理李克强在发布的2020年国务院政府工作报告中提出,加强新型城镇化建设,大力提升县城公共设施和服务能力,以适应农民日益增加的到县城就业安家的需求。2022年党的二十大报告提出"坚持人民城市人民建、人民城市为人民,提高城市规划建设、治理水平",为新时期推进以人为核心的新型城镇化指明了基本方向。

中国城镇化进程的特点为起步晚,水平较低,速度快。根据中国六次人口普查数据,历次人口普查城镇化水平依次为:12.84%,17.58%,20.43%,25.84%,35.39%,49.68%。相对于发达国家而言,其城镇化水平大多在75%以上,特点为起步早,水平高,出现逆城镇化现象。为此,我们必须努力消除不利于城镇化发展的体制和政策障碍,走出一条既不同于西方发达国家和地区,又不同于传统发展老路的城镇协调发展、城乡共同繁荣的与新型工业化道路相呼应的"新型城镇化道路"来。

二、江苏省新型城镇化建设的政策措施与发展模式

江苏是中国的经济大省,综合经济实力一直处于全国前列。2021年,江苏

以11.63万亿的地区生产总值位列全国第二,贡献了全国GDP的10.17%。同时,江苏也是中国人口密度最高的省份之一。2021年末,江苏省常住人口总量为8 505.4万人,较2020年末增加28.1万人,增长率为0.33%,低于2010—2020年年平均0.75%的增长水平,总人口继续保持低速增长。数据显示,在全省8 505.4万常住人口中,城镇居住人口为6 288.89万人,乡村居住人口为2 216.51万人,常住人口城镇化率为73.94%,与2020年末相比上升0.5个百分点。江苏人多地少,以仅占全国1%的土地承载了全国6%的人口。近年来,作为第一批国家新型城镇化综合试点地区,江苏积极探索中央要求与本省特征紧密结合的新型城镇化道路,以省域为单元的国家新型城镇化综合试点取得显著成效。因此,江苏省新型城镇化建设的政策措施与发展模式对于全国城镇化建设具有重要的参考价值。

(一) 政策措施

走中国特色、科学发展的新型城镇化道路是中央做出的重大战略部署,对全面建成小康社会、推进全面建设社会主义现代化国家具有重大现实意义和深远历史意义。江苏城镇化发展起步早、发展快,水平和质量总体呈现稳步提升态势,城镇化发展水平持续走在全国前列。计划到2025年,江苏常住人口城镇化率达到75%以上,非户籍人口在城镇落户取得积极进展,"一群两轴三圈"城镇化空间布局更加清晰,城市功能品质显著提高,城镇化地区综合承载力和竞争力明显增强,在创新驱动、宜居友好、区域协同、空间高效等优势领域和重点领域树立典型标杆,巩固强化全国新型城镇化先行省份地位。表8-1总结了在新型城镇化建设过程中江苏施行的各项具体政策措施,为全国城镇化建设提供指导型高质量发展样本。

表8-1 江苏省新型城镇化建设政策/措施介绍

时间	政策措施	主要内容
2014年	《江苏省新型城镇化与城乡发展一体化规划(2014—2020年)》	明确江苏未来推进新型城镇化和城乡发展一体化的总体目标、重大任务、空间布局、发展形态与发展路径,提出体制机制改革的主要方向和关键举措,是引领全省新型城镇化和城乡发展一体化的基础性、战略性规划
	《江苏省国民经济和社会发展第十二个五年规划纲要》	
	《江苏省主体功能区规划》	

(续表)

时间	政策措施	主要内容
2015年	召开江苏省新型城镇化研讨会	探索中国城镇化道路、记录中国城镇化进程、分享中国城镇化实践心得、讨论中国城镇化问题
2016年	《宿迁市关于深入推进新型城镇化建设的意见》	深入推进新型城镇化建设的六项目标;深入推进新型城镇化建设的八项任务等
	江苏省政府办公厅关于《印发中国建设银行江苏省分行新型城镇化建设投贷联合业务管理办法》的通知	推动新型城镇化建设
2018年	《关于实施2018年推进新型城镇化建设重点任务的通知》	改善城镇住房制度;加快推进新型城镇化综合试点;健全新型城镇化工作推进机制等
2020年	《关于促进劳动力和人才社会性流动体制机制改革的实施意见(征求意见稿)》	统筹推动城乡区域协调发展促进流动均衡;建立与江苏经济社会高质量发展相适应的更加有效的区域协调发展新机制

(二) 发展模式

2020年6月3日,国家发改委发布《关于加快开展县城城镇化补短板强弱项工作的通知》,江苏省盱眙县、宝应县、沛县、东海县、沭阳县、建湖县、泗阳县、海门市、泰兴市与溧阳市十个县市名列其中。在新型城镇化建设中,江苏有两种发展模式,分别为政府主导型与农民主导型,其中政府主导型较为常见,分布在江苏各个地区。其主要特点有:①政府自主制定指标,然后统一规划,农民进行整体上的拆迁与安置;②政府考虑未来的需求,在整体上统一规划,大范围进行建设;③政府根据当下的需求,逐渐扩展城市的范围,从城乡接合部开始,对农村逐一拆迁。农民主导型发展模式较为少见,但是更为自然、和谐,主要见于经济发达的苏南地区。其主要特点有:①农村生产力提高到一定的程度,农民可以脱离土地进行其他生产,并且所获得的经济利益更多。此时,为了顺应生产力的发展,生产方式自发地进行改变,生产力(农民)与生产资料(土地)分离。②在政府的协助下,以村为单位,村民集中居住,土地集约化使用。③村集体成立合作社,农民以自己享有的土地使用权入股合作社,享受红利,或者农民直接以土地使用权入股农业公司,享受红利。

三、高起点推进美丽江苏建设在新型城镇化建设方面的现实困境

改革开放40多年来,江苏在全国城镇化中的作为与贡献主要有:作为小城镇和乡镇工业异军突起的发源地,江苏为全国做出历史性贡献;作为开放型经济前沿阵地,为全国城镇在对外开放中跨越发展探路前行;布局周边城镇承担交流合作重任,为沿海沿江和"一带一路"倡议实施发挥重大作用;依靠科技教育文化等软实力做大做强城镇,为全国城镇化提供内涵型高质量发展样本;以稳健务实作为和地域创新领先行动,为全国城镇化创新发展发挥先锋作用;靠党政推动、市场驱动城镇化快速发展,为全国城镇化创造提供了"双驱"发展模式;在推进城镇化中坚持统揽齐抓、造福人民,为全国城镇化的全局定位和发展指向提供了范例;在新时代制定实施新规划,为中国特色的新型城镇化做出新贡献。

然而,高起点推进美丽江苏建设作为新形势下推动高质量发展的重要抓手,在新型城镇化建设方面仍存在以下现实困境:

(一)高起点发展动力不足

高起点发展后劲乏力。从目前支撑高起点推进美丽江苏建设相关经济指标完成情况看,全省经济运行过程中不协调、不稳定、不可持续的问题仍然突显。目前,江苏丰富的科教资源优势并没有得到充分发挥,已成为创新发展的"痛点"和动能转换的"堵点"。创新效率不高、创新氛围不强、产出不多问题比较明显,高新技术产业缺少具有国际影响力、全球竞争力的本土龙头企业。此外,在国际形势错综复杂、稳增长压力较大的背景下,江苏作为利用和引进外资企业发达的省份,如何强化区域合作、加速"内循环",进而实现产业链向中高端迈进,仍然任重而道远。

(二)区域发展不平衡

江苏城镇化区域差异明显。江苏省地兼南北,自然区位和人文历史造成了省内各地区经济社会发展不平衡的现象,呈现出"南高北低"的空间格局特点。2019年,苏南地区新型城镇化水平达到55%,苏中地区新型城镇化水平为37%,而苏北地区仅有26%。江苏省境内的长江干流总长433千米,分布在南京、无锡、常州、苏州、南通、扬州、镇江、泰州8市,岸线总长1 110千米,分布在南通、连云港、盐城3市,沿海地区新型城镇化率为32%。新型城镇化率水平最高的南京市与最低的宿迁市相差53个百分点。江苏省培育的苏锡常都市圈、南

京都市圈和徐州都市圈分布在苏南和苏北地区,而对沿海和苏中地区还未有相对应的政策倾斜。江苏沿海地区和苏北腹地城镇数量少、规模小,与苏中和苏南地区存在明显差距,严重影响人才、资本、信息等要素融合与流动,进而影响区域经济均衡发展。

(三)资源环境约束趋紧

人多地少、资源缺乏、环境容量小是江苏的特殊省情。从江苏生态环境现状看,主要河流普遍遭受污染,大气灰霾污染呈加重趋势,环境质量与群众期望还有很大差距。同时,土地、水资源人均占有量持续递减,矿产、能源资源总量少、自给率低,且各种资源存在利用效率不高、浪费严重等诸多问题;废水、废气及污染物排放量大,地表水、海水水质堪忧,相对突出的"经济二元结构"造成的污染也呈现不同特点:苏南地区主要以工业废水和生活污染为主,而苏北地区呈现出以农业面污染为主、工业废水污染补充的局面。此外,随着工业化、城镇化的继续推进,资源环境问题越来越成为经济社会发展的"硬约束",成为"两个率先"必须跨越的一道坎。

(四)政府职能转变不到位

政府职能转变欠缺合力。推进美丽江苏建设必须做到突出顶层设计,高位推进,强化机制建设,形成"一盘棋"全力攻坚,方能高起点、促长效,全面推动高质量发展。然而,江苏现行的行政体制仍然存在一些不适应的方面,突出表现在政府职能转变过程中越位、缺位、错位问题仍然存在,社会管理和公共服务职能仍然比较薄弱。同时,由于行政组织结构不够合理,行政职责界定模糊,权责脱节、相互推诿扯皮现象依然突出。法治政府建设、政务公开特别是预算和决算公开,与人民群众的期待仍有很大距离。此外,在对行政权力的监督制约机制方面还有很多值得完善之处。

第二节 "新型城镇化"的内涵及发展水平测度

一、"新型城镇化"的内涵

现阶段,我国属于发展中的现代工业社会,相应的基本制度框架也由城乡二元结构向城乡一体化转变。城镇化的形成和发展,已经成为世界经济社会发展走向现代化的普遍规律。现阶段,城镇化的发展已经迈入新阶段,形成"新型城镇化"的发展理念。新型城镇化强调一个长期的结构性调整过程,这一过程也引发了经济与社会的深刻变革。新型城镇化水平反映了一个国家或地区的社会经济发展状况,直接关系到地区经济发展的未来。另外,新型城镇化水平同时也是衡量小康社会、现代化发展水平的重要指标,新型城镇化发展将会伴随着我国现代化发展的全过程,融入我国未来的社会发展之中,产生城乡结构的重大变动,并对我国未来社会经济的繁荣发展产生重大影响。新型城镇化是实现城乡一体化的载体,加快人口城镇化进程、实现城乡一体化发展是扩大内需的重要举措,是稳定经济增长的驱动力。

近些年,江苏新型城镇化发展水平较高且持续走在全国前列,但是仍然存在就业不足、区域发展不协调、公共服务资源落后等问题。新型城镇化是以城乡统筹、城乡一体、产城互动、节约集约、生态宜居、和谐发展为基本特征的城镇化,是大中小城市、小城镇、新型农村社区协调发展、互促共进的城镇化。因此,对于江苏来说,新型城镇化应当是一个包括人口适度壮大、土地高效利用、经济高质量发展以及社会美好和谐的综合性城镇化发展概念。2020年国务院政府工作报告中表明,各地政府应当加强新型城镇化建设,大力提升县城公共设施和服务能力,以适应农民日益增加的到县城就业安家的需求,进而深入推进新型城镇化发展。应当充分发挥中心城市和城市群综合带动作用,以实现培育产业、增加就业的目标。总而言之,开展江苏新型城镇化发展研究,全面深入分析江苏新型城镇化的现状和未来,并以江苏新型城镇化发展水平的测度结果为基础探究其与美丽江苏建设的耦合协调水平具有重大的现实意义。

二、江苏"新型城镇化"发展的水平测度

(一)综合评价模型的建立

目前学术界常用的指标评价方法有客观评价法、主观评价法以及二者相结合的办法。主观赋权法是通过该领域的专家根据自身经验对权重进行赋值,但是这类方法具有较强的主观性,结果可能与实际情况存在偏差。客观赋权法是利用初始数据包含的信息经过计算得出的客观权重,常见的手段有熵值法、主成分分析法等。相比较于主观赋权法,客观赋权法具有评价客观、合理的优良特

性,在经济学研究中应用较为广泛。本研究根据江苏新型城镇化的内涵特点,选取数据需求大、计算复杂但更为客观的熵值法作为综合评价手段,对江苏13个省份的新型城镇化水平进行测度。具体计算步骤如下:

第一步:利用极值法(朱喜安和魏国栋,2015)对初始数据中的指标进行标准化处理,从而使其变成标准化指标,标准化的数据计算公式为:

$$x'_{ij} = \frac{x_{ij} - \min(x_{1j}, x_{2j}, \cdots, x_{mj})}{\max(x_{1j}, x_{2j}, \cdots, x_{mj}) - \min(x_{1j}, x_{2j}, \cdots, x_{mj})} \quad (8-1)$$

$$x'_{ij} = \frac{\max(x_{1j}, x_{2j}, \cdots, x_{mj}) - x_{ij}}{\max(x_{1j}, x_{2j}, \cdots, x_{mj}) - \min(x_{1j}, x_{2j}, \cdots, x_{mj})} \quad (8-2)$$

其中,x'_{ij}表示标准化后的值。

第二步:计算第j项指标下第i个目标占该指标的比重,计算公式为:

$$p_{ij} = \frac{x'_{ij}}{\sum_{i=1}^{m} x'_{ij}} \quad (8-3)$$

其中,p_{ij}表示第j项指标下第i个目标占该指标的比重。

第三步:计算第j项指标的熵值:

$$e_j = -\frac{1}{\ln n} \sum_{i=1}^{m} p_{ij} \ln p_{ij}, \; e_j \geqslant 0 \quad (8-4)$$

其中,e_j表示第j项指标的熵值。

第四步:计算第j项指标的差异系数,对第j项指标而言,指标的差异越大,对方案评价的影响就越大,熵值就越小,因此定义差异系数为:

$$g_j = 1 - e_j \quad (8-5)$$

其中,g_j表示第j项指标的差异系数。

第五步:利用熵权法(郭显光,1994)计算各指标的权重:

$$\omega_j = \frac{g_j}{\sum_{j=1}^{n} g_j} \quad (8-6)$$

其中,ω_j表示第j项指标的权重。

第六步:最后计算得出新型城镇化综合指标指数:

$$F = \sum_{j=1}^{n} \omega_j x'_{ij} \qquad (8-7)$$

根据以上计算步骤,可得出江苏 13 个地级市的新型城镇化综合水平,指标数值越高,则表示该城市新型城镇化发展综合水平越高。

(二) 评价指标体系的构建

本部分将构建江苏新型城镇化发展水平的综合评价指标体系。该评价指标体系必须遵循经济规律、生态规律和人口发展规律,采用科学的方法和手段,并且确立的指标必须是能够较为客观和真实地反映所研究系统发展演化的定量指标,使得评价结果能够从不同角度进行新型城镇化发展水平的分析。此外,指标体系过大或过小都不利于得到正确的分析结果,因此,在选取指标时,还应坚持科学发展的原则、系统性原则、可操作性原则以及突出重点原则,统筹兼顾,以便获取可靠、客观的信息。因此本研究从 2016 至 2020 年《江苏统计年鉴》和 13 个地级市的《统计年鉴》等资料中选取 4 个一级指标和 12 个二级指标,构建了江苏新型城镇化发展水平综合评价指标体系,构建结果如表 8-2 所示。

表 8-2 江苏新型城镇化发展水平综合评价指标体系

变量名称	一级指标	二级指标	单位	指标属性
新型城镇化发展水平	人口城镇化	常住人口城镇化率	%	正指标
		城乡人口比重	%	正指标
		城乡收入比重	%	正指标
		人口密度比	人/km²	逆指标
	土地城镇化	城镇人均现住房建筑面积	km²	正指标
		城乡居民人均居住面积比	%	正指标
	经济城镇化	第二、第三产业产值占 GDP 比重	%	正指标
		城镇常住居民人均可支配收入	元	正指标
		人均 GDP	元	正指标
	社会城镇化	每万人拥有医疗机构床数量	张	正指标
		每万人普通高等学校在校学生数	%	正指标
		教育占地方公共财政预算支出比重	%	正指标
		每百万人拥有公共图书藏书量	本	正指标

指标体系包括城乡结构、城乡密度、经济发展以及服务配套四个一级指标，以及常住人口城镇化率、城乡人口比重、城乡收入比重、人口密度比、城镇人均现住房建筑面积、城乡居民人均居住面积比、第二、三产业产值占GDP比重、城镇常住居民人均可支配收入、人均GDP、每万人拥有医疗机构床数量、每万人普通高等学校在校学生数、教育占地方公共财政预算支出比重和每百万人拥有公共图书藏书量十三个二级指标，这些指标基本上能够反映江苏地级市的新型城镇化发展水平。

（三）江苏新型城镇化发展水平的综合评价分析

根据上述内容，本研究分别对江苏2015—2019年13个地级市的指标数据进行标准化处理，并且计算出每年各指标的权重（即13个地级市各指标的平均值），如表8-3所示，在此基础上测算了江苏13个地级市新型城镇化发展水平的综合得分并进行排名，如表8-4所示。

表8-3 江苏新型城镇化发展水平各指标赋权表

指标	熵值	差异性系数	权重/%
常住人口城镇化率	0.80	0.20	6.56
城镇人口比重	0.85	0.15	4.9
城乡收入比重	0.79	0.21	6.89
人口密度	0.83	0.17	5.53
城镇人均现住房建筑面积	0.72	0.28	9.50
城乡居民人均居住面积比	0.65	0.35	11.61
第二、第三产业产值占GDP比重	0.85	0.15	5.02
城镇常住居民人均可支配收入	0.80	0.20	6.68
人均GDP	0.82	0.18	6.02
每万人拥有医疗机构床数量	0.82	0.18	6.07
每万人普通高等学校在校学生数	0.74	0.26	8.79
教育占地方公共财政预算支出比重	0.51	0.49	16.34
每百万人拥有公共图书藏书量	0.80	0.2	6.09

由表8-4可知，南京、常州、无锡在2015—2019年间，新型城镇化水平分别位于江苏第一至三位，而盐城、徐州、宿迁则分别处于后三位。进一步地，为了考查江苏各个地级市之间的时间变化趋势和地域差异情况，本研究根据模型计算结果绘制了如图8-1所示的江苏2015—2019年江苏13个地级市新型城镇化综

合得分趋势图。如图 8-1 所示，江苏新型城镇化水平发展存在着明显的时间趋势和地域差异。从整体上看，无论是苏南地区还是苏北地区，2015—2019 年间各地级市的新型城镇化水平基本呈现增长的趋势，其中南京、常州以及镇江的增长效果更为显著。南京从 2015 年的 0.610 增加到了 2019 年的 0.728，常州从 2015 年的 0.406 增加到了 2019 年的 0.585，镇江从 2015 年的 0.318 增加到了 2019 年的 0.460。从地区差异的角度来看，苏南地区和苏北地区的新型城镇化水平差异明显，以南京为代表的苏南地区新型城镇化发展水平整体高于苏北地区。其中，以 2019 年为例，苏南地区中南京的新型城镇化水平最高(0.728)，苏北地区中新型城镇化水平最高的为淮安(0.307)。新型城镇化发展水平的地区差异产生的原因是多方面的，最直接的原因可能来自经济的差异，苏南地区的经济发展水平整体上高于苏北地区。一方面，苏南地区具有良好的城市经济基础，尤其是在工业方面；另一方面，苏南地区的地理区位优势也更为明显，毗邻沪、浙，区域协同发展效果更佳。因此，江苏在相关政策的出台上应着力于区域协调发展，完善相关设施配套，吸引更多企业入驻苏北地区，为苏北地区增添经济发展的新活力。

表 8-4 2015—2019 年江苏 13 个地级市新型城镇化水平综合得分及排名

城市	2015	2016	2017	2018	2019	均值	排名
南京	0.610	0.650	0.727	0.698	0.728	0.682	1
常州	0.406	0.584	0.585	0.662	0.585	0.506	2
无锡	0.400	0.440	0.524	0.510	0.524	0.479	3
苏州	0.420	0.393	0.466	0.442	0.466	0.437	4
镇江	0.318	0.351	0.460	0.393	0.460	0.396	5
南通	0.293	0.326	0.394	0.362	0.394	0.354	6
扬州	0.271	0.297	0.352	0.325	0.352	0.320	7
泰州	0.244	0.284	0.355	0.344	0.355	0.316	8
淮安	0.207	0.230	0.307	0.283	0.307	0.267	9
连云港	0.195	0.218	0.301	0.268	0.301	0.256	10
盐城	0.202	0.227	0.264	0.251	0.264	0.242	11
徐州	0.166	0.189	0.242	0.253	0.242	0.219	12
宿迁	0.144	0.161	0.193	0.185	0.193	0.175	13
均值	0.298	0.335	0.398	0.383	0.398	0.358	—

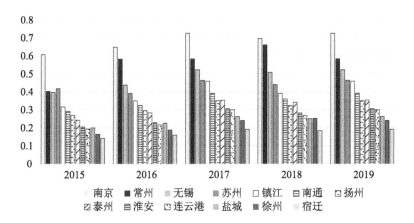

图 8-1　2015—2019 年江苏 13 个地级市新型城镇化水平综合得分趋势

第三节　"新型城镇化"与美丽江苏建设的耦合协调分析

现阶段江苏各地级市的某些地区仍存在将推进美丽江苏建设重点放在光亮的表面,而普遍忽视生态持续、城乡均衡、百姓长期福祉等方面。与此同时,各地级市政府在推动城镇化发展时也是更倾向于扩大城镇数量以及提高城镇档次,而并没有全心全力去提升城镇化的质量。总而言之,"新型城镇化"是高起点推进美丽江苏建设的重要一环,确保"新型城镇化"与美丽江苏建设的耦合与协调是高起点推进美丽江苏建设的重要内容之一。因此,本部分将构建"新型城镇化"与美丽江苏建设的耦合协调度模型,评估"新型城镇化"与美丽江苏建设的耦合协调水平与现状,为实现高起点推动美丽江苏建设政策措施的出台提供有力的经验证据。

一、研究方法与数据来源

(一)耦合协调度模型的构建

本部分将利用耦合协调度模型评估"新型城镇化"与美丽江苏建设的耦合协调水平并分析其现状。

首先,本部分将提取前文测度的江苏"新型城镇化"水平和美丽江苏建设水平,分别设定为 R_1(江苏"新型城镇化"水平)与 R_2(美丽江苏建设水平)。

其次,耦合度模型主要用于反映两个系统间相互作用关系的强弱。因此,基于这一原理构建江苏"新型城镇化"水平和美丽江苏建设水平之间的耦合度模型:

$$C = \left[\frac{R_1 R_2}{\left(\frac{R_1+R_2}{2}\right)^2}\right]^{\frac{1}{2}} \tag{8-8}$$

其中:C 是江苏"新型城镇化"水平和美丽江苏建设水平的耦合度,$0 \leqslant C \leqslant 1$,$C$ 越大表明两者间的关联性越大;R_1、R_2 分别为江苏"新型城镇化"水平和美丽江苏建设水平的综合发展指数评价值,$0 \leqslant R_1、R_2 \leqslant 1$。耦合度模型只能用于反映江苏"新型城镇化"水平和美丽江苏建设水平的耦合关系的强弱,但不能表示两者耦合作用的整体效果,因此,通过耦合协调度模型,对江苏"新型城镇化"水平和美丽江苏建设水平之间的耦合协调发展程度进行判断,公式为:

$$D = (CT)^{\frac{1}{2}} \tag{8-9}$$

$$T = \alpha R_1 + \beta R_2 \tag{8-10}$$

其中:D 为两者的耦合协调度,$0 \leqslant D \leqslant 1$;$T$ 为两者的综合协调指数,$0 \leqslant T \leqslant 1$;$\alpha$、$\beta$ 为全球高端产业链水平的权重系数。考虑到江苏"新型城镇化"水平和美丽江苏建设水平同等重要,所以取 $\alpha = \beta = 0.5$。

最后,本文对"新型城镇化"与美丽江苏建设的耦合协调度进行归类。协调发展阶段的具体划分情况如表8-5所示。

表8-5 耦合协调度类型划分

协调发展阶段	协调度区间	综合评价值 R	耦合协调度类型
高级协调	(0.8, 1]	$R_1 > R_2$	高度协调美丽江苏建设水平滞后型
		$R_1 = R_2$	高度协调江苏"新型城镇化"水平和美丽江苏建设水平同步协调型
		$R_1 < R_2$	高度协调江苏"新型城镇化"水平滞后型
中级协调	(0.6, 0.8]	$R_1 > R_2$	中级协调美丽江苏建设水平滞后型
		$R_1 = R_2$	中级协调江苏"新型城镇化"水平和美丽江苏建设水平同步协调型
		$R_1 < R_2$	中级协调江苏"新型城镇化"水平滞后型

(续表)

协调发展阶段	协调度区间	综合评价值 R	耦合协调度类型
初级协调	(0.5, 0.6]	$R_1 > R_2$	初级协调美丽江苏建设水平滞后型
		$R_1 = R_2$	初级协调江苏"新型城镇化"水平和美丽江苏建设水平同步协调型
		$R_1 < R_2$	初级协调江苏"新型城镇化"水平滞后型
濒临失调	(0.4, 0.5]	$R_1 > R_2$	濒临失调美丽江苏建设水平滞后型
		$R_1 = R_2$	濒临失调江苏"新型城镇化"水平和美丽江苏建设水平同步协调型
		$R_1 < R_2$	濒临失调江苏"新型城镇化"水平滞后型
失调	[0, 0.4]	$R_1 > R_2$	失调美丽江苏建设水平滞后型
		$R_1 = R_2$	失调江苏"新型城镇化"水平和美丽江苏建设水平同步协调型
		$R_1 < R_2$	失调江苏"新型城镇化"水平滞后型

(二) 面板 Tobit 模型的构建

本章节将"新型城镇化"与美丽江苏建设的耦合协调度的测算结果作为被解释变量,选择相关的解释变量进入回归模型,进一步对"新型城镇化"与美丽江苏建设的耦合协调度进行影响因素分析。鉴于"新型城镇化"与美丽江苏建设的耦合协调度的取值范围为[0,1],为截断数据,属于受限制的被解释变量回归,为避免利用 OLS 回归引起的有偏问题,本研究选择面板 Tobit 模型进行分析。模型的基本形式如式(8-11)所示:

$$Y = \begin{cases} \beta_0 + \sum_{j=1}^{n} \beta_j X_j + \mu, & 0 \leqslant \beta_0 + \sum_{j=1}^{n} \beta_j X_j + \mu \leqslant 1 \\ 0, & 其他 \end{cases} \quad (8\text{-}11)$$

其中,Y 表示受限制的被解释变量,j 表示解释变量的序号,X_j 表示第 j 个影响因素所对应的解释变量,β_j 表示第 j 个解释变量所对应的回归系数,μ 为系统随机扰动项,并服从于均值为 0 的正态分布。

设定了 Tobit 模型的基本形式之后,结合上文选择的解释变量与被解释变量,本研究构建如式(8-12)所示的具体面板 Tobit 回归模型:

$$Y_{it} = \beta_0 + \beta_1 \ln Pop_{it} + \beta_2 IGUR_{it} + \beta_3 \ln Inv_{it} + \beta_4 \ln Cons_{it} + \beta_5 \ln Fin_{it} + \beta_6 IA_{it} + \mu_{it} \quad (8\text{-}12)$$

其中，i 表示样本的序号，t 表示样本的年份，Y 表示样本"新型城镇化"与美丽江苏建设的耦合协调度的评价值，Pop_{it} 表示人口规模(万人)，$IGUR_{it}$ 表示城乡收入比值，Inv_{it} 表示人均固定资产投资总额(万元／人)，$Cons_{it}$ 表示人均社会消费品总额(万元／人)，Fin_{it} 表示人均地方财政收入(万元／人)，IA_{it} 表示第三产业产值区位熵，$\beta_j(j=1,2,\cdots,6)$ 表示各个解释变量的回归系数，μ_{it} 为系统随机扰动项，并服从于均值为 0 的正态分布。

（三）数据来源

本部分所使用的数据主要来源于各个年份的《江苏统计年鉴》、各个地级市《统计年鉴》、《南京科技统计要览数据册》、南京市官网的其他统计数据以及前文的测算数据。

二、"新型城镇化"与美丽江苏建设的耦合协调分析

（一）"新型城镇化"与美丽江苏建设的耦合协调水平评估结果

本部分将基于江苏 2015—2019 年间的相关数据，利用前文设定的"新型城镇化"与美丽江苏建设的耦合协调度模型，对"新型城镇化"与美丽江苏建设的耦合协调度进行了测度，以此从"新型城镇化"视角评价高起点推进美丽江苏建设的效果。为了能够更加清晰地判断各个城市效果的平均水平，本部分将各个城市的均值按照耦合协调度的类型进行了归类，测度及归类结果如表 8-6 所示。

表 8-6 "新型城镇化"与美丽江苏建设的耦合协调水平评估结果

城市	2015	2016	2017	2018	2019	均值	类型	排序
南京	0.792	0.815	0.828	0.822	0.842	0.820	高级协调	1
常州	0.620	0.703	0.753	0.779	0.748	0.721		2
苏州	0.678	0.670	0.677	0.678	0.695	0.679		3
无锡	0.636	0.655	0.687	0.686	0.698	0.672	中级协调	4
南通	0.596	0.619	0.655	0.645	0.663	0.636		5
镇江	0.579	0.593	0.648	0.628	0.651	0.620		6
扬州	0.564	0.579	0.608	0.596	0.610	0.591		7
泰州	0.530	0.565	0.611	0.612	0.602	0.584	初级协调	8
淮安	0.523	0.539	0.585	0.576	0.594	0.563		9

(续表)

城市	2015	2016	2017	2018	2019	均值	类型	排序
盐城	0.515	0.531	0.557	0.553	0.569	0.545	初级协调	10
连云港	0.501	0.514	0.562	0.554	0.577	0.542	初级协调	11
徐州	0.494	0.508	0.547	0.557	0.557	0.533	初级协调	12
宿迁	0.468	0.476	0.497	0.500	0.513	0.491	濒临失调	13
均值	0.577	0.597	0.632	0.630	0.640	0.615	中级协调	—

耦合协调度描述了各个时期"新型城镇化"与美丽江苏建设的协调发展现状。从整体来看，2015至2019年间，"新型城镇化"与美丽江苏建设的协调发展状态较好，大部分地级市至少处于初级协调水平，仅有宿迁市(0.491)为濒临失调水平。具体来看，南京市为高级协调水平，常州市、苏州市、无锡市、南通市以及镇江市处于中级协调水平，扬州市、泰州市、淮安市、盐城市、连云港市以及徐州市处于初级协调水平。从时间趋势上来看，2015至2019年间，"新型城镇化"与美丽江苏建设的耦合协调水平基本上处于上升的态势。例如南京市在2015年的耦合协调度为0.792，到2019年上升为0.842。无锡市在2015年的耦合协调度为0.636，到2019年上升为0.698。淮安市在2015年的耦合协调度为0.523，到2019年上升为0.594。另外，也有部分地级市的耦合协调度存在短暂下降的情况，如常州、苏州、扬州等。

进一步地，根据评估结果，本文绘制了"新型城镇化"与美丽江苏建设的耦合协调水平综合得分的变化趋势图，结果如图8-2所示。从图8-2中可以再次直观地印证上述结论。例如：中级协调与初级协调的占比较大，2019年的耦合协调度普遍高于2015年，并且存在部分反向波动的情况。

(二)"新型城镇化"与美丽江苏建设的耦合协调水平的影响因素分析

在对多个变量或因素进行计量回归之前，一般需要进行相关性分析，以检验解释变量选择的有效性。相关性分析是指对两个或多个具备相关性的变量进行相关强度的检验性分析，进而判断出两个变量因素之间相关性的密切程度。因此，本研究将在各个解释变量与"新型城镇化"与美丽江苏建设的耦合协调度之间进行相关性检验与分析，结果如表8-7所示。为了在一定程度上消除异方差的问题，本研究对 Pop、Inv、$Cons$ 以及 Fin 四个变量做自然对数处理。

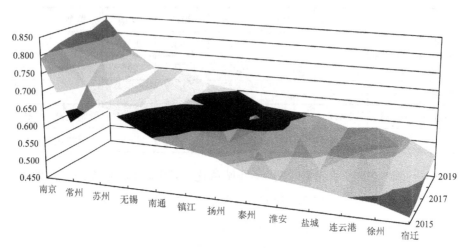

图 8-2 "新型城镇化"与美丽江苏建设的耦合协调水平综合得分的变化趋势

表 8-7 皮尔逊相关性分析结果

变量	皮尔逊相关系数
$\ln Pop$	$-0.254**$
$IGUR$	$-0.143*$
$\ln Inv$	$0.473**$
$\ln Cons$	$0.089*$
$\ln Fin$	$0.072*$
IA	$0.603***$

注：***、**、* 分别表示在 0.01、0.05、0.10 的显著性水平上显著相关。

从表 8-7 中可以看出：$\ln Cons$ 和 $\ln Fin$ 变量在 10% 的显著性水平上显著正相关,皮尔逊相关系数分别为 0.089 和 0.072；$IGUR$ 变量在 10% 的显著性水平上显著负相关,皮尔逊相关系数为 -0.143；$\ln Inv$ 变量在 5% 的显著性水平上显著正相关,皮尔逊相关系数为 0.473；$\ln Pop$ 变量在 5% 的显著性水平上显著负相关,皮尔逊相关系数为 -0.254；IA 变量在 1% 的显著性水平上显著正相关,皮尔逊相关系数为 0.603。从上述相关性分析结果可以认为,各个解释变量与"新型城镇化"与美丽江苏建设的耦合协调度之间是显著相关的,即因素之间存在数据上的相关性。这也证明了,本研究中后续的计量回归模型具备相关的统计学意义。

上一部分利用相关性分析确定了各个解释变量与"新型城镇化"与美丽江苏建设的耦合协调水平之间存在显著的相关关系,但这种关系的具体影响情况与程度尚不明确,并且进行统一多元回归中是否会产生交互影响也不得而知。因此,本研究利用前文构建的 Tobit 回归模型,将多个解释变量置入同一个回归模型之中,进一步探讨各个解释变量与"新型城镇化"与美丽江苏建设的耦合协调水平之间的关系。各个解释变量对"新型城镇化"与美丽江苏建设的耦合协调水平影响的 Tobit 模型回归结果如表 8-8 所示。

表 8-8　面板 Tobit 模型回归结果

变量	回归系数	标准误差	t 值	p 值
$\ln Pop$	-0.133^{**}	0.062	-2.145	0.036
$IGUR$	-0.071^{***}	0.021	-3.381	0.001
$\ln Inv$	0.099^{***}	0.026	3.808	0.000
$\ln Cons$	-0.017	0.066	-0.258	0.798
$\ln Fin$	0.082^{*}	0.047	1.745	0.086
IA	0.066^{**}	0.031	2.129	0.038
常数	4.228^{***}	0.521	8.115	0.000
F 检验的 P 值	0.000			
调整的 R^2	0.578			

注:***、**、* 分别表示在 0.01、0.05、0.10 的显著性水平上显著相关。

如表 8-8 所示,Tobit 回归分析结果显示:进入 Tobit 回归模型的 6 个变量有 5 个通过了至少 10% 的显著性水平的检验,而 $\ln Cons$ 变量未通过显著性检验。另外,F 检验的 P 值为 0.000,调整的 R^2 值为 0.578,表明该模型的拟合状态较好。$\ln Inv$、$\ln Fin$ 以及 IA 变量对"新型城镇化"与美丽江苏建设的耦合协调水平有显著的正向影响,而 $\ln Pop$ 和 $IGUR$ 变量对"新型城镇化"与美丽江苏建设的耦合协调水平有显著的负向影响。具体而言:

(1) 从人口规模上来看,$\ln Pop$ 变量通过了 5% 的显著性水平的检验,并且影响系数符号为负,表明人口规模的提升会在一定程度上降低"新型城镇化"与美丽江苏建设的耦合协调水平。较大的人口规模虽然会为江苏带来更多的高素质人才,为高起点推动美丽江苏建设提供一定规模的劳动力,但是人口理论表明适度的人口规模化发展将更有利于区域的协调发展,这也解释了 $\ln Pop$ 变量回归系数符号为负的原因。

(2) 从城乡收入比值上来看,$IGUR$ 变量通过了 1% 的显著性水平的检验,并且影响系数符号为负,表明城乡收入比值的上涨会抑制"新型城镇化"与美丽江苏建设的耦合协调水平的提高。"新型城镇化"要求城乡之间的发展应当处于一个动态平衡的态势,过度的城乡差距势必会降低"新型城镇化"与美丽江苏建设的耦合协调水平。随着近些年江苏城乡收入差距的不断缩小,美丽江苏这一建设目标也逐渐成为现实。

(3) 从人均固定资产投资总额上来看,$\ln Inv$ 变量通过了 1% 的显著性水平的检验,并且影响系数符号为正,表明随着人均固定资产投资总额的提升,"新型城镇化"与美丽江苏建设的耦合协调水平也会随之提高。有效的单位投资会为江苏提供充足的生产要素。近些年,江苏的有效固定资产投资水平不断上升,区域间、产业间的要素配置效率得到了改善,这为高起点推进美丽江苏建设进一步带来了活力。

(4) 从人均地方财政收入上来看,$\ln Fin$ 变量通过了 10% 的显著性水平的检验,并且影响系数符号为正,表明随着人均地方财政收入水平的提升,"新型城镇化"与美丽江苏建设的耦合协调水平也会随之提高。一方面,地方财政反映了地方经济的发展态势,适当的财政应用也会反哺经济发展;另一方面,人均地方财政水平的上升也会弥补新型城镇化中的弊端,为高起点推进美丽江苏建设解决部分的后顾之忧。

(5) 从第三产业产值区位熵上来看,$\ln IA$ 变量通过了 5% 的显著性水平的检验,并且影响系数符号为正,表明随着第三产业集聚水平的提升,"新型城镇化"与美丽江苏建设的耦合协调水平也会随之提高。第三产业集聚水平的提升使得江苏产业结构不断合理化与高级化,相关服务业的发展也提高了江苏公共服务、环境保护等方面的效能,提升了高起点推进美丽江苏建设目标的深度。

第四节 "新型城镇化"视角下高起点推进美丽江苏建设的实践案例

——以沭阳县新型城镇化发展为例

一、江苏省沭阳县简介

沭阳县是江苏省三个省直管试点县之一,地处江苏北部的鲁南丘陵与江淮平原的过渡地带,素以改革创新而闻名。沭阳县下辖 1 个国家级经济技术开发区,6 个街道,23 个镇和 1 个乡,共计 480 个社区。2021 年全县地区生产总值 1 162.1 亿元,一般公共预算收入 62.01 亿元。在 2020 年入围国家发改委公布的 120 个县城新型城镇化示范建设名单,连续入选全国工业百强县,是苏北县级唯一Ⅱ型大城市。然而 2014 年沭阳县的生产总值还在 579.96 亿元,增长率 10.8%,年末城镇常住人口 81.5 万人,城镇化率 52.5%,自 2015 年全力推进新型城镇化后生产总值年均增长 14.3%,2021 年城镇化率已达到 70.6%,这一成就与沭阳县的新型城镇化规划战略脱不开关系。摒弃无限扩容与大拆大建,沭阳县以城乡统筹、以人为本、塑造特色三大举措推进中心城市及周边城镇发展,形成了农村特色产业成长、城镇公共服务高效、城乡要素流动畅通、本土民营经济兴旺的繁荣景象。

江苏省明确新型城镇化发展的总体目标和发展形态主要是在 2014 年,为贯彻落实《国家新型城镇化规划(2014—2020 年)》,江苏省印发《江苏省新型城镇化与城乡发展一体化规划(2014—2020 年)》和《江苏省国民经济和社会发展第十二个五年规划纲要》,2014 年起省内各市纷纷推进新型城镇化建设,2020 年江苏省 10 个县及县级市入选全国新型城镇化建设示范名单,其中就包括沭阳县。正如前文所述,在新型城镇化建设中,常见的发展模式有两种:政府主导型和农民主导型,政府主导型主要表现为政府自主制定指标并统一规划,对农民进行整体上的拆迁与安置的同时逐步扩展城市范围。农民主导性表现为在农村生产力的提升下农民与土地的分离,在政府协助下农民可以进行其他生产并获得更多收益,村民以村为单位集中居住,土地集约化使用。沭阳县的城镇化过程中政府占主导地位,通过坚持优化统筹的城乡体系结构、坚持以人为本的中心城市建设、改善特色风貌与生态环境三大方面建设新型城镇化。

二、坚持优化统筹的城乡体系结构

（一）构建网络化的新型城镇体系

根据《沭阳城市总体规划 2010—2030》对城镇空间体系的规划，以中心城市核心区为主轴，重点发展临港新城、新河、华冲、沂涛、刘集、湖集、韩山、桑墟八个中心镇，并带动周边多个点即其他城镇发展。以高速公路、一级公路和铁路等交通设施为骨架，构建以中心城市和重点镇为节点的网络化空间格局。2014年进一步更改为"一个核心（中心城区）、两条发展轴（南北联动发展轴、通海联动发展轴）、六个片区（北部片区、东北片区、东部片区、南部片区、西部片区、西北片区）、七大增长极（马厂、贤官、韩山、湖东-高墟、胡集、陇集、潼阳）、多个节点"的县域城乡空间体系。总体来看，沭阳县的城镇化呈现地域分工和中心地并重的发展态势，各个节点形成规模不等、级别不同的中心地，同时主导产业相互补充、差异化发展。该模式对于发展之初资源优势和政策支持都不突出的沭阳县来说，更有利于集中资源发展中心城区形成多样化专业化经济功能，从而带动县域其他乡镇的特色化产业形成。

（二）提升农村基础设施与公共服务

2014年2月22日，国务院发展研究中心副主任韩俊在"第四届中国县域经济发展高层论坛"上表示"在发展新型城镇化的同时要做到城乡统筹，要协调推进新农村建设"。而城乡基础设施与公共服务统筹建设也是城乡统筹的重要方面，乡村基础设施的完善是现代农业发展和产业就业能力增强的基础，乡村公共服务的优化是新型城镇化以人为本的重要体现。在乡村基础设施的建设方面，沭阳县自2015年以来实施了水利重点工程建设、县乡河道疏浚工程、中低产田改造工程等农业生产性基础设施建设，对北六塘河、大涧河、岔流新开河等中小河流进行治理并对周集、塘沟等9个乡村河道进行疏浚，在陇集、耿圩、张圩等6个乡镇改造中低产田4.5万亩，通过提高河道沿线和灌区的灌排能力及土质来提升农业生产力。2016年制定乡镇污水处理设施建设项目，采用PPP方式在全县农村乡镇建设17个污水处理厂、13个污水提升泵站、344.58千米主管网和1 063千米支管网提升农村环境质量。在乡村公共服务建设上，大力实施农村劳动力培训及就业再就业工程,分别提升农村低保标准和乡村居民基础养老金,完善城乡公共交通体系,大力投运镇村公交,在公共交通、养老保障和人力资本投资等多领域提升农村公共服务水平。

(三) 鼓励在外群体返乡创业

自2012年起,沭阳县就开始鼓励外出务工人员返乡创业,连续数年出台文件及优惠政策吸引农民工返乡。2012年沭阳县人民政府印发《关于进一步鼓励和支持外出务工人员返乡创业就业的实施意见》提出建立就业岗位和创业项目发布平台、建立农村公共就业服务登记制度、搭建返乡创业人员服务平台等服务措施,加强财政资金扶持、减免相关税费等扶持政策,并开展外出务工人员回乡就业创业的培训指导。2016年印发的《关于支持农民工等人员返乡创业的实施意见》在强化原有支持措施的同时又提出了发展现代农业带动返乡创业、支持返乡人员发展电子商务创业、推进农民工返乡创业园建设、强化金融服务等多项新措施,进一步完善了返乡创业的政策支撑体系。2018年至2019年,华冲镇和耿圩镇又相继出台了《华冲镇全民创业、返乡创业扶持政策》《耿圩镇返乡创业优惠政策和奖励办法》,分别就各自的特色产业对农民工返乡创业展开了税收、租金、贷款、培训、土地流转等多方面支持。2022年县政府十八届一次常务会议审议通过的《沭阳县鼓励返乡创业就业若干措施》,除在创业就业补贴、职业培训等方面提供更大支持力度外,还提出了返乡创业购房补贴、鼓励企业吸纳就业、创业园区建设奖补、教育住房交通保障、选树返乡创业就业典型等多种优惠政策。从表8-9中可以看出,沭阳县返乡就业创业优惠政策随当地产业发展变化而调整,有效促进了乡村产业的繁荣发展。

表8-9 关于沭阳县促进返乡就业创业的政策文件梳理

政策文件	印发时间	印发单位	具体内容
《关于进一步鼓励和支持外出务工人员返乡创业就业的实施意见》	2012	县人民政府	建立就业岗位和创业项目发布平台、建立农村公共就业服务登记制度、搭建返乡创业人员服务平台、加强财政资金扶持、减免相关税费、开展回乡就业创业培训
《县政府关于支持农民工等人员返乡创业的实施意见》	2016	县人民政府	发展现代农业带动返乡创业、支持返乡人员发展电子商务创业、推进农民工返乡创业园建设、强化金融服务

(续表)

政策文件	印发时间	印发单位	具体内容
《华冲镇全民创业、返乡创业扶持政策》	2018	华冲镇	对企业和创业项目实行"保姆式""一站式"帮办服务，举办种植类、养殖业技能培训班与讲座
《耿圩镇返乡创业优惠政策和奖励办法》	2019	耿圩镇	优先提供贷款扶持、优先组织创业技能培训、外出参观，对投入多肉种植、花木栽植的创业人员帮助其流转土地、完善配套设施
《沭阳县鼓励返乡创业就业若干措施》	2022	县十八届一次常务会议	返乡创业购房补贴、鼓励企业吸纳就业、创业园区建设奖补、教育住房交通保障、选树返乡创业就业典型

三、坚持以人为本的中心城镇建设

（一）以产业带动人口城镇化

产业是推动新型城镇化高质量发展的核心动力，在新一轮城市规划编修中沭阳县立足于粮食供给安全问题，划定永久基本农田面积1 226平方千米，占全县辖区面积的53%。这从根本上阻止了土地城市化扩张的可能。沭阳县从产业出发发展新型城镇化，主动调整了二产占比，压缩第二产业比例并相应提升第三产业占比，彰显了新型城镇化生态环境质量的要求。从整体上看，沭阳的经济格局可以分为开发区外来经济和本土民营经济，其中本土经济以花木、电商、生态旅游和其他乡镇的特色经济板块为主，外来经济以开发区的纺织、机电装备为主，在主城区形成了以新长铁路和京沪高速划分的一体两翼天然格局。主城区中部以生活服务为主，主城区东部国家经济技术开发区发展机械电子、电池、纺织、光伏等制造业，主城区西部则以花木批发零售、电商等服务业为主导。三个重点镇中，贤官镇作为全国"板材之乡"持续带动周边乡村产业发展，马厂镇以木材加工、现代农业为基础，进一步发展特色旅游业，韩山镇以规模种植和产粮大县闻名并以此为基础发展白酒产业。总体而言，沭阳县的城镇发展规划秉持以产业为核心，以人的城镇化为初衷，有效避免了城镇空心化，在提升城镇就业率的同时也使县域经济更加繁荣坚实。

（二）基本公共服务的全覆盖

近5年来，沭阳县相继两年发布基本公共服务清单，实现基本公共服务的全覆盖和提质增效。2018年发布基本公共服务清单包括基本公共教育4项,主要内容为加快学前教育优质普惠发展、免费义务教育、中等职业教育免学费、低收入农户子女教育扶贫工程;基本就业创业9项,主要包括就业救援、见习服务、职业技能培训和技能鉴定、农民工培训、基本公共就业服务等内容;基本社会保险6项,涵盖职工基本养老保险、居民基本养老保险、职工基本医疗保险、城乡居民基本医疗保险、失业保险和工伤保险;基本医疗和公共服务20项,重点内容包括传染病及突发公共卫生事件处理、儿童孕产妇及老年人健康管理、疾病应急救助、食品药品安全保障等;基本社会服务14项,包括医疗救助、特困人员供养、最低生活保障、经济困难失能高龄老年人居家养老服务补助及困境儿童分类保障等;以及基本住房保障3项、基本公共文化体育11项、基本公共交通2项、基本公共环境保护服务8项、残疾人基本公共服务11项。沭阳的城镇化从发动之初就不急于通过大规模同步拆迁新建来提升城镇化率,而是将确保区域内的稳定均衡协调发展作为头等大事,尤其是确保农民进城后的稳定居住、就业和基本公共服务,包括明确规定农民进城购房即使不落户,孩子也可入学,给予农民进城购房补贴,涉及自建房、土地等10个方面的补助,彰显了以人为本的城镇化发展理念。

(三) 提高就业人口素质水平

2021年沭阳县为打造"沭水优才"品牌,开展了"产业引才"自主特色招聘活动25场次,引进人才4 000人,其中博士硕士及"双一流"高校毕业生500人、博士后1名。认定高级工以上技能人才60批次4 520人。培养企业新型制学徒465人,开展就业技能培训9 006人、创业培训1 672人,创业带动就业1.2万人。2020年引进各类人才4 715人,其中"双一流"高校本科及普通高校硕士以上毕业生585人。与县内职业院校、重点企业合作,开设现场实践课堂,开展城乡劳动者就业技能培训、新生代农民工职业技能培训、创业培训,分别惠及14 089人、8 228人、2 936人。2019年开展城乡劳动者就业技能培训16 166人、创业培训3 709人,引进高校毕业生4 878人,其中博士、硕士"双一流"建设高校毕业生506人。2018年开展城乡劳动者就业培训11 685人,创业培训2 452人,全年新增专业技术人才3 800人,新增高技能人才9 970人,引进高校毕业生5 882人,高层次人才20多人,其中国家千人计划专家2人,省"双创人才"3人、省"双创博士"8人。2017年针对464个岗位引进高校毕业生需求2 648个,完成城乡劳动者就业技能培训9964人,城乡新成长劳动者技能培训3694人。近5年沭阳县就业创业培训及高校毕业生引进情况如图8-3所示。

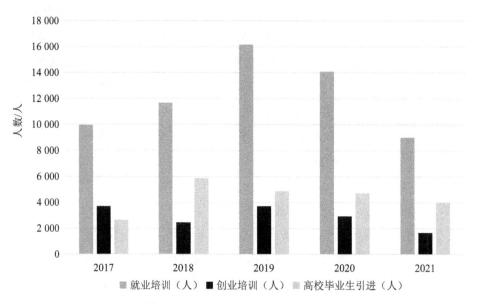

图8-3　2017—2021年沭阳县就业创业培训及高校毕业生引进情况

注：数据根据沭阳县人民政府网站的本地动态新闻整理所得。

四、改善生态环境与特色风貌

(一) 持续改善城乡生态环境

为统筹推进新型城镇化和新农村建设,2016年沭阳县在全县逐步开展农村生活垃圾分类收集处理试点示范,进一步完善"户投放(分类)、组保洁、村收集、镇转运、县处理"的生活垃圾收运处理体系,按照"政府主导、企业运营、因村制宜、逐步推进"的总体思路,加强乡镇镇区和规划发展村庄生活污水治理试点建设,并启动绿色镇村示范点建设,每年打造一批林木覆盖率和绿化美化水平较高的乡镇、村庄。2018年出台了《沭阳县城市治理与服务"365"行动计划》。计划利用3年时间,在全县持续深化公厕、农贸市场、垃圾"三场革命",大力推进城市"三水"保障水平、交通文明水平、空气质量水平、物业管理水平、园林绿化水平、规划设计水平"六项提升"。2019年制定了《沭阳县2019年农村人居环境整治村庄清洁行动实施方案》,持续推进河道"三乱"整治,强化控源截污、沟渠疏浚、生态修复、长效管护等重点内容。2020年全县累计开展村庄清洁行动6000余场次,清理农村各类垃圾38.6万余立方米;疏浚河道土方88万方,建设完成农村生态河道10条,清理村内河塘沟渠、排水沟5 700余处;完成农村无害化户厕改造16 500户,建成农村公厕137座、村级污水处理设施85座;完成农村公路功能提升428.8千米;创建省级垃圾分类全域试点乡镇1个,建成美丽宜居村庄133个;签订房前屋后"三包"承诺书362 569份,在3 006个自然村庄全部建立了日常保洁制度。

(二)棚户区改造提升城市面貌

棚改是实施城市更新行动的具体举措,是改善城市面貌、促进美丽江苏建设的民生工程。沭阳县自2016年起就着手棚户区改造工作,为加快推进旧城改造和棚户区动迁,2016年出台《沭阳县进一步促进城区房地产市场健康发展六条意见》及《沭阳县棚户区(危房)改造货币化安置实施办法》等文件,对购买首套商品住房商业贷款贴息、提高住房公积金贷款最高限额、鼓励农民进城购房、给予就业创业人才购房补贴、推进棚户区改造货币化安置补贴、实行购房居民子女就近入学政策等六个方面,给予购房优惠,累计审核发放棚户区改造购房补贴资金1 793.1万元,惠及百姓571户。2019年确定的棚户区改造范围包括城市规划区和重点镇规划区内棚户区(危旧房),具体为沭城、梦溪、南湖、七雄、十字、章集街道及经开区、马厂镇、贤官镇,采取之前的货币+等面积置换定销房子两种作为补偿安置方案。2020年沭阳县主要集中于西南片区即南湖街道和十字街道辖区范围内棚改项目的动迁改造工作,全年共计动迁房屋面积31.73万平方米。目前,大部分动迁户都已经安置到位,住上了环境优美、宽敞明亮、功能齐全的新房。

(三)以花园城市打造文化软实力

以花木而闻名的沭阳县依托悠久的传统文化和60万亩的花木资源,积极推动"花木+旅游"融合发展,全力打造旅游名片,相继涌现出沭阳海棠花海、油菜花海、中闽花海、陇集俄乐岗彩色苗木风情园等多个以花木为特色的乡村旅游区,成为沭阳旅游产业新的增长极。2017年沭阳县致力于打造具有地方特色的花园城市,投入5.4亿元资金,新建、改建奥体公园、五里健身中心等27项城市绿化工程,按照海绵城市的理念,在城市园林绿化建设中,鼓励建设透水绿地;在公园、游园推广使用彩色透水混凝土、透水停车场和透水道路,以有效控制雨水径流,实现绿地调蓄雨水、生态修复等功能,新增城市绿地面积约90万平方米。2021年,沭阳新增公园绿地面积85.8万平方米,八一路、深圳路等55条道路实现"一路一景"。2022年立足"花木之乡"独特优势,相继启动沭阳植物园、沭河30千米无障碍环形步道提升、城北公园改造、15分钟生活圈"口袋公园"等一批民生园林工程,积极打造苏北乃至华东地区富有魅力、宜居宜游的花园城市。除此之外,沭阳县还连续多年举办"花木节",体现地标产品元素、延长花木产业链条,并围绕"中国淮海戏之乡""中国书法之乡""江苏省楹联文化县"等文化品牌,举办"淮海戏艺术节"、楹联书法展等集中展示地方文化品牌的系列活动。

第五节 本章小结

本章为高起点推进美丽江苏建设的"新型城镇化"专题,主要研究内容及结论如下:第一,在阐述新型城镇化的内涵与演进历程的基础上,本章介绍了江苏省新型城镇化建设的政策措施和发展模式。与传统城镇化最大的不同在于,新型城镇化以人为核心,强调通过实现城乡基础设施一体化和公共服务均等化达到"人的无差别发展"。从试点方案到任务部署,我省新型城镇化道路正不断推进,主要是在政府的主导下统一规划,合理建设。第二,根据新型城镇化的概念内涵,从人口城镇化、土地城镇化、经济城镇化和社会城镇化四个方面建立评价指标体系,利用综合评价模型对江苏13个地级市新型城镇化综合得分及趋势进行测度和分析。结果表明,江苏新型城镇化水平发展存在着明显的时间趋势和地域差异,2015—2019年各地级市的新型城镇化水平基本呈增长趋势,苏南地区和苏北地区的新型城镇化水平差异明显,以南京为代表的苏南地区新型城镇化发展水平整体高于苏北地区。第三,利用耦合协调度模型评估新型城镇化与美丽江苏建设的耦合协调水平并分析其现状,以此为"新型城镇化"视角下高起点推进美丽江苏建设提供实证依据。数据表明,"新型城镇化"与美丽江苏建设的协调发展状态较好,大部分地级市至少处于初级协调水平,南京及大部分苏南城市处于高中级协调,苏北城市协调度略低,造成这一现象的原因可能与人口规模、城乡差距、地方财政实力、产业集聚等因素有关。第四,以沭阳县新型城镇化发展为例,从优化统筹城乡体系结构、坚持以人为本的中心城市建设、改善特色风貌与生态环境三大方面细致描述沭阳县政府主导型城镇化的建设过程,以便为"新型城镇化"视角下高起点推进美丽江苏建设提供成功经验借鉴。

第九章

高起点推进美丽江苏建设

——"产业结构升级"专题

早在2013年3月,习近平总书记讲话中特别要求江苏要深化产业结构调整,将产业结构调整作为经济结构战略性调整的主攻方向,突出"高轻优强"。坚持高端引领、坚持优先发展现代服务业、优化提升传统产业,以产业结构优化升级为突破口,不断提高产业的整体素质,从而加快实现江苏经济由大到强的转变。本章为高起点推进美丽江苏建设的"产业结构升级"专题,首先对产业结构及产业结构升级的概念进行阐述,并从新结构经济学视角解读"产业结构升级"的内涵;其次从产业结构整体升级、产业结构合理化和产业结构高级化三个层面对江苏省产业结构的现状进行全面的测度和描述分析,并构建面板计量模型检验产业结构升级对美丽江苏建设的影响路径,以此为"产业结构升级"视角下高起点推进美丽江苏建设提供实证依据;最后以南京市《打造软件和信息服务产业地标行动计划》进行案例分析,为"产业结构升级"视角下高起点推进美丽江苏建设提供事实经验。

第一节 "产业结构升级"的新结构经济学解释

一、产业结构

传统意义上的产业结构是指产业内部各生产要素之间、产业之间、时间、空间、层次的五维空间关系。根据发展经济学理论,产业结构共包括产业结构本身、技术结构、产业布局、产业组织和产业链五个要素。在经济学和管理学的研究中,常用的产业分类方法主要有:两大领域、两大部类分类法,三次产业分类法,资源密集度分类法以及国际标准产业分类。我国的三次产业划分是:第一产业——农业(包括种植业、林业、牧业和渔业)。第二产业——工业(包括采掘业,制造业,电力、煤气、水的生产和供应业)和建筑业,产业革命往往是由于制造业的革命引发的一场导致三大产业的全面变革。第三产业——除第一、第二产业以外的其他各产业。根据我国的实际情况,第三产业可分为两大部分:一是流通部门,二是服务部门。具体可分为四个层次:第一层次为流通部门(物流业),包括交通运输、仓储及邮电通信业,批发和零售贸易、餐饮业。第二层次为生产和生活服务的部门,包括金融、保险业,地质勘查业,水利管理业,房地产业,社会服务业,农、林、牧、渔服务业,交通运输辅助业,综合技术服务业等。第三层次为提高科学文化水平和居民素质服务的部门,包括教育、文化艺术及广播电影电视业,卫生、体育和社会福利业,科学研究业等。第四层次为社会公共需要服务的部门,包括国家机关、政党机关和社会团体以及军队、警察等。这种分类法是根据社会生产活动历史发展的顺序对产业结构的划分。产品直接取自自然界的部门称为第一产业,对初级产品进行再加工的部门称为第二产业,为生产和消费提供各种服务的部门称为第三产业。这种分类方法成为世界上较为通用的产业结构分类方法。

  产业结构的影响因素繁多,一切决定和影响经济增长的因素都从不同程度上对产业结构的变动产生直接或间接影响。知识与技术创新、人口规模与结构、自然资源禀赋、需求结构、国际贸易等是一个国家或地区产业结构演变过程中的基本制约因素。具体地,其一,知识与技术创新是经济增长的主要推动力,也是产业结构变迁的动力。技术革命能够催生新的产业萌芽,技术创新能够将知识形态转化为物质形态,将潜在的生产力转化为现实的生产力。其二,人口规模与结构决定劳动力的数量和质量。经济发展初期,人口迅速增长,劳动力数量增加,发达国家在工业化初期推动其产业结构转换的起始阶段受到了劳动力供给不足的制约。在经济发展到一定阶段后,劳动力质量起主要作用,而劳动力质量的提高主要源于人力资本投资。现实经济生活中,产业结构的变动或某个地区的兴衰都会迫使劳动力流动,引起摩擦性失业。一方面,衰退行业劳动力需求减少引起大量失业;另一方面,一些新兴行业由于缺乏合格的劳动力而存在岗位空缺。其三,自然资源是社会生产过程所依赖的外界自然条件。一国自然资源的禀赋状况(包括地理位置、土地状况、矿藏总量及分布、水资源、气候等)对一国产业结构和经济发展具有重要影响。如自然条件的好坏直接影响一国农业的发展,而地下资源状况直接影响采掘工业、燃料动力工业的结构。但由于自然资源并不能保证持续发展,自然资源状况对产业结构的影响是相对的。从纵向发展过程看,对于大部分国家而言,作为工业化发展与经济增长的初始条件或先决条件,自然资源禀赋在一国产业结构转换过程中的不同阶段,其作用与影响是不同的。越是在初、中期阶段,其影响与作用可能越大。当初级产品生产的比较优势被制造业所取代,从而完成了起飞与初期阶段向中期阶段过渡时,它的作用与影响会趋于减小。其四,需求是在某一时期内每一种价格时消费者愿意而且能够购买的某种商品量或劳动量或劳务。从影响产业结构变动的角度看,个人消费结构、中间需求和最终需求的比例、消费和投资的比例、投资结构、净出口等因素的变动均对产业发展产生不同程度的影响。值得指出的是,在短缺经济条件下与过剩经济条件下,需求结构对产业结构和供给结构的影响存在明显差异。居民收入水平与收入分配决定消费规模和消费结构层次,决定是否会产生排浪式消费,进而影响产业结构。其五,国际贸易是在开放条件下来自外部的影响产业结构变动的因素,它对产业结构的影响,主要是通过国际比较利益机制实现的。一般来说,各国间产品生产的相对优势的变动随着时间的推移会引起进出口结构的变动进而带动国内产业结构、消费结构和贸易结构的变动。国际贸易的发展和经济全球化的推进,促进了产业的国际转移。在封闭经济中,产业结构的调整和产业结构升级并不伴随着对外产业转移,而是在一国范围内由发达地区向欠发达地区转移。国际产业转移是开放经济的产物,也是国际竞争日趋激烈的必然结果。

除上述因素外,一国的经济制度、资本的积累程度、国际投资规模、产业政策、历史条件、战争与和平环境等,都会不同程度地影响一国的产业结构。总之,这些决定和影响产业结构的因素都不是孤立存在的,它们之间能够互相促进、互相制约,甚至互相抵触,综合地影响和决定着现有产业结构。

二、新结构经济学

新结构经济学是经济学家林毅夫提出的"以古典新经济学方法来研究一个经济体中经济结构的决定因素和其变迁"。林毅夫在旧结构主义和新自由主义的基础上提出了发展中国家获得可持续增长、消除贫困并缩小与发达国家收入差距的理论框架,这个框架可以称之为"经济发展过程中结构和其变迁的新古典框架"或"新结构经济学"。新结构经济学是用时间、空间、层次统一的五维空间结构方法解释经济现象、认识经济结构、把握经济规律、揭示经济本质的经济学。新结构经济学的核心思想是：每个时点上的生产力和产业结构是由该时点的要素禀赋及其结构决定的，作为上层建筑的制度安排则需与之适应。不同发展程度的国家，要素禀赋状况各异。在发展中国家，资本较为稀缺，劳动力与自然资源相对丰富；在发达国家，资本相对丰富，劳动力资源相对短缺。要素禀赋结构在每个时点是既定的，但随着时间的推移，要素禀赋及其结构将发生变化。新结构经济学的分析逻辑是，任何经济体在每一时点的要素禀赋结构是该经济体在此时点的总预算，而要素禀赋结构决定着要素的相对价格，并由此决定在那个时点具有比较优势的产业。

在新结构经济学中，结构主义的失败在于不了解产业结构是由要素禀赋结构内生决定的，误认为发展中国家市场中的资本密集型的现代化大产业发展不起来是市场失灵所致，因此主张由政府直接动员和配置资源来优先发展资本和技术密集型的现代化大产业。但发展中国家的资本相对短缺，在这类产业上没有比较优势，此类产业的企业在开放竞争的市场中缺乏自生能力，只有在政府的保护补贴下才能建立起来并继续生存。所以，结构主义强调的市场失灵，是对发展中国家资本密集型先进产业为何不能发展壮大的误判。从新结构经济学看来，经济主体与经济客体的对称结构是基本的经济结构，经济主体与经济客体的对称关系是经济发展的最根本动力。它强调，在经济发展的过程中，必须发挥市场和政府的协同作用。同时，政府的政策和各种制度安排必须考虑不同发展阶段的结构性特征，这些结构性特征在很大程度上由各个发展中国家要素禀赋结构及其市场力量内生决定，而非旧结构主义所假设的"是权力分配或其他外生固有刚性因素决定的"。发展中国家软、硬基础设施普遍不足，但是，政府的资源和执行能力有限，只能针对所要发展的符合比较优势的产业的需要来完善软、硬基础设施，也就是政府在经济发展过程中必须针对特定产业的"产业政策"才能发挥"有为政府"所应该有的作用。从历史经验来看，许多产业政策是失败的，但是，尚没有不用产业政策而成功追赶发达国家的发展中国家，也没有不用产业政策而继续快速发展的发达国家。成功的产业政策应该通过因势利导使企业进入具有"潜在比较优势"的产业，这种产业符合要素禀赋结构的特性，要素生产成本在国际同行业中处于较低的水平。但在国际竞争中，由于电力、交通基础设施、金融、法制等软、硬基础设施不完善，导致了企业的交易成本和总成本太高而缺乏竞争力。产业政策的目标就是，通过改善基础设施、金融、法制环境等以降低交易成本，并给予先行企业一定的激励以补偿其外部性，将具有潜在比较优势的产业快速发展成为具有竞争优势的产业。

三、"产业结构升级"的新结构经济学解释

产业结构升级的概念最早可以追溯到罗斯托的增长阶段论（罗斯托，1985；罗斯托，1988），他认为产业结构的调整升级是经济社会发展从一个阶段到另一个阶段的关键所在。产业结构升级包括劳动力结构调整、产业部门升级、产品结构升级以及行业内生产要素配置率的提升等方面，是高附加值产业代替低附加值产业的过程，具体表现为产业结构由第一产业逐步向第二产业、第三产业重心转移。但产业结构升级与地区经济发展的关系并非单调线性的，产业结构对经济发展的影响也并非单向不可逆的，产业结构变迁会对原产业部门产生巨大冲击，破坏原有产业结构和经济均衡，而失衡的经济反过来则会倒逼或者抑制产业结构升级，进而对生产率产生不确定的影响。

新结构经济学认为，发展中国家的产业结构升级是有先验信息的，政府相对于企业具有总量信息优势，能够制定合理的产业政策，引导国家或区域产业结构升级（傅利平和李永辉，2014）。导致产业结构变迁的驱动因素有四个：要素禀赋、比较优势、市场、政府。产业结构内生决定于要素禀赋结构，要素禀赋提升后会涌现新的优势产业，产业升级有了动力和可能（林毅夫，2013）。完善的市场制度是比较优势发展的前提，各种价格信号形成的价格体系只有通过市场竞争得以形成。政府对于市场具有协调作用，新兴产业发展初期需要政府的"外部性补偿"来建立比较优势。

总而言之，新结构经济学为地方政府影响区域产业结构升级提供了一般性理论基础（林毅夫，2011）：产业结构升级潜力由要素的充裕性和适当性所决定，产业升级的过程很可能演变为一个成本高昂的试错过程，因此需要政府和市场在产业结构变迁过程中的协同作用，即市场实现资源有效配置，同时需要政府发挥因势利导的作用。

第二节 "产业结构升级"的衡量标准、测度方法与现状分析

产业结构优化升级能够反映一国或地区产业结构的演进情况,因此合理、科学的产业结构优化升级的衡量标准与测度体系尤为重要。基于上一节对产业结构相关概念的具体阐释,本部分将产业结构升级的主要衡量标准概括如下:一是全局性原则。由于江苏省内部产业分化较大,区域差异较明显,在进行产业结构升级时要注重从整体出发,统筹规划,因地制宜,发挥各地级市自身优势,注重地方特色,分工协作,遵循共同发展的原则,根据比较优势和要素资源禀赋理论去建立适合江苏省省情的优势产业。二是需求效益性原则。产业结构是否合理决定了一国或地区的发展形势,因此不能用统一的标准去衡量评判,应从社会经济现状出发,满足地区生产和居民生活需求趋高化,这有利于最大限度发挥江苏的人才资源及区位优势,达到生产要素的合理配置,促进经济效益、社会效益和生态效益的提高。三是动态优化升级原则。由于江苏省经济发展的不平衡性和要素禀赋的不同,各地的产业结构也一定处于动态变化过程中,这种变动的关键在于是否符合产业结构高级化和现代化的趋势和规律。特别是在经济全球化、科技水平跃升的时代背景下,产业结构高级化的演进尤为重要。

根据以上衡量标准,本节将从产业结构整体升级、产业结构合理化、产业结构高级化三个层面对江苏省产业结构升级进行全面的测度与分析。

一、产业结构整体升级

产业结构整体升级是指要素禀赋从生产效率低的工业部门向生产效率高的工业部门转移的过程。借鉴 Yu 和 Wang(2021)的测度方法,本部分分别对江苏省 13 个地级市的产业赋值,并加权得到产业结构层次系数,以此表征产业结构整体升级水平(徐盈之等,2021)。具体计算公式如下:

$$Str1 = \sum_{i=1}^{3} y_i \times i \qquad (9-1)$$

其中,y_i 为第 i 产业增加值占 GDP 的比重。该方法测度的产业结构整体升级的含义在于,如果 $Str1$ 越大,则该地区的经济发展绩效越高,高价值行业将产生更多收入。样本数据采用 2009—2019 年的江苏省各地级市第一、二、三产业

增加值、地区生产总值数据,通过查阅江苏省各市统计年鉴、《江苏省设区市城市社会经济发展统计资料汇编》及相关年份《中国城市统计年鉴》获得。

根据上文计算过程,可以得到表9-1,反映了江苏省13个地级市2009—2019年的产业结构整体升级水平。

表9-1　2009—2019年江苏省13个地级市产业结构整体升级水平

年份	南京	无锡	徐州	常州	苏州	南通	连云港	淮安	盐城	扬州	镇江	泰州	宿迁
2009年	2.48	2.39	2.27	2.35	2.38	2.28	2.21	2.21	2.17	2.28	2.33	2.27	2.15
2010年	2.49	2.40	2.30	2.38	2.40	2.30	2.24	2.25	2.21	2.30	2.36	2.30	2.20
2011年	2.50	2.42	2.31	2.39	2.41	2.31	2.25	2.25	2.23	2.31	2.37	2.31	2.22
2012年	2.51	2.43	2.32	2.40	2.42	2.33	2.25	2.28	2.24	2.33	2.37	2.32	2.23
2013年	2.52	2.44	2.34	2.42	2.44	2.36	2.28	2.30	2.27	2.35	2.40	2.35	2.26
2014年	2.54	2.46	2.35	2.44	2.46	2.38	2.28	2.32	2.28	2.36	2.42	2.37	2.26
2015年	2.55	2.47	2.36	2.46	2.48	2.40	2.29	2.35	2.30	2.37	2.43	2.39	2.27
2016年	2.56	2.50	2.38	2.48	2.50	2.42	2.30	2.37	2.32	2.39	2.43	2.41	2.28
2017年	2.57	2.50	2.38	2.48	2.50	2.43	2.32	2.37	2.33	2.41	2.44	2.42	2.30
2018年	2.59	2.50	2.40	2.49	2.50	2.44	2.33	2.38	2.35	2.42	2.44	2.41	2.32
2019年	2.60	2.50	2.41	2.48	2.50	2.42	2.33	2.38	2.37	2.42	2.45	2.39	2.36
平均值	2.54	2.46	2.35	2.43	2.45	2.37	2.28	2.31	2.28	2.36	2.40	2.36	2.26

注:根据江苏省各市统计年鉴(2010—2020)中相关数据计算而得。

根据江苏省13个地级市2009—2019年的产业结构整体升级水平的平均得分,可做如图9-1、图9-2所示的江苏省13个地级市2009—2019年产业结构整体升级平均水平的柱状图及分布情况,据此分析江苏省各地级市产业结构整体升级的发展态势,明确江苏产业结构整体升级水平的地区差异。

通过表9-1和图9-1、图9-2可以发现,南京、无锡、苏州、常州、镇江苏南五市位列2009—2019年江苏省产业结构整体升级平均水平前五位,产业结构整体升级水平均超过2.4,其中南京市产业结构整体升级平均水平最高,为2.54,镇江市位列第五,为2.40。从发展趋势来看,2009—2019年苏南五市产业结构整体升级水平呈现稳定上升趋势,南京、无锡、苏州、常州、镇江产业结构整体升级水平的年均增长率分别为0.46%、0.47%、0.53%、0.52%、0.50%。

南通、扬州、泰州苏中三市产业结构整体升级平均水平分别位居第六位、第七位、第八位,平均水平分别为2.37、2.36、2.36。从发展趋势来看,2009—2019

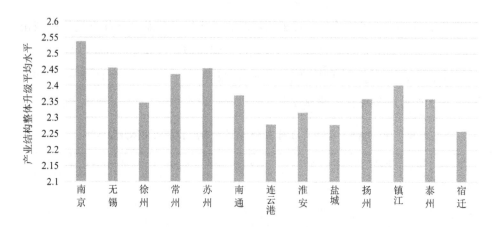

图 9-1　2009—2019 年江苏省 13 个地级市产业结构整体升级平均水平

注：根据《江苏省统计年鉴》(2010—2020)中相关数据计算而得。

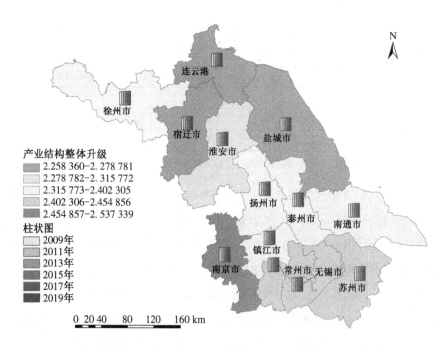

图 9-2　2009—2019 年江苏省 13 个地级市产业结构整体升级平均水平的分布情况

注：根据《江苏省统计年鉴》(2010—2020)中相关数据计算而得,绘图软件为 ArcGis 10.6。

年苏中三市产业结构整体升级水平呈现逐年上升态势,南通、扬州、泰州的年均增长率分别为 0.61%、0.62%、0.54%,均高于苏南五市的增长率,表明尽管苏中三市产业结构整体升级水平与苏南五市有一定差距,但升级潜力较大。

苏北五市的产业结构整体升级平均水平处于下游。其中：产业结构整体升级平均水平最高的是徐州，各年均值为2.35；平均水平最低的是宿迁，各年均值为2.26；淮安、连云港、盐城的产业结构整体升级平均水平分别为2.32、2.28和2.28。从其发展趋势来看，苏北五市的产业结构整体升级水平呈快速攀升态势，但其内部的产业结构整体升级水平增长率存在差异。增长速度最快的是宿迁，达到0.95%；其次是盐城，增长速度为0.86%；淮安、徐州的增长速度分别为0.75%、0.59%；连云港的增长速度最慢，为0.56%。但苏北五市产业结构整体升级水平的增长率均高于苏南五市，且除徐州和连云港外，其他三市远高于苏中三市，表明苏北五市产业结构整体升级前景向好。

将江苏各市按照苏南、苏中和苏北进行划分，各区域内部的城市取相等权重，计算得到三大区域2009—2019年产业结构整体升级水平，如图9-3所示。可以看出，苏南、苏中、苏北三大区域的产业结构整体升级水平存在较大差异。其中苏南产业结构整体升级水平最高，苏中次之，苏北产业结构整体升级水平最低，形成苏南—苏中—苏北阶梯式落差。从动态趋势来看，2009年到2019年间三大区域的产业结构整体升级水平均呈逐年攀升态势，但其增长速度存在较大

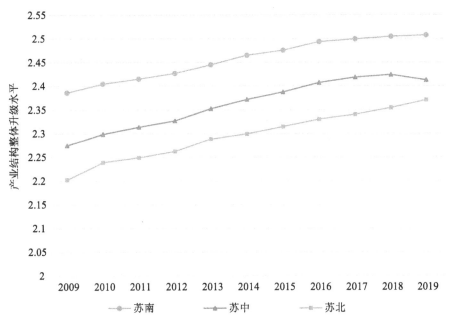

图9-3　2009—2019年江苏省三大区域产业结构整体升级水平

注：根据《江苏省统计年鉴》(2010—2020)中相关数据计算而得。

差异。苏北地区产业结构整体升级水平的年均增长率最高,为 0.74%;其次是苏中地区,年均增长率为 0.59%;苏南地区产业结构整体升级水平的年均增长率最低,仅为 0.50%。苏中、苏北、苏南地区产业结构整体升级水平增速均超过 0.50%,处于快速增长阶段。

二、产业结构合理化

产业结构合理化反映的是产业间的协调程度和资源有效利用程度,是要素投入结构和产出结构耦合程度的一种衡量,指的是产业间的聚合质量。学者一般采用结构偏离程度进行衡量,其计算公式为:

$$E = \sum_{i=1}^{n} \left| \frac{Y_i/L_i}{Y/L} - 1 \right| = \sum_{i=1}^{n} \left| \frac{Y_i/Y}{L_i/L} - 1 \right| \tag{9-2}$$

其中,E 表示结构偏离程度,Y 为地区生产总值,L 为就业人口,i 为具体产业部门,n 为产业部门数。根据古典经济学假设,在经济处于最终均衡状态时,各产业部门生产率水平相同。因而当经济处于均衡状态时,$Y_i/L_i = Y/L$,从而 $E = 0$。Y_i/Y 表示产出结构,L_i/L 表示就业结构,因此,结构偏离程度 E 反映的是产出结构和就业结构的耦合程度。E 越大,表明经济越偏离均衡状态,产业结构也越不合理。然而,结构偏离程度指标将各个产业一概而论,而忽略了各产业在经济体中的重要程度。此外,基于绝对值的计算也有所不便,因而本部分引入泰尔指数。

泰尔指数,即泰尔熵,最早用来研究地区收入差距问题。在泰尔指数的基础上,参考干春晖等(2011)和武翠等(2021)人的研究,我们对泰尔指数进行重新计算,用其作为产业结构合理化的度量。其公式如下:

$$Str2 = \sum_{i=1}^{n} \left(\frac{Y_i}{Y} \right) \ln \left(\frac{Y_i/Y}{L_i/L} \right) \tag{9-3}$$

其中,$Str2$ 的取值范围为[0,1]。泰尔指数越大,则表明地区经济差异越大,因此,泰尔指数越接近 0,表明该地区偏离均衡状态的程度越低,产业结构越合理。

样本数据采用 2009—2019 年的江苏省各地级市第一、二、三产业增加值、地区生产总值、就业人口等数据,通过查阅江苏各市统计年鉴、《江苏省设区市城市社会经济发展统计资料汇编》及相关年份《中国城市统计年鉴》获得。

根据上文计算过程,可以得到表 9-2,反映了江苏省 13 个地级市 2009—2019 年的产业结构合理化水平。

表 9-2 2009—2019 年江苏省 13 个地级市产业结构合理化水平

年份	南京	无锡	徐州	常州	苏州	南通	连云港	淮安	盐城	扬州	镇江	泰州	宿迁
2009 年	0.05	0.03	0.14	0.03	0.02	0.05	0.08	0.07	0.09	0.02	0.09	0.10	0.04
2010 年	0.06	0.02	0.27	0.05	0.02	0.12	0.11	0.11	0.10	0.07	0.05	0.13	0.16
2011 年	0.06	0.02	0.24	0.05	0.02	0.12	0.11	0.10	0.10	0.07	0.04	0.12	0.16
2012 年	0.06	0.02	0.22	0.05	0.02	0.11	0.10	0.10	0.09	0.07	0.04	0.12	0.16
2013 年	0.06	0.02	0.20	0.05	0.02	0.11	0.11	0.10	0.09	0.07	0.05	0.12	0.17
2014 年	0.05	0.03	0.17	0.05	0.05	0.11	0.10	0.09	0.08	0.06	0.04	0.10	0.15
2015 年	0.05	0.03	0.14	0.06	0.05	0.11	0.10	0.09	0.06	0.05	0.04	0.10	0.14
2016 年	0.05	0.03	0.13	0.06	0.05	0.10	0.10	0.09	0.06	0.06	0.04	0.10	0.11
2017 年	0.04	0.03	0.11	0.06	0.04	0.10	0.11	0.09	0.05	0.04	0.04	0.09	0.11
2018 年	0.04	0.03	0.08	0.06	0.04	0.10	0.11	0.09	0.05	0.04	0.04	0.09	0.10
2019 年	0.04	0.03	0.06	0.06	0.04	0.08	0.11	0.09	0.04	0.04	0.04	0.08	0.10
平均值	0.05	0.03	0.16	0.05	0.03	0.10	0.10	0.09	0.07	0.06	0.05	0.11	0.13

注:根据《江苏省统计年鉴》(2010—2020)及各市统计年鉴(2010—2020)中相关数据计算而得。

根据江苏省 13 个地级市 2009—2019 年的产业结构合理化水平的平均得分,可做如图 9-4、图 9-5 所示的江苏省各市 2009—2019 年产业结构合理化平均水平柱状图及分布情况,据此分析江苏省各地级市产业结构合理化的发展态势,明确江苏产业结构合理化水平的地区差异。

通过表 9-2 和图 9-4、图 9-5 可以发现,在 2009—2019 年,无锡、苏州、镇江、南京、常州苏南五市的产业结构合理化平均水平(负向指标)分别位列江苏省的前五名。其中,无锡产业结构合理化平均水平得分最低,仅为 0.026,表明无锡产业结构偏离均衡状态程度最小,而常州产业结构合理化平均水平在苏南五市得分最高,为 0.053。从发展趋势来看,2009—2019 年,南京和镇江的产业结构合理化水平呈现下降趋势,逐渐趋于均衡状态,而其他三市有上升趋势,即偏离均衡状态。从增长速度看,南京、无锡、苏州、常州、镇江产业结构合理化水平的年均增长率分别为−0.99%、3.68%、8.82%、8.33%、−6.22%,仅南京和镇江呈现负增长,即趋于合理化。

扬州、南通、泰州苏中三市产业结构合理化平均水平分别位居江苏省第六

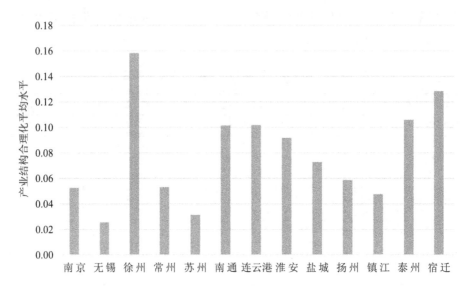

图9-4　2009—2019年江苏省13个地级市产业结构合理化平均水平

注：根据《江苏省统计年鉴》(2010—2020)及各市统计年鉴(2010—2020)中相关数据计算而得。

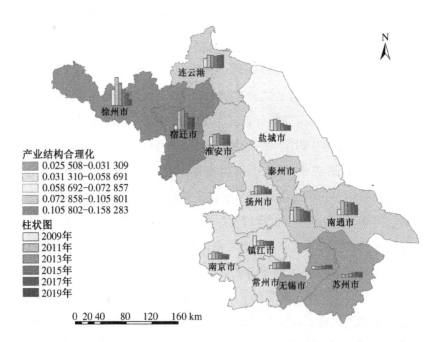

图9-5　2009—2019年江苏省13个地级市产业结构合理化平均水平分布情况

注：根据江苏各市统计年鉴(2010—2020)中相关数据计算而得，绘图软件为ArcGis 10.6。

位、第九位和第十一位,平均水平分别为 0.059、0.101 和 0.106。从发展趋势来看,2009—2019 年,苏中三市产业结构合理化水平均呈现先增加后下降的趋势,南通、扬州、泰州的年均增长率分别为 10.72%、21.93%、-0.93%,仅泰州的产业结构合理化水平的年均增长率为负值,即逐渐趋于均衡状态,而南通和扬州偏离均衡状态的程度较大,均高于苏南五市的增长率,表明苏中三市产业结构合理化水平有待提升。

苏北五市的产业结构合理化平均水平处于江苏下游。其中,产业结构合理化平均水平排名最靠前的是盐城,为 0.073,平均水平最靠后的是徐州,位列江苏省第十三位,各年均值为 0.158。淮安、连云港、宿迁的产业结构合理化平均水平分别为 0.092、0.102 和 0.128。从其发展趋势来看,徐州和盐城的产业结构合理化平均水平呈逐年递减趋势,表明此二市的产业结构逐渐趋于均衡状态,而其他三市呈现先增后减的趋势。从增长速度看,徐州、连云港、淮安、盐城和宿迁的年均增速分别为 -5.08%、4.26%、2.70%、-6.69%、26.13%。值得注意的是,宿迁的年均增速在江苏 13 个地级市中最大,表明其产业结构偏离均衡状态速度过快,合理化水平亟需调整。

将江苏各市按照苏南、苏中和苏北进行划分,各区域内部的城市取相等权重,计算得到三大区域 2009—2019 年产业结构合理化水平,如图 9-6 所示。可以看出,苏南、苏中、苏北三大区域的产业结构合理化水平存在较大差异。其中苏南产业结构合理化水平最高,且保持较为平稳的状态,苏中次之,苏北产业结

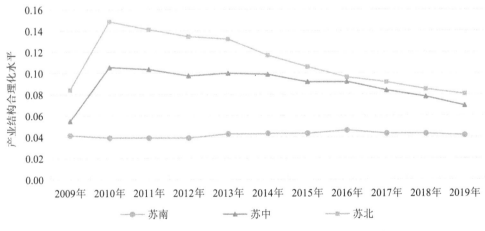

图 9-6　2009—2019 年江苏省三大区域产业结构合理化水平

注:根据江苏各市统计年鉴(2010—2020)中相关数据计算而得。

构合理化水平最低,二者均呈现先增加后下降的趋势。从动态趋势看,2009年到2019年间三大区域的产业结构合理化水平均有所增加,但其增长速度存在较大差异。苏北地区产业结构合理化水平的年均增长率最高,为10.57%;其次是苏中地区,年均增长率为4.27%;苏南地区产业结构合理化水平的年均增长率最低,仅为2.72%。可以看出,苏南地区在产业结构演进过程中,对产业结构合理化的控制较好,偏离均衡状态程度最低。而相对于苏中三市,苏北地区产业结构偏离均衡状态的速度更高。

三、产业结构高级化

立足发展、推动转型,高质量建设制造强省,是江苏经济发展的战略取向。"十三五"以来,江苏省积极转变经济增长方式,调结构促转型,加快构建自主可控的现代产业体系,推动产业迈向中高端水平,产业结构持续高级化。产业结构高级化是由低级向高级演进的过程,产业结构高级化的度量方法可归纳为以下三类(刘伟等,2008):一是静态直观比较法。部分学者选取了第三产业占GDP的比重(李逢春,2012)、第三产业与第二产业产值比重(干春晖等,2011;李洪亚,2016)、第三产业与第一、二产业增加值比重(鲁钊阳和李树,2015)来定量测度产业结构高级化指数。二是动态比较判别法。学者基于产业分类研究视角,依次对不同产业赋予一定的权重,加权求得产业结构升级指数(褚敏和靳涛,2013;蓝庆新和陈超凡,2013)。三是指标法。即通过构建一种或多种指标判定一个经济体的产业结构高度。如包含比例关系和劳动生产率两个部分的指标(刘伟等,2008)、各产业劳动生产率平方根的加权平均值(周昌林和魏建良,2007)以及投入产出表中结构管理经济技术矩阵最大特征值的倒数等(潘文卿和陈水源,1994)。高级化视角下的产业结构升级是指随着经济不断增长,产业结构相应地发生规律性变化的过程,主要表现为三次产业比重沿着第一、二、三产业的顺序不断上升。因此,本研究的产业结构高级化变量通过借鉴向量夹角的思想(彭云蕾,2014),构建产业结构高级化指数进行度量,样本数据采用2009—2019年的江苏省各地级市第一、二、三产业增加值、地区生产总值数据,通过查阅江苏省各市统计年鉴、《江苏省设区市城市社会经济发展统计资料汇编》及相关年份《中国城市统计年鉴》获得。

采用向量夹角度量产业结构高级化水平需要解决以下三个关键问题:其

一,构建产业结构空间向量。将国民经济各行业分为 n 类,利用空间向量理论,将每一类行业占 GDP 总量的比重依次作为空间向量中的一个分量,构建出包含 n 类行业的 n 维产业结构空间向量。其二,选取基准向量,计算产业结构空间向量与基准向量的夹角。基准向量是比较产业结构高级化水平的基点,可以选择基本单位向量组或某一时期的产业结构空间向量作为基准向量。当某一类行业在 GDP 中所占比重发生变化时,产业结构空间向量与基准向量的夹角就会发生变化。其三,采用客观赋权法确定权重,并将所有夹角加权求和,计算产业结构高级化指数。具体构造方法如下:

(1) 按照国民经济行业分类将产业结构分为第一产业、第二产业、第三产业 3 类,将每一类行业占 GDP 总量的比重依次作为空间向量中的一个分量,构成一组 3 维产业结构空间向量 $X_0=(x_{0,1}, x_{0,2}, x_{0,3})$。

(2) 选择基本单位向量组 $X_2=(0,1,0)$、$X_3=(0,0,1)$ 作为基准向量,依次计算产业结构空间向量 X_0 与 $X_1=(1,0,0)$ 的夹角 $\theta_j(j=1,2,3)$:

$$\theta_j = \arccos\left(\frac{\sum_{i=1}^{3} x_{j,i} \cdot x_{0,i}}{(\sum_{i=1}^{3} x_{j,i}^2)^{\frac{1}{2}} \cdot (\sum_{i=1}^{3} x_{0,i}^2)^{\frac{1}{2}}} \right) \tag{9-4}$$

式中:$x_{i,j}$ 表示基本单位向量组 $X_j(j=1,\cdots,5)$ 的第 i 个分量;$x_{0,j}$ 表示向量 X_0 的第 i 个分量。

(3) 确定夹角 θ_j 的权重,计算产业结构高级化指数:

$$Str3 = \sum_{i=1}^{3}(W_j \cdot \theta_j) \tag{9-5}$$

其中,W_j 为 θ_j 的权重。$Str3$ 越大,表明产业结构高级化水平越高。

根据上文计算过程,可以得到表 9-3,反映了江苏省 13 个地级市 2009—2019 年的产业结构高级化水平。

表 9-3 2009—2019 年江苏省 13 个地级市产业结构高级化水平

年份	南京	无锡	徐州	常州	苏州	南通	连云港	淮安	盐城	扬州	镇江	泰州	宿迁
2009 年	7.00	6.82	6.46	6.73	6.80	6.51	6.27	6.29	6.19	6.53	6.67	6.50	6.12
2010 年	7.02	6.85	6.54	6.78	6.84	6.56	6.34	6.38	6.28	6.57	6.73	6.57	6.23
2011 年	7.03	6.88	6.56	6.80	6.87	6.60	6.37	6.41	6.32	6.60	6.74	6.60	6.29

(续表)

年份	南京	无锡	徐州	常州	苏州	南通	连云港	淮安	盐城	扬州	镇江	泰州	宿迁
2012年	7.05	6.90	6.57	6.83	6.90	6.63	6.37	6.45	6.35	6.63	6.76	6.62	6.33
2013年	7.09	6.92	6.62	6.88	6.94	6.70	6.44	6.52	6.42	6.68	6.82	6.68	6.40
2014年	7.12	6.97	6.65	6.92	6.98	6.75	6.45	6.56	6.46	6.71	6.86	6.73	6.42
2015年	7.14	6.98	6.67	6.95	7.01	6.79	6.48	6.62	6.50	6.74	6.87	6.77	6.45
2016年	7.16	7.04	6.71	7.00	7.05	6.85	6.51	6.68	6.55	6.77	6.89	6.81	6.47
2017年	7.19	7.06	6.72	7.01	7.05	6.87	6.54	6.69	6.59	6.82	6.89	6.83	6.51
2018年	7.22	7.06	6.75	7.03	7.05	6.88	6.57	6.71	6.63	6.84	6.91	6.82	6.55
2019年	7.24	7.07	6.76	7.00	7.07	6.84	6.59	6.71	6.67	6.85	6.92	6.78	6.66
平均值	7.12	6.96	6.64	6.90	6.96	6.73	6.45	6.55	6.45	6.70	6.82	6.70	6.40

注：根据《江苏省统计年鉴》(2010—2020)中相关数据计算而得。

根据江苏省13个地级市2009—2019年的产业结构高级化水平的平均得分，可做如图9-7、图9-8所示的江苏省各市2009—2019年产业结构高级化平均水平柱状图及分布情况，据此分析江苏省各地级市产业结构高级化的总体发展态势，明确江苏产业结构高级化水平的地区差异。

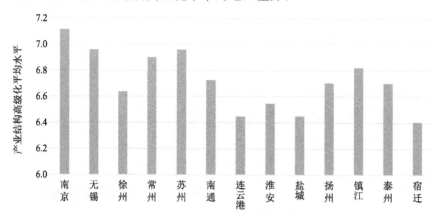

图9-7　2009—2019年江苏省13个地级市产业结构高级化平均水平

注：根据《江苏省统计年鉴》(2010—2019)中相关数据计算而得。

通过表9-3和图9-7、图9-8可以发现，南京、无锡、苏州、常州、镇江苏南五市位列2009—2019年江苏省产业结构高级化平均水平前五位，产业结构高级化水平均超过6.80。其中：南京市产业结构高级化平均水平最高，为7.12；镇江市位列第五名，为6.82。从发展趋势来看，2009—2019年苏南五市产业结构高级

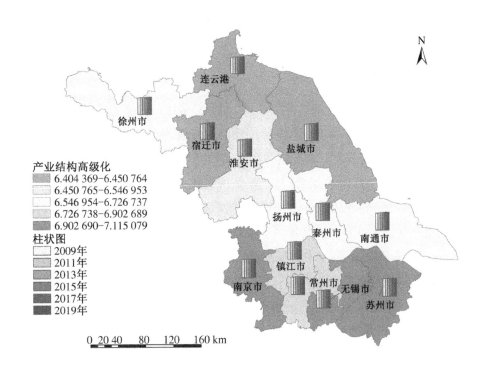

图 9-8　2009—2019 年江苏省 13 个地级市产业结构高级化平均水平分布情况

注：根据《江苏省统计年鉴》(2010—2020)中相关数据计算而得，绘图软件为 ArcGis 10.6。

化水平呈现稳定上升趋势，南京、无锡、苏州、常州、镇江产业结构高级化水平的年均增长率分别为 0.35%、0.35%、0.40%、0.38%、0.37%。其中，无锡以 0.40% 增速居苏南五市首位，而南京增速居苏南五市末位。

南通、扬州、泰州苏中三市产业结构高级化平均水平分别位居第六位、第七位、第八位，平均水平分别为 6.73、6.70、6.70。从发展趋势来看，2009—2019 年苏中三市产业结构高级化水平呈现逐年上升态势，南通、扬州、泰州的年均增长率分别为 0.50%、0.49%、0.42%，均高于苏南五市的增长率，表明苏中三市产业结构高级化潜力较大。

苏北五市的产业结构高级化平均水平处于江苏下游。其中，产业结构高级化平均水平最高的是徐州，各年均值为 6.64，平均水平最低的是宿迁，各年均值为 6.40，淮安、连云港、盐城的产业结构高级化平均水平分别为 6.55、6.45 和 6.45。从发展趋势来看，苏北五市的产业结构高级化水平呈稳步攀升态势，但其内部的产业结构高级化水平增长率存在差异。增长速度最快的是宿迁,达到0.85%;其次是盐城,增长速度为0.74%;淮安、连云港的增长速度分别为0.65%、0.50%;徐州的增长速度最慢,为0.46%。但苏北五市产业结构高级化水平的增长率仍均高于苏南五市,表明苏北五市产业结构高级化前景向好。

将江苏各市按照苏南、苏中和苏北进行划分,各区域内部的城市取相同的权重,计算得到三大区域2009—2019年产业结构高级化水平,如图9-9所示。可以看出,苏南、苏中、苏北三大区域的产业结构高级化水平同样存在较大区域异质性。其中苏南＞苏中＞苏北,与产业结构整体升级一样,存在阶梯落差。此外,2009—2019年间,三大区域的产业结构高级化水平均呈逐年攀升态势,但其增长速度存在较大差异。苏北地区产业结构高级化水平的年均增长率最高,为0.64%;其次是苏中地区,年均增长率为0.47%;苏南地区产业结构高级化水平的年均增长率最低,仅为0.37%。这一趋势也与产业结构整体升级结果一致。总体上看,苏中、苏北地区产业结构高级化水平上升态势良好,处于快速增长阶段,与苏南地区产业结构高级化水平的差距逐年缩小。

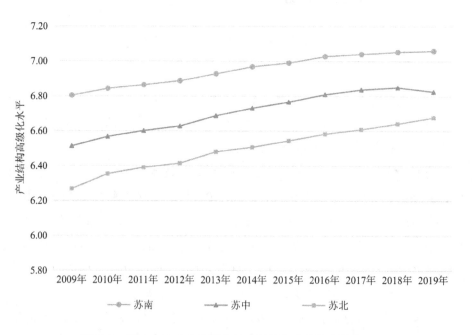

图9-9　2009—2019年江苏省三大区域产业结构高级化水平

注:根据江苏各市统计年鉴(2010—2020)中相关数据计算而得。

第三节 "产业结构升级"对高起点推进美丽江苏建设的影响效应研究

基于上一节对"产业结构升级"的概念界定和描述分析可知,江苏省产业结构存在较大的异质性。新产业、新动能发展,将极大增强经济创新活力和核心竞争力,因此,要从高起点推动美丽江苏建设,必须在产业结构升级方面寻找突破点。本节主要从产业结构升级的三个层面出发,借助面板计量模型,实证检验产业结构升级对高起点推进美丽江苏建设的影响效应,为高起点推进美丽江苏建设提供数据支撑。

一、研究方法、变量描述与数据来源

(一) 研究方法

为研究不同层面的产业结构升级对美丽江苏建设水平的影响效应,本节选取产业结构整体升级、产业结构合理化和产业结构高级化作为产业结构升级的代理变量,利用面板计量模型对美丽江苏建设水平进行回归估计,具体计量模型构建如下:

$$\ln Y_{it} = \beta_0 + \beta_1 \ln Str_{it} + \gamma \sum \ln Control_{it} + \varepsilon_{it} \tag{9-6}$$

其中,i 表示城市,t 表示年份,Y 为美丽江苏建设水平,Str 表示产业结构升级,$Control$ 为一组控制变量,β_0、β_1、γ 分别为常数项、核心解释变量和控制变量的边际影响系数,ε_{it} 为随机扰动项。若 β_1 的估计系数显著为正,则说明该层面的产业结构升级有助于推进美丽江苏建设水平,反之则反。

(二) 变量描述与数据来源

本章选取的被解释变量为第四章测算所得的美丽江苏建设水平,解释变量为第二节测得的产业结构整体升级($Str1$)、产业结构合理化($Str2$)和产业结构高级化($Str3$),控制变量为城镇化率(Urb)、对外开放($Open$)和信息化水平($Infor$)。

表 9-4 变量描述

被解释变量	美丽江苏建设水平		
解释变量	产业结构整体升级	产业结构合理化	产业结构高级化
	$Str1$	$Str2$	$Str3$
控制变量	城镇化率(Urb)：城镇人口占总人口比重(%)		
	对外开放($Open$)：实际使用外资金额占 GDP 比重(%)		
	信息化水平($Infor$)：互联网普及率(户/十人)		

本章主要采用的数据来源于《江苏省统计年鉴》、江苏各市统计年鉴及相关年份《中国城市统计年鉴》，各地级市产业结构优化水平依据本章第二节所测算出的数值。本章选取的研究区间为 2009—2019 年，观测城市为江苏省下辖 13 个地级城市。表 9-5 报告了本章实证检验中主要使用的变量描述性统计情况。

表 9-5 描述性统计

变量	样本量	均值	标准差	最小值	最大值
$\ln y$	143	−1.004 0	0.238 8	−1.541 8	−0.368 2
$\ln Str1$	143	0.863 4	0.038 7	0.765 5	0.955 5
$\ln Str2$	143	−2.697 5	0.589 6	−4.074 5	−1.324 3
$\ln Str3$	143	1.904 6	0.036 2	1.811 6	1.979 6
$\ln Urb$	143	4.146 2	0.145 0	3.629 7	4.421 2
$\ln Open$	143	−3.650 5	0.523 4	−4.739 7	−2.484 5
$\ln Infor$	143	0.777 8	0.709 7	−0.943 5	2.221 9

二、"产业结构升级"对美丽江苏建设的影响效应分析

本节首先对模型(9-6)进行随机效应估计，结果报告于表 9-6 至表 9-8。其中方程(1)—(4)分别报告了江苏省全域、苏南地区、苏中地区和苏北地区产业结构整体升级对美丽江苏建设水平的影响结果。

表 9-6 产业结构整体升级对美丽江苏建设影响效应的基准估计结果

	(1)	(2)	(3)	(4)
	全样本	苏南地区	苏中地区	苏北地区
	$\ln y$	$\ln y$	$\ln y$	$\ln y$
$\ln Str1$	4.603 1*** (0.910 5)	6.918 1*** (1.707 6)	5.805 2** (2.733 2)	4.094 9*** (0.726 6)
$\ln Urb$	−0.063 8 (0.188 3)	0.990 3** (0.454 9)	1.575 8 (1.191 9)	−0.003 4 (0.192 9)
$\ln Open$	−0.020 9 (0.018 4)	0.136 9*** (0.046 6)	0.151 7** (0.074 8)	0.000 2 (0.017 9)
$\ln Infor$	0.053 4* (0.027 5)	0.005 3 (0.046 0)	−0.063 1 (0.106 4)	0.062 2** (0.029 9)
C	−4.831 7*** (0.613 2)	−10.820 4*** (0.924 9)	−11.918 0*** (3.741 2)	−4.556 3*** (0.611 2)
N	143	55	33	55
$adj. R^2$	0.803 7	0.585 7	0.915 9	0.817 7

注：括号内为标准误，* $p<0.1$，** $p<0.05$，*** $p<0.01$。
数据来源：作者根据 Stata16.0 软件计算所得。

表 9-7 产业结构合理化对美丽江苏建设影响效应的基准估计结果

	(1)	(2)	(3)	(4)
	全样本	苏南地区	苏中地区	苏北地区
	$\ln y$	$\ln y$	$\ln y$	$\ln y$
$\ln Str2$	−0.008 0 (0.021 8)	0.160 2*** (0.032 8)	0.015 4 (0.050 4)	−0.055 9* (0.032 1)
$\ln Urb$	0.622 9*** (0.153 5)	2.645 5*** (0.209 3)	2.965 3*** (1.088 8)	0.804 6*** (0.198 2)
$\ln Open$	−0.050 0*** (0.019 2)	0.117 3*** (0.042 6)	0.117 9 (0.078 6)	0.005 8 (0.022 1)
$\ln Infor$	0.117 1*** (0.027 2)	0.071 7* (0.043 1)	−0.059 0 (0.126 1)	0.070 1* (0.040 6)

(续表)

	(1)	(2)	(3)	(4)
	全样本	苏南地区	苏中地区	苏北地区
	$\ln y$	$\ln y$	$\ln y$	$\ln y$
C	−3.881 5*** (0.630 4)	−11.330 8*** (0.852 7)	−12.724 9*** (4.239 8)	−4.520 4*** (0.823 4)
N	143	55	33	55
$adj. R^2$	0.729 0	0.577 3	0.876 9	0.774 7

注：括号内为标准误，* $p<0.1$，** $p<0.05$，*** $p<0.01$。
数据来源：作者根据 Stata16.0 软件计算所得。

表9-8　产业结构高级化对美丽江苏建设影响效应的基准估计结果

	(1)	(2)	(3)	(4)
	全样本	苏南地区	苏中地区	苏北地区
	$\ln y$	$\ln y$	$\ln y$	$\ln y$
$\ln Str3$	5.421 9*** (1.090 6)	10.040 5*** (2.609 5)	7.101 6** (3.614 9)	4.369 7*** (0.759 7)
$\ln Urb$	−0.148 6 (0.200 3)	0.831 9 (0.511 4)	1.708 4 (1.193 7)	−0.007 4 (0.190 9)
$\ln Open$	−0.032 9* (0.017 9)	0.114 7** (0.045 7)	0.156 2** (0.076 4)	0.001 2 (0.017 7)
$\ln Infor$	0.060 8** (0.027 0)	−0.029 8 (0.049 4)	−0.075 3 (0.107 3)	0.073 6** (0.029 3)
C	−10.881 9*** (1.570 2)	−23.423 3*** (3.157 9)	−20.967 3*** (5.445 5)	−9.313 6*** (1.112 3)
N	143	55	33	55
$adj. R^2$	0.765 0	0.601 6	0.914 9	0.822 6

注：括号内为标准误，* $p<0.1$，** $p<0.05$，*** $p<0.01$。
数据来源：作者根据 Stata16.0 软件计算所得。

表9-6的结果显示，不论是江苏省全域还是苏南、苏中、苏北地区，产业结构整体升级对美丽江苏建设水平的影响系数均为正，且均在1%的显著性水平下通过显著性检验。从区域异质性角度看，正向促进效应的排序为：苏南地区＞苏中地区＞苏北地区，可能的原因在于，江苏省的产业结构存在明显的区域差

构师、分析师、高层次复合型人才及资深项目经理等高端人才,开展技术攻关、产品开发,可给予用人单位一次性项目资助。(2)培养中高端人才。建立"软件和信息服务产业协同创新学院",培养创业领军人才和软件架构师、高端程序员等紧缺人才,连续三年每年给予一定财政经费支持,打造具有全球影响力的软件人才产出地。(3)优化人才服务。对符合国家、省市相关政策的外籍高层次人才、创业团队外籍成员、企业选聘的外籍技术人才等人士及其配偶和未成年子女,提供永久居留、口岸签证、长期居留许可等出入境便利,建立住房、入学、医疗保健服务通道。

(五)推动国际化发展

主要通过提高国际化发展水平,积极融入"一带一路"倡议等国家战略,提升国际化发展水平和层次。开展国际产业合作。坚持"走出去、引进来",不断提升软件产业国际化发展水平。产业联盟举办国际性专业论坛、展会、会议、大赛等活动,并给予一定经费资助。

(六)优化产业发展生态

主要包括:(1)加强科技创新。支持软件领域新型研发机构等创新主体围绕基础软件、云计算、大数据、人工智能、工业互联网、5G应用、区块链、信息安全、虚拟现实/增强现实(VR/AR)等重点领域开展关键技术联合攻关。(2)强化项目支撑。围绕基础软件、云计算、大数据、人工智能、工业互联网、5G应用、区块链、新兴信息技术服务、信息安全、VR/AR等领域建立重点项目库,实施重点项目管理制度,对技术水平先进、商业模式领先、市场前景好的项目择优给予补助。(3)推动示范应用。开展新型智慧城市示范应用,推动构建基于BIM(建筑信息模型)、CIM(城市信息模型)的新型智慧城市建设模式,整合全市政务数据和社会数据,建设智慧城市软件技术支撑平台。(4)建设专业公共服务平台。依托中国(南京)软件谷建设南京软件和信息服务产业创新中心,围绕关键软件、云平台等关键领域和薄弱环节,开展关键技术攻关、共性技术服务、科创企业培育和人才培养,提升产业基础能力和产业链水平。(5)强化标准制定与知识产权保护。支持我市企业和科研院所积极加强与国际国内标准化组织、学术和产业组织开展交流合作,主导或参与软件和信息技术服务领域国际标准、国家标准、地方标准、行业标准等的制定和应用,强化标准对产业发展的引领作用。

在江苏省政府工作报告中,调整产业结构的思路和目标十分明确——按照

"调高调轻调优调强"的思路,加快构建现代产业体系。调高,就是坚持高端引领,主攻高端技术,发展高端产品,突破高端环节,更大力度推动战略性新兴产业的发展;调轻,就是坚持优先发展现代服务业,促进服务业发展提速、结构优化、质量提升;调优,就是优化提升传统产业。在经济转型过程中,要促进经济信息化和工业化的深度融合,推动传统产业向产业链和价值链的高端攀升;调强,实际上是调高、调轻、调优的结果。这四个"调"当中,"调高调轻调优"是手段,"调强"才是最终目的。根据《南京市打造软件和信息服务产业地标行动计划》及相关配套文件要求,南京市发挥政策撬动作用,保持政策动态更新,加强政策协同配合,由市工信部门发挥好牵头作用、相关部门各司其职,推动各项政策同向发力,充分发挥"组合拳"效应,主动学习先进经验,高度关注数字经济发展趋势,推动软件和信息服务业提质升级发展,真正把政策红利转化为产业发展红利,全力打造万亿级创新型产业集群,不断为软件名城建设赋能添劲。

二、存在的问题与启示

江苏作为长三角地区科技和经济发展的前沿高地,长期以来,科教资源丰富的优势并没有得到充分发挥,成为江苏创新发展的"痛点"和动能转换的"堵点"。创新效率不高、创新氛围不强、产出不多问题比较明显,高新技术产业缺少具有国际影响力、全球竞争力的本土龙头企业;科教资源转化为发展优势不够充分,以企业为主体的技术创新体系没有形成;产业污染严重、附加值低,难以带动整体产业发展。

在国际形势错综复杂、稳增长压力较大的背景下,推动产业向全球价值链中高端迈进,既是江苏转型升级奔向更强的现实路径,又是推动美丽江苏建设,实现经济高质量发展的题中应有之义。基于此,为保障江苏经济平稳向好发展,加快产业结构升级,亟须探索出一条高质量发展的"江苏之路"。

第一,加强组织领导。将软件业务收入指标列为经济社会发展考核的目标。落实各属地主体责任,改善区域投资环境,扎实推进本地软件和信息服务业的健康快速发展。建立打造软件和信息服务产业地标考核评价机制,对完成指标较好、产业发展较快、贡献较大的城市给予奖励。强化部门协同和上下联动,成立由软件和信息服务领域的高校、科研机构、企业、协会等方面专家组成的咨询委员会或专业智库,为产业规划、技术攻关、招商引资、政策制定等工作提供智力支撑。利用部省市会商会平台,进一步深化部省市合作,争取在软件产业政策试点、软件名城建设、新型工业化产业示范基地认定、数据中心布局、公共服务平台建设、重大项目立项、资金项目支持等方面给予倾斜。

第二,加大政策支持。继续加大财政资金扶持力度,统筹省工业和信息化、科技、金融、人才、商务及服务业等各类相关专项资金,重点对各市软件产业协同创新学院、软件新兴领域发展、园区和载体建设、企业培育、人才集聚、公共服务平台建设、首版次软件产品使用、标准制定、宣传推介等方面给予支持。差异化支持中小企业、重点企业、龙头企业等不同类别的企业。鼓励软件企业、高校与科研机构形成合力,共同推进软件产业与实体经济的融合发展,培育壮大经济发展新动能。创新财政资金支持方式,通过技术攻关任务揭榜、基金化股权投资、技术装备投入普惠性奖补、风险补偿等方式支持软件产业发展。全面落实国家对软件企业的增值税、企业所得税、股权奖励个人所得税、创业就业平台和小微企业税收优惠等相关涉税优惠政策,通过上线"税惠通"、加强税收政策宣传等举措,为企业营造良好的税收服务环境。

第三,强化投融资服务。充分发挥新兴产业发展基金、民营企业纾困和发展基金的作用。支持和鼓励投资机构和社会资本,进入我省软件产业投资领域,对新设立天使创投、股权并购、风险补偿等各类基金或软件专业投资基金,按照实缴到位注册资本规模或募集到位资金规模,给予开办奖励,打造全国性软件和信息服务业资本高地。发展面向软件和信息服务业的科技银行、科技保险、信用保险、科技担保及小贷公司等新型金融组织,支持有潜力的软件企业快速成长。鼓励银行及金融机构开展知识产权、应收账款、应收票据、政府购买服务协议或研究合同等新型抵质押贷款业务,满足创新创业软件企业融资需求。继续推进"苏微贷""苏科贷""小微创业贷""创业担保贷款"等省级政银合作产品,加大对中小微软件企业的信贷支持力度。探索运用投贷联动模式,深化基金与银行合作,鼓励银行在风险投资机构评估和股权投资的基础上,对软件企业提供债权融资支持。支持有条件的企业通过发行股票、公司债券、项目收益债等方式在资本市场直接融资。

第四,深化信息安全保障。建立多级安全保障体系,提高信息安全防护能力。加强监管部门与第三方技术服务企业合作,建立信息安全测评评价体系、审计监督体系,提高对信息安全事件的监测、发现、预警、研判和应急处置能力。实行网络基础设施与安全保密设施同步建设，重点加强政务及企业关键控制系统信息安全风险管控。推动企业工业控制安全网关部署，逐步建立工业控制系统预警和防控平台。全面落实风险评估、等级保护、分级保护、应急管理等监管制度，保障网络安全、畅通、可靠。

第五节　本章小结

本章为高起点推进美丽江苏建设的"产业结构升级"专题，主要从"产业结构升级"视角考察不同层面的产业结构对高起点推进美丽江苏建设的影响效应。本章首先阐述了产业结构相关概念及"产业结构升级"的新结构经济学解释，然后界定产业结构升级的衡量标准，并以此作为构建原则对江苏省产业结构从整体升级、合理化和高级化三个层面进行科学测度与分析。在此基础上，通过构建面板计量模型分析不同层面产业结构升级对美丽江苏建设的影响效应，并进一步探究产业结构升级的区域异质性。最后，以南京市打造软件和信息服务产业地标行动计划作为"产业结构"视角下高起点推进美丽江苏建设的实践案例进行分析解读，为高起点推进美丽江苏建设提供实践启示。基于上述研究，本章的主要研究结论如下：第一，江苏省不同层面的产业结构升级水平差异较大，且存在一定的区域异质性。其中，产业结构整体升级和产业结构高级化为正向指标，二者随时间变化一致，且存在相同趋势的阶梯落差，均表现为苏南＞苏中＞苏北。而产业结构合理化为负向指标，苏南地区在产业结构演进过程中，对产业结构合理化的控制较好，偏离均衡状态程度最低。而相对于苏中三市，苏北地区产业结构偏离均衡状态的速度更高。第二，不同层面产业结构升级对美丽江苏建设水平的影响效应不尽相同。其中，产业结构整体升级和产业结构高级化对全域及分地区影响显著为正，即正向推动美丽江苏建设，而产业结构合理化对美丽江苏建设水平的影响存在较为明显的地区差异。此外，城镇化率和对外开放是抑制美丽江苏建设的关键因素，信息化水平则能够有效助力美丽江苏建设。第三，产业结构升级是高起点推动美丽江苏建设的必经之路，政府在制定产业结构优化政策时应将重点放在产业结构高级化进程，同时兼顾产业结构合理化和全产业整体升级，一方面通过产业结构高级化带来了优势转换，对原有产业结构进一步的扬弃,实现由低附加值产业向高附加值产业的有效过渡,发挥潜在的经济规模效应;另一方面还可以通过调整产业结构合理性,为高起点推进美丽江苏建设注入创新活力,削弱产业结构高级化对经济增长带来的抑制效应和负面波动。第四,南京市打造软件和信息服务产业地标行动计划带给我们的启示是,要以构建现代产业新体系为目标,进一步加大产业结构调整力度,把战略性新兴产业发展作为重中之重,激发地区科技创新活力。此外,还需从组织领导、政策支持、投融资服务、信息安全等方面着手,为高起点推动美丽江苏建设提供制度保障。

第十章

高起点推进美丽江苏建设的机制与对策

高起点推进美丽江苏建设是一项系统繁复的工程,需要改革创新各项体制机制为美丽江苏建设注入源源不断的动力。本章主要设计并总结高起点推进美丽江苏建设的机制与对策。首先,从协调机制、监督机制、保障机制、合作机制、预警机制入手,对高起点推进美丽江苏建设进行机制设计;其次,从生态环境保护制度、生态环境修复制度、生态环境补偿制度、环境治理责任制度、环境应急管理制度五个维度进行高起点推进美丽江苏的制度体系建设研究;再次,结合前文研究结论,从源头防控、协作共治、共同参与、新型城镇化建设、产业结构升级五个视角为高起点推进美丽江苏建设提供全面、系统、科学的政策菜单;最后,总结高起点推进美丽江苏建设的未来研究方向。

第一节 高起点推进美丽江苏建设的机制设计

系统全面的机制设计是高起点推进美丽江苏建设的制度保障,本节主要从省市层面来构建多主体共同参与、跨区域管理的协调机制,从打造监督平台、完善信息披露、创新监督手段等层面来构建合理而有效的监督机制,从制度保障、技术支撑、人才保障等层面来构建强有力的保障机制,从多主体合作机制、跨区域合作机制层面来构建信息互通的合作机制,从环境监测、预测、预警、应急等层面来构建辅助生态建设的预警机制。

一、协调机制

高起点推进美丽江苏建设是庞杂繁复的系统性工程,涉及多部门、多主体与多行政区域,需要综合考虑体制机制的系统性、整体性和协同性。因此,高起点推进美丽江苏建设必须加强部门上下的协作,加强部门之间的高效衔接与良好合作,以及构建行政区域之间的协作机制。具体而言,一是提高部门之间的协调意识。大力提倡政府部门由上至下的协调制度,部门各司其职,依据自身职责所在,协商解决工作中存在的问题,遵循意愿进行协调与分工。二是加强部门间的沟通。若事情涉及其他部门的职责范围,需要主管领导牵头召开协调会议,邀请协办部门共同参加,共同沟通与决策相关问题。三是规范部门间协调管理。协调管理机制应当由国家权威机关总管和各级政府协管,杜绝因分层管理而导致的机构臃肿、政出多门,并制定一致的协调配合制度,为建立良好、高效的协调配合机制奠定基础。四是构建多主体共同参与的协调机制。在发挥政府主导的同时,要充分发挥社会多元力量的参与协同,构建以政府为引导,社会多元力量积极参与的主体结构,强化多元主体参与协同的权利和责任制度,充分发挥社会共治力量,创新多元主体参与协同方式。五是大力推进跨区域管理协调机制。要敢于打破"行政区""省域范围"的思维局限和路径依赖,培育与毗邻地区主动融为一体的思维,改革先行,破除行政分割、各自为政的体制羁绊,创新和推进跨区域的横向协同机制。

二、监督机制

严格的监督机制是环境治理可持续性的基本保障,环境治理监管机制必不可少。建立环境治理的监督机制既能打击已有的环境违法、违规行为,也可以预警即将出现的环境隐患,有利于政府在环境事宜决策环节中的源头防控、过程管理与风险约束。高起点推进美丽江苏建设的过程中存在成本共担风险、推进失败风险,加之在实际发展过程中存在不同区域的利益群体,为了避免利益群体之间产生冲突,需要加强政府监督机制的建立。一方面,建设专门的监督网站,逐步建立和完善政府网站的监督服务功能,系统地对信息资源进行开发整合,构建庞大的数据库平台,不断加强资源的互联互通,并打造功能齐全、满足个性化的电子监督平台,做到各类监督工作的公开、透明、民主与公正。另一方面,大力推动政府信息公开建设。树立科学、有效的政府信息公开观念,不断完善政府信息公开水平,加强政府信息公开法律制度建设,制定一部科学、完善、可操作性强的信息公开法,规定政府信息公开的范围以及工作制度。另外,通过推动信息公开方式,将地方党委、政府、生态环境等部门、企业的环境违法行为"广而告之",强化舆论压力,推动环保工程的顺利推进。更重要的是,持续推进环境治理政策,探索不同的监督机制创新,如建立环保督政约谈的监督机制。环保约谈主要以对责任主体以诫勉和警示作用为主,通过环保约谈、综合督察等督政手段,指出相关问题、提出整改要求并督促地方整改到位将环保工程做好的一种监督机制。环保约谈的监督机制主要包括:一是借助"党政同责、一岗双责、生态环境责任制、环境离任审计"等制度,发挥体制内部力量的监督作用(Lieberhal,1997);二是引入外部性力量,激发社会主体对环境规制监督的活力和动力,如邀请人大代表、政协委员、环保行风监督员、媒体和公众代表,将被约谈党委、政府或生态环保部门负责人置于更多主体的监督之下。

三、保障机制

保障机制主要体现在政府的推动作用,是高起点推动美丽江苏建设的重要支撑。换而言之,高起点推进美丽江苏建设的过程离不开强有力的外部支持,特别是政府制度保障、人才保障、技术支撑方面的保障。完善长期稳定的制度保障是高起点推动美丽江苏建设的持久推动力。在生态环境建设层面,党的十九届四中全会将生态文明体制改革纳入全面深化改革的目标体系,把生态文明制度建设放在突出地位,明确了建立系统完整的生态文明制度体系,用制度保护生态环境的重点任务,具体要健全自然资源资产产权制度和用途管制制度,划定生态保护红线,实行资源有偿使用制度和生态补偿制度,改革生态环境保护管理体制。此外,在经济社会建设层面,由政府出面制定各种优惠政策,完善合作体系,推进科研领域"放管服"改革,实施创新驱动发展战略,推动大众创业、万众创新,落实"三去一降一补"任务,培育新动能,增强发展内生动力。在技术支撑方面,一是加大对清洁能源和可再生能源的科研投资,以低碳技术的应用、创新和扩散为重点,逐步提高能源利用效率,二是以数字技术赋能"智慧治理"。政府层面需要破除信息壁垒,实现各信息系统间的数据和功能互通,全面汇集社会治理相关数据,为社会治理的数据汇集和智能应用打下基础。在人才保障方面,加快高端人才政策与国际接轨,并与国外同行企业的技术人员进行洽谈,通过提供优厚的福利待遇来吸引人才;发挥政府主导作用,加大人力资本的投资,培养中高端人才,重点解决中青年科技杰出人才的住房问题,减少企业的用人成本;加强对传统教育的投入,增加教育经费的支出比重,重点关注基础教育领域,旨在从整体上改善人力资本结构。

四、合作机制

高起点推进美丽江苏建设离不开主体间、跨区域间的合作发展,需要建立多主体共同参与以及跨区域联动的合作机制。一是构建多主体合作机制。政府作为高起点推动美丽江苏建设的主体,在推进美丽江苏建设的过程中,应当充分发挥引导职能,起到引导和政策支撑的作用。企业、高校和科研院所是高起点推进美丽江苏建设的技术主体。其中,企业的发展离不开高校的科研支持以及科研院所的技术支撑,而高校和科研院所的发展也离不开企业的资金支持和成果转化,需要政府对三者的合作进行引导。政府通过对信贷、财政和税收方面进行改革,有助于加强产学研协同研究的资金支撑。政府通过对教育体制进行改革,优化高等教育培育人才的发展模式,可以为培养产学研人才奠定基础。政府也可以通过以科技政策助力创新体制改革,为形成产学研协作提供技术支撑。此外,基层政府是社会治理中最主要的行动主体,而基层治理效率依赖于社会力量的参与合作,因此各级政府应该更多地赋权基层、赋权社区、赋权社会,尽可能提供各类资源、创造条件,激励社会多方组织力量融入美丽江苏建设的治理体系中,打造共建共治共享的社会治理格局,高效高起点推进美丽江苏建设进程。二是构建跨区域合作机制。借鉴长三角一体化发展架构模式建立"上下联动、统分结合、三级运作、分工负责"的跨区域间政府合作机制,为高起点推进美丽江苏建设过程中的科学决策、统筹协调、推动落实提供坚实的平台。同时,从立法、制度、管理三个层面加强区域间合作的法制建设。具体而言,加快协同立法步伐,将跨城市间、跨区域间的合作机制固定下来,完善政府间合作机制的信息公开、协作参与制度,完善府际协议管理制度,以规范合作协议使用行为。基于此,从合作共享层面为高起点推进美丽江苏建设筑牢顶层设计。

五、预警机制

生态安全问题是关乎政治、经济、社会、环境等诸多环节长远发展的重要事项。建立生态安全预警机制与生态文明建设相适应,旨在提高生态安全,化解生态安全中存在的阻力和风险,是高起点推进美丽江苏建设不容忽视的运作机制之一。具体而言,一是在应对大气重污染事件的预警机制方面,加强空气质量监测、预测、预报能力建设,由环境监测部门和气象部门配合完成,加强同科研院所合作,逐步完善预测预报技术规范和标准,加大对大气重污染事件的研究和监测,保证数据资料的准确性和全面性,进而为建立生态安全预警机制提供科学依据。同时,加强与国内其他区域协作,并推动建立与世界各国在气候变化研究方面的合作,不断提高江苏省应对重污染天气变化的研究与监测水平,从而提高生态安全预警水平。二是在应对突发事件的应急预警机制方面,加强应急指挥中心预警能力建设,做好区域联动和部门协调工作。在预警机制运行中,应急指挥中心要做好部门间的沟通协调工作,同时要注重和邻近区域城市应急指挥中心间的信息共享,并及时向公众媒体公开信息。同时,加大预警体系资金和技术设备的投入。政府把城市突发事故事件应急预警资金纳入整个危机财政保障体系内,设立专项城市突发事件预警基金,专款专用。另外,政府还应加大预警体系的技术投入,建立健全政府应急指挥与管理平台,实现对城市突发事件的实时响应和调度指挥,并为公众提供相应的紧急救援服务,提升政府面对城市突发事件的预警能力。三是在应对水环境风险监测和预警机制方面,加大水生态环境监管力度,增加必要的投入和建立相应的制度保证,在技术层面建立国家和地区层次的水生态环境监测系统,加大相关管理部门的监督管理力度,建立健全公众知情和反馈的信息平台,解决生态预警反应迟钝的问题。预警方案方面,具体落实到县级以上地方政府组织制定预警方案,建立水环境风险监测预警体系,重要水体、重点控制断面等重点区域实现水质自动监测监控预警。

第二节 高起点推进美丽江苏建设的生态环境制度体系建设

习近平(2019)总书记强调"保护生态环境必须依靠制度、依靠法治",要求"加快制度创新,增加制度供给,完善制度配套,强化制度执行,让制度成为刚性的约束和不可触碰的高压线"。推进生态环境制度体系建设是高起点推进美丽江苏建设的内在要求和重要前提。党的十九大报告指出,深化生态文明体制改革,加快建立生态文明制度,健全国土空间开发、资源节约利用、生态环境保护的体制机制,推动形成人与自然和谐发展的现代化建设新格局。生态文明建设制度体系可以表现在生态环境保护制度、生态环境修复制度、生态环境补偿制度、环境治理责任制度以及环境应急管理制度等方面,它对于高起点推进美丽江苏建设具有重大的意义。

一、生态环境保护制度

在新时代,要全方位、全地域、全过程开展生态文明建设。最严格的生态环境保护制度设计要注重从末端治理转向源头预防、从局部治理转向全过程控制,从点源治理转向流域、区域综合治理,从个别问题整治转向山水林田湖草全覆盖的保护性治理。源头防控是守住绿水青山的内生动力。生态治理的重要目标是促进发展方式的转变,改变发展的不平衡性和不充分性,实现绿色可持续发展。最严格的生态环境源头防控制度体系包括绿色消费、绿色生产、倡导绿色生活方式等方面。其中绿色消费是推动绿色经济的发展新动力,也是推动经济从工业经济向生态经济转型的新动力。要以绿色消费为动力,推动绿色旅游、有机农业、绿色休闲、绿色养老等绿色产业的发展,真正实现绿水青山就是金山银山的生态经济发展。以垃圾分类、绿色出行等为主要内容的绿色生活方式将会大大提升广大居民主体参与生态环境保护的积极性,实现环境保护从以政府为主到全民共治,实现生态治理能力的进一步提升。全过程控制是新时代生态治理现代化的新要求。新时期构建生态治理体系需要严格过程控制,把治理事项前移和后延,除了解决污染问题本身,还需要对事前的资源要素利用进行评价管控,从源头改变资源利用方式,提升有限资源的使用效率。对于生产后端带来的负外部性进行监管,构建以排污许可制为核心的固定污染源监管制度体系,通过最严格的全过程控制生态保护制度倒逼生产方式转变,降低直至消除生产行为对人民福祉的负影响,实现人与自然和谐发展。全覆盖保护是推进系统性生态治理的必要之举。环境治理是系统性工程,最严格的生态环境保护制度体系包括建立健全国土空间规划和用途统筹协调管控制度,统筹划定落实生态保护红线、永久基本农田、城镇开发边界等空间管控边界以及各类海域保护线,完善主体功能区制度覆盖,以城乡统筹、流域统筹、区域统筹严格全覆盖,体现环境大保护理念。

二、生态环境修复制度

健全生态保护和修复制度体系重在统筹山水林田湖草一体化保护和修复,

强化森林、草原、河流、湖泊、海洋、湿地等自然生态保护,强化对重要生态系统的保护和永续利用,建设以国家公园为主体的自然保护地体系,健全国家公园保护制度,强化长江、黄河等大江大河生态保护和系统治理。生态保护和修复制度要着重"修复",严守环境质量底线。重大生态环境修复工程是大力推进生态文明建设的重要内容,也是法治层面的长期系统性工作。第一,要完善生态环境修复责任制度。当前我国法律法规虽然略有提及环境修复,如《水土保持法》第16条规定了各级政府的修复职责,《矿产资源法》第32条规定了破坏者的修复责任,但这些规定比较原则,操作性不足,应当及时细化,增强制度的可行性。第二,要建立环境修复基金制度。生态保护和修复工程需要充足的资金支持,否则相关修复工作就难以落到实处。当前我国环境修复资金主要来源于政府财政拨款、社会捐助和责任人罚金,但这种松散的资金支持模式尚不足以满足当前生态环境修复的需要。目前仅《矿山地质环境保护规定》第17条规定采矿权人应当计提矿山地质环境治理恢复基金且交由企业自主使用。因此,应建立统一的环境修复基金制度,明确资金的具体来源、支配主体、管理审计制度等。第三,要建构环境修复监督制度。一方面,要探索引入多元化的监督主体。具体包括拓宽环保公益组织和公民个人参与修复监督的渠道,强化监察委员会对有关责任主体履行修复职责的监督力度,规范环境修复基金的审计监督等。另一方面,要创新监管模式和监督手段,如在监管模式上要规范修复工作的过程监管与成果验收操作规程,要求预先设置相应的替代方案和紧急预案等。在监管手段上要利用大数据监测,委托第三方评估,引入联合信用惩戒制度等。

三、生态环境补偿制度

生态补偿是"绿水青山"转变为"金山银山"的重要途径之一,建立并完善生态补偿和生态环境损害赔偿制度是推动美丽江苏生态维度建设的重要保障。建立市场化的生态补偿机制,要明晰市场准入规则、市场竞争规则和市场交易规则,确立市场化的生态补偿标准。多元化的生态补偿机制则要从生态补偿参与主体多元、补偿标的多元等方面入手,允许民间组织和资金参与其中,创新生态产品,可以以实物、技术、项目等多种方式推进生态补偿工作开展。在推动建立生态环境补偿制度方面,应遵循政府主导、各方参与的原则,充分发挥政府开展生态保护补偿、落实生态保护责任的主导作用,加快推进江苏省生态保护补偿制度改革,加快健全有效市场和有为政府更好结合、分类补偿与综合补偿统筹兼顾、纵向补偿与横向补偿协调推进、强化激励与硬化约束协同发力的生态保护补偿制度。为高起点推进美丽江苏建设,一是应聚焦重要生态环境要素,完善分类补偿制度,针对重要水源地、水土流失重点防治区、蓄滞洪区、受损河湖等重点区域开展水流生态保护补偿,明确补偿范围,探索常态化补偿机制。具体的补偿制度措施包括,加大纵向补偿力度,将相关生态功能重要地区全面纳入省级对下生态保护补偿转移支付相关项目范围;突出纵向补偿重点,根据生态效益外溢性、生态功能重要性、生态环境敏感性和脆弱性等特点实施差异化补偿;创新横向生态保护补偿机制,探索依据水量、水质等要素开展流(区)域交界断面生态保护补偿;落实跨省流域横向补偿机制,稳步推进太湖流域跨省生态保护补偿机制建设。二是完善自然资源资产产权制度,健全完善全民所有自然资源资产所有权委托代理机制,扎实推进试点工作。开展水权交易试点建设,探索启动省级水权交易平台建设。健全排污权有偿使用制度,明确排污权有偿使用费征收标准。完善市场化融资机制,大力发展绿色信贷、证券、基金、保险等各类绿色金融产品,更好地服务企业绿色发展。三是要对生态保护补偿责任落实情况、生态保护工作成效进行综合评价,完善评价结果与转移支付资金分配挂钩的激励约束机制。生态保护补偿工作开展不力、存在突出问题的地区和部门将被纳入督察范围。

四、环境治理责任制度

制度的生命力在于执行,关键在抓,靠的是严管。严格的责任追究和监管制度,进一步提升了国家生态治理体系和治理能力。具体而言,第一,建立生态文明建设目标评价考核制度。生态文明建设考核要把生态环境保护放在突出位置,改变传统唯GDP论英雄的观念。生态环境考核需要与环保督查协同发挥作用,实施过程需要刚柔并济,一方面要加大追责力度,另一方面要增加考核柔性,不能搞地方一刀切,要根据区域主体功能区职责进行细分,细化完善考核体系,进一步将考核落到实处。第二,开展领导干部自然资源资产离任审计。生态环境保护能否落到实处,关键在领导干部。最严格的生态环境保护制度包括领导干部任期生态文明建设责任制。通过实行自然资源资产离任审计,认真贯彻依法依规、客观公正、科学认定、权责一致、终身追究的原则,明确各级领导干部责任追究情形。对造成生态环境损害负有责任的领导干部,必须严肃追责,纪检监察机关、组织部门和政府有关监管部门要各尽其责、形成合力。第三,推进生态环境保护综合行政执法,落实中央生态环境保护督察制度。最严格的生态环境保护制度要进一步完善相关法律内容,促进各项法律之间的统筹。中央环保督察要把握"既严又准、切中肯綮"原则,切实发挥环保督查长效机制的监管作用,进一步完善环保督查制度统筹,从单一的污染督查转到全域范围的污染防范,各项环保督查政策制定和执行不应各自为战,而是环环相扣,形成协同效应。第四,健全生态环境监测和评价制度。生态环境监测和评价是了解、掌握、评估、预测生态环境质量状况的基本手段,是生态环境信息的主要来源,也是生态治理科学决策的重要依据,在生态文明建设中具有基础性作用。要进一步扩大环境监测领域和监测范围,统筹部门环境监测数据,提高环境监测数据质量,加强生态环境监测制度与统计制度、评价制度、责任追究制度、奖惩制度等评价考核制度的衔接,提升生态环境监测和评价综合效能。第五,完善生态环境公益诉讼制度。环境公益诉讼制度是公益诉讼制度在生态环境和资源保护领域的适用。完善生态环境公益诉讼制度,要积极构建环境公益诉讼案件处理法律体系,填补相关法律空白。同时,推进环境公益诉讼主体多元化发展,构建以检察机关、社会公益组织和群众共同参与的制度实施体系,明确职责,提升制度实施效果和效率。

五、环境应急管理制度

为保证生态环境安全形势平稳有序,高起点推进美丽江苏建设,应从事前防范、事中应急和事后评估三个方面进行应急事件的全过程管理。具体而言,第一,完善事前防范和管理标准体系。完善环境风险评估方法体系,提高环境风险评估规范化水平,推动出台化工园区突发环境事件风险评估方法,研究制定突发环境事件情景构建技术指南,明确突发环境事件情景的筛选、开发、应用等内容,促进风险评估规范化。完善环境风险监控预警体系标准,加强预警工作规范化。出台重点行业企业及工业园区环境风险预警体系管理办法和配套标准。进一步加强饮用水水源地、重点流域、有毒有害气体等重点领域突发环境事件预警标准体系研究。第二,提高事中处置规范化水平。制定突发环境事件应急处置规范化操作程序,规范应急处理处置过程。结合国内外突发环境事件应急处置经验教训,研究环境应急处置技术筛选方法,建立突发环境事件应急处置技术案例库。明确应急处置的基本流程、职责分工以及不同情景下物理化学和工程措施实施的条件和具体方法。制定应急救援队伍培训技术规范,提高应急处置规范化水平。制定突发环境事件应急救援队伍训练指南,明确规定应急队伍应掌握的基本知识和技能,加强对应急救援指挥官和救援队伍的培训,规范和指导突发环境事件应急救援。同时,环保部门与应急管理部门建立联合培训机制,向危险化学品应急救援队伍传授环境保护要求和知识技能,提高环境应急处置规范化水平。加强企业环境应急物资规范化配备,提升应急能力规范化建设水平。以石油化工、有色金属采选和冶炼等行业为重点,研究制定企业应急物资装备储备标准和规范,明确企业作业场所应急物资、个人防护装备、应急处置、应急监测设备设施等环境应急物资配备标准。研究制定环境应急物资储备评估方法,定期开展合理性评估。制定环境应急物资储备库建设、运维管理指南。制定企业事业单位应急能力建设标准,对企业环境应急机构、人员、队伍等进行规定,提高企业应急能力规范化建设。第三,增强事后赔偿和修复规范化水平。完善损害赔偿体系建设。制订突发环境事件中长期污染损害评估赔偿规范,对突发环境事件造成的中长期污染损害进行规范化评估,完善环境损害鉴定评估与赔偿技术规范体系。完善污染治理与修复制度体系。从严落实污染修复和治理过程监管、提高效果评估要求、构建治理修复成效评估机制,促进污染治理与修复规范化。

第三节 高起点推进美丽江苏建设的对策措施

江苏省作为我国重要经济大省,在经济建设等各方面堪当全国经济发展之表率,经济体量领跑全国。然而,江苏人口密度全国最高,人均资源全国最少,单位面积工业污染负荷全国最重,绿色转型发展形势依旧严峻,高起点推进美丽江苏建设之路任重而道远。本部分结合前面章节的主要研究结论与观点,主要从源头防控、协作共治、共同参与、新型城镇化、产业结构升级五个方面提出高起点推进美丽江苏建设的对策建议。

一、落实源头防控,实现环境问题的纵向治理

(一)从关键污染源头入手,推动实现精准治污

作为全国重要的工业化省份之一,江苏省以化工、钢铁、水泥等高污染高排

放行业为特征的产业结构,导致了大气污染物排放总量和单位国土面积污染物排放量均位于全国前列。近年来,随着江苏省机动车保有量的急剧增加、城市改造的全面推进以及城市垃圾和农村秸秆处理不当,江苏省的大气污染已由传统的煤烟型污染向工业废气排放、机动车尾气排放、垃圾废弃物燃烧、工地建设扬尘等叠加复合型污染转变,集中表现为工业污染源、交通污染源和燃烧污染源三大源头。其一,基于燃烧源控制视角,江苏各地政府需要制定能源结构调整规划,对化石能源和可再生能源采取不同的政策引导,确定燃煤总量控制目标,制定燃煤削减计划,出台煤炭和石油的使用标准并规范其利用方式。其二,基于工业源控制视角,加快淘汰江苏高能耗行业的落后产能,鼓励高能耗行业的竞争和兼并,整顿重点放在化工、火电、水泥、煤炭、有色金属等污染严重的企业,并对区内企业实施排污许可准入制度,并培育壮大新兴产业经济增长点,促进工业经济转型升级。其三,基于交通源控制视角,制定机动车排放标准,对未达排放标准的机动车辆进行淘汰,降低小排量乘用车消费税税率,增加大排量乘用车消费税税率,并积极推广新能源汽车,同时适当控制江苏各地交通建设投资规模,通过构建物流信息平台和打造立体交通网络来提高交通运输技术水平和经济效益。此外,积极完善公共交通系统,打造共享经济模式。一是缓解江苏城市交通拥堵的现状,对城市私家车进行限购、限行,减少私家车扬尘和尾气的排放,实施公交优先战略,积极发展地铁、公共汽车等客运量大、速度高、污染小的公共交通方式。二是因地制宜发展交通网络,苏南地区经济发达着重增加地铁覆盖范围与覆盖密度,对于苏中、苏北地区可加强城市快捷公交建设,合理设定快速公交走廊,科学布局公交站点,加强信息化与调度系统建设。三是积极打造江苏共享经济模式,变更居民出行方式,依托"互联网+"信息技术对地区闲置的车资源、司机资源、停车位资源进行配置,降低居民出行的交通成本,提升交通闲置资源的利用率。

(二) 以企业行为优化为抓手,高质量提升源头治理水平

企业是市场经济运行与发展的主体,企业行为优化则是绿色转型发展的微观基础,以企业行为优化为抓手,高质量提升源头治理水平是高起点推进美丽江苏建设的内在要求。具体而言,首先鼓励企业技术创新,以技术进步倒逼产业革新。技术创新是协同推进经济增长与绿色发展的可持续动力。一方面,引进国外先进环保生产技术,如无锡市引入德国治水技术,取得了较好的社会反响;另

一方面,推进企业生产方式与管理方式创新,打造省域内"产—学—研"一体化创新平台。据有关专家统计,目前中国节能环保企业中仅有11%左右有研发活动,这些企业的研发资金占销售收入的比重不到4%,也远远低于欧美15%～20%的水平。江苏省拥有丰富的教育资源和一流的教育系统,亟需依托优质的教育资源,建立"企业进校园,技术进企业"的资源共享平台,鼓励与引导校园项目孵化器,促使实用新型技术从实验室真正转移到实际生产当中。推动构建绿色技术创新体系,完善节能减排创新平台和服务体系,发展清洁生产,推进制造业绿色化、生态化改造,强化产品全生命周期绿色管理,大力发展节能环保产业,培育发展一批绿色转型企业,通过企业技术优化进一步推动江苏省绿色转型发展,从而高起点推进美丽江苏建设进程。

其次,增强企业社会责任感,自觉落实环境保护政策,推动企业生产转型。江苏13个城市有8个城市在长江两岸,由于运输便利等原因,许多钢铁和化工企业就布局在长江两岸。"重化围江"长期以来是江苏发展之痛,也是生态之忧,破解"重化围江"难题需要全域推进治理保护,全力促进动能转化,各地方政府须制定相应政策对企业履责行为进行鞭策,规范环保经营的业务操作流程和办事程序,依法查处整改违建化工企业厂房,鼓励企业内自检与企业间互检。建立健全企业社会责任体系,强化沿江企业主体责任,从企业产品的开发、生产、销售等各个环节建立核算评价体系,对企业责任会计进行更为有效的控制管理,保证新体系下企业社会责任的严格履行。选择化工和建材等高能耗、高污染行业的企业实施清洁生产示范,通过企业与政府加强合作,督促企业积极回应相关绿色文件,自觉做到提高企业资源产品的循环使用效率。

最后,发挥企业集聚区的知识和技术溢出效应,克服企业集聚造成的环境压力。一方面,加强知识产权保护,逐渐消除企业聚集区的同质化竞争,鼓励企业使用能源效率高、污染排放少的先进生产工艺和绿色生产流程;另一方面,创新企业聚集区的知识和技术流通渠道,鼓励企业技术人员之间非正式的学习和交流。积极推动跨区域合作,加强江苏省与长江经济带流域内外合作,在长江沿线打造绿色化、现代化的工业园区,建立和完善工业园区知识技术信息交流、共享和服务平台,充分发挥规模效益。积极开展生态工业园区建设示范活动,形成综合类生态工业园区、行业类生态园区和静脉产业生态工业园区的发展模式。应以示范性经济园区为发展指南,参考区域成功案例,从区域经济的循环发展逐步拓展到跨区域的绿色发展,最终实现社会经济的循环发展和高效生产。

(三)优化生态环境的污染控制制度,全面推进源头保护与源头治理

首先要做到积极开展省内水土大气等自然资源调查机制,落实保护规划修订,严守生态红线,建立沿河生态林带,沿带状成片绿色湿地构建河湖相连、水土相依的苏北生态大廊道,促进形成生态安全屏障。其次是从产业演进角度整合推进源头保护与源头治理。目前传统制造业在江苏省的经济发展中依然占据半壁江山的位置,其特点是污染排放强度大,人均排放量多,因此高起点推进美丽江苏建设必须重点聚焦新一代信息技术、新能源等产业,形成以三大战略新兴产业为主导的发展格局,积极推进产业链向高端升级与转型,紧紧抓住5G通信信息化革命大发展契机,依托省内优质的教育资源和设备基础,发展壮大以通信工程为重点,全方位互联互通的智能装备制造产业。其中,发展新能源产业有助于加快能源转型,从源头上解决生态环境问题。尽管中国新能源发展速度较快,但中国仍然是世界上煤炭产量和消费量最大的国家,以常规的新能源发展和替代速度,无法满足绿色发展的要求,需要以能源革命的力度,加快发展清洁、可再生能源。现阶段,在能源安全有保障的条件下,可推动石油、天然气对煤炭的替代,但从长远和能源转型的根本目标看,能源结构需要转向以低碳可再生能源为主。同时,大力发展金融保险、科技服务、智慧物流等生产性服务业与长江沿线特色孵化器,推动产业链向数字化、绿色化、智能化方向发展。

二、加强整体规划,推动跨区域协作共治

(一)建立和完善统筹兼顾、权责明确、精准施策的区域协作机制

首先,统筹兼顾、上下贯通,注重江苏省绿色发展的全面性。当前,江苏省各城市间联防联控、协同治污能力有待进一步磨合协调。江苏生态环境治理应避免"各自为政",以"共赢思维"取代"零和思维",构建江苏环境污染跨区域协作共治机制,从总量控制和污染传输两个方面对江苏经济和社会发展进行统一规划和战略部署,出台江苏环境污染协作共治工作方案,督促各地级市完成相应的环保指标。具体而言,各地方政府相关部门需要立足环保目标,研究制订区域合作计划,将区域合作计划实施项目纳入城建计划,在绿色发展年度规划中明确区域间绿色发展的突出问题,提出具体解决方案,制定逐年、逐月的区域合作计划。同时,区域合作计划中需要充分考虑各项跨区域制度的实施,并明晰落实绿色发

展工作的具体预算,保证资金的高效使用。相应的,财政部门和金融部门要研究出台相应的支持措施,加强对区域内外绿色发展实施计划的资金支持,保证区域合作计划的顺利开展。各地方政府在科学把握环境恶化的时空发展特征基础上,要坚持河流、土地、城市与乡村"四位一体"的统筹协调,构建跨区域范围内水土并重、城乡互补的一体化生态环境保护机制。同时,绿色发展的前端在于守住生态红线,增加绿化面积,改善水质土质;其后端在于提升产业结构,增强技术实力,弘扬环保理念,实现产业转型。因此,江苏省各地方政府需要共同建立自上向下统一协作的绿色发展机制,在生产过程中落实环保,不走"先破坏后治理"的老路。

其次,建立权责清单机制,明确跨区域环境事务分工。区域间分工清单化既是政府对于行政公开呼吁的响应,也是实现各地方政府明确分工、权利分属和责任分明的技术关键。具体包括:成立城市建设绿色发展指挥部,建立健全由各市人民政府市长领衔、分管副市长主抓、相关部门和单位齐抓共管的工作推进机制,并加强各市工作交流。指挥部办公室设在市城乡建设委,负责统筹协调各市城市建设绿色发展工作,承担指挥部日常工作。以此为基础,科学划分、动态调整和协商调节省内跨区域政府的环境财政权责,明确江苏省各区域间环境事务分工,让各地方在生态环境保护事务上不再受制于财权事权不对等的现实约束,也让其准确知悉环境事务权责范围,既有利于各地方政府顺利贯彻环保政策,也有利于上级政府及社会公众的有效问责。

最后,精准施策,注重实施环境政策的科学性。高起点推进美丽江苏建设要求节能减排,集约精准。江苏省需要大力建设智慧型生态环境保护系统,实现对重点区域的实时测度;建立重大环保事故联防联控系统,科学利用卫星遥感、水下机器人技术,构建跨区域协调的调度平台,实现精准调度;充分考虑省内各地方政府在调控能力上的差异,因地制宜,实施差异化的绿色区域发展战略,打破地方保护主义对绿色发展的封锁,灵活地使用行政手段调整市场价格,规范市场运行秩序,最终为实现绿色发展在空间上的统筹兼顾提供政策参考,为高起点推进美丽江苏建设发展水平明晰方向和着力点。

(二)打造跨区域联动的协同治理格局,实现区域一体化管理

首先,打造区域协同治理的垂直管理框架。根据江苏省生态环境污染在空间上的溢出强度和关联密度,构建"四通八达"的区域协同治理网络。基于此,打造区域协同治理的垂直管理框架,强化联动区域之间的高度协同性,不断提高区域间协作共治的管理效率与信息获取效率,进而最大限度地降低区域间协作共治的协调成本。不断完善跨区域生态环境监测网络。破除城市之间的行政壁垒,加快协商建立大气污染、水污染、土壤污染等生态环境监测平台,综合运用行政、市场、科技、法制多种手段深度推进区域间监测数据共享,并制定统一规划、统一标准、统一监测、统一发布的环境监测监管建设方案,推动搭建跨区域生态环境监测网络一体化建设。强化生态环境风险的预警与应急联动能力。健全跨区域生态环境污染源监控、生态环境质量监测和重大环境风险的预警机制,强化环境安全事故的应急管理和重大污染泄漏的协同处置机制,建立统一的跨区域环境风险应急管理平台。增强江苏协作共治监管层执行效力,强化监督检查力度,对违章违约的地方政府采取有力的惩处措施,实施区域联合监管,整治违法排污企业,打击跨界污染违法行为,建立跨区域、跨流域生态补偿机制。保持相对公平,构建区域治污补偿机制,苏南地区可以设立治污专项基金,对苏北地区压缩"高投入、高耗能、高污染"三高企业所造成的经济损失进行补偿,并适当向苏北地区输送高新技术或内迁高端产业,加快产业结构升级的步伐,补偿其在大气治理方面的损失。

其次,健全江苏省生态环境协作共治的机制体系。一是逐步推动个体利益与集体目标统一。破除以经济水平为攀比对象的地方政府竞争,设计地方利益与集体目标相融合的、以高质量发展为导向的考核机制,解锁区域协同治理的"逐底竞争困境"。综合考虑省域内各地区的污染物排放量、污染的空间关联度以及环境治理能力,共同商议各地区污染物排放限额,明确各地区的环境污染防治责任与目标,推进落实跨区域监督考核体系。二是不断创新跨区域协同治理的激励与约束机制。构建激励相容的跨区域合作平台,加快推进针对生态环境防治的补偿机制,如企业转变生产方式的绿色转型补偿机制、跨区域的横向生态补偿机制以及生态补偿专项基金制度的建立。构建标准统一的跨区域约束机制,包括构建生态环境损害的量化评估体系、生态环境的恢复与赔偿机制以及健全生态环境损害的责任追究机制。三是推进跨区域环境标准一体化建设。推动相邻地区间的磋商对接,加强排放标准、监管标准、环保规范等的衔接统一。共商沿江化工企业整治标准,制定和完善停产化工企业关停、改造、扶持的处置标准,形成跨区域统一监管;共享生态环境信息预报及预警平台,推动跨区域联动执法,形成跨区域统一规范,推动生态环境的"共商共享共治"。

(三) 协同推进生态环境跨区域协作共治的法制建设

首先,加强跨区域协作共治的顶层设计和统筹安排。加快推进建立江苏省一体化发展环保专项组织机构,落实跨区域生态环境保护职责,合力推动责任体系构建;统筹不同城市的产业分工和功能定位,推动各区域在生态环境协作共治上的功能耦合。注重跨区域执法部门的联动协作。加强环境监管、执法深度融合,健全资源共享机制,在线索发现、案件管辖、证据获取、司法鉴定和重大疑难复杂案件的法律适用等方面构建共商共研机制,推动跨区域执法协作。"零容忍"严惩环境违法犯罪,协同推动各地方政府及其相关职能部门修改、填补环境法律法规和行业监管漏洞,构建依法打击与有效预防相结合的联动执法机制。构建完备的环境执法监督体系。建立独立和权威的环境监察机构,统一管理各地区生态环境的执法监督工作,彻底破除地方保护主义,不断提高环境执法监督的效能;不断整合优化环境执法监督资源,推动跨区域联动主体在环境执法监督职能上的综合、完整、统一。

其次,从营造良好绿色转型环境方面,加强法制建设,依法治理、依规治理。借助江苏作为全国生态环境管理制度综合改革和垂直管理改革试点省的良好契机,利用法制工具引导江苏生态文明建设以及生态型经济发展的主要方向。一是打击与预防相结合。"零容忍"严惩环境违法犯罪,推动各个地方政府及其相关职能部门修改、填补环境法律法规和行业监管漏洞,构建环境违法犯罪活动打击与预防工作机制。二是注重江苏法律执行部门的联动协作。系统完善修订《江苏省大气污染防治条例》《江苏省机动车排气污染防治条例》《江苏省循环经济促进条例》《江苏省气候资源保护和开发利用条例》《江苏省固体废物污染环境防治条例》等法律法规标准体系,注重事前严防、事中严管、事后管理全过程管理,剔除修改现行法律政策中与绿色发展相矛盾的条例,联合环保监督执法和刑事司法联动提升末端治理能力,为建立健全江苏省生态环境保护法律体系提供经验借鉴。

三、创新共同参与模式,完善政策法规保障,建立共同参与大格局

(一) 搭建共同参与平台,探索共同参与模式

环境问题实际上是经济问题、政治问题、民生问题,与经济社会发展和稳定

息息相关，故而是高起点推进美丽江苏建设的重要着力点。环境问题的复杂性与影响的广泛性，也决定了环境问题仅仅依靠政府和市场是无法得到根本解决的。随着互联网的迅猛发展和新媒体的异军突起，人人都可能成为信息的制造者和传播者，人人都可以成为环保监督员，环保工作已经全面进入公众参与的新时代。不断探索环境治理中公众参与的新路径，引导公众规范、有序、理性地参与环境保护，不仅能够推动解决生态环境问题引发的各种矛盾冲突，还能够有效促进环境管理民主化与法制化进程，既是推动环保事业深入发展的迫切要求，也是建设生态文明、实现经济与社会可持续发展的必然选择。具体而言，一是推动环境举报与环保执法紧密联动，切实维护公众环境权益。坚持以改善环境质量为核心，以解决实际问题为导向，把问题摆到桌面上，接受公众监督。为有效掌握影响群众健康、事关群众利益的突出环境问题，不断完善公众参与环保的保障机制，建立省、市、县三级联动的环保舆情监控平台，媒体曝光、社会举报的一般环境问题统一纳入省环保厅环境信访平台，按照属地管理原则分发各市处理并进行督办，确保件件有交办、事事有落实；同时，强化对重大环境突发事件的舆情引导，及时通报处置情况，让政府成为事实真相的第一发言人，增强政府与公众之间的互通、互信。二是运用政务新媒体打造公众参与环保的重要平台。打破传统思维模式，充分利用"互联网＋"，加强政务新媒体的建设和管理，不断探索新媒体时代的环保群众工作新方法。把"一网三微"（政务网站、微博、微信、微视频）政务新媒体打造成权威信息的发布平台、与网民互动交流的平台、宣传教育科普的平台和环境舆情引导的阵地。同时，坚持"公开是原则"，开展环保"双晒"，既晒企业治污，又晒环保监管，把"治污清单"置于公众监督之下。三是增强沟通互信，探索环保政民合作新模式。充分尊重、理解、顺应和维护主流民意，以爱国、公益为前提，把务实、理性作为合作基础，团结一切可以团结的力量，不断探索政民合作新模式。邀请环保社会组织、网络知名人士参与江苏省环保的信息公开和监督管理工作，加强线上互动、线下沟通，共同探索符合江苏省情、行之有效的合作模式，提高江苏省环保工作的社会公信力。

（二）完善政策法规，鼓励多方参与治理

一是制定相应的行政管制措施，严厉打击环境违法违规行为，从污染源、污染监管监测、政策实施监督等角度，健全环境监督检查体系，提高环境监督的质量和效率。二是加快江苏低碳技术研发、培育、应用和推广的一体化进程，因地

制宜地颁布涉及碳税、环境、财政、金融等领域的节能减排政策,建立合理的排污收费标准和税收管理制度。三是江苏有待建立"省、市、县"联动的重大污染事故应急响应体系,落实各自责任,根据重大污染事故的预警等级及时制定应急预案,推行政府主要负责人负责制,将重大污染事故应急响应机制纳入政府突发事件应急管理体系。四是各地政府应当加强与本地环保社会组织的交流与合作,支持环保公益组织的各项行动,积极促进社会组织之间的交流学习,提升社会组织推行环保项目的实践能力。五是大力倡导环保价值观,提高公民环保责任感,推行低碳消费理念,促进消费结构的低碳化,引导居民形成绿色的消费和生活方式,自觉抵制和监督环境污染行为。

四、调结构稳规模,加速推进新型城镇化进程

(一) 推动城市创新集聚,提升结构优化与升级

传统城镇化过度追求城市规模、人口数量集聚等,多年来工业化与城镇化的快速发展使生态环境遭受了巨大压力。新型城镇化以注重内涵提升、均衡公共服务、健全社会保障、城乡一体为表征及目标,不仅包含经济发展与人口布局,更重要的是注重城镇化质量的内涵转变,包括技术创新、产业支撑、生态环境、社会保障等方面。新型城镇化更加注重经济发展的集约性,着力推进产业结构优化升级,突出经济创新驱动发展特征。新型城镇化不仅关注城镇化率与城镇人口密度,也强调农民工融入城镇的素质和能力,以实现充分就业与切实提升人民生活水平。生态文明建设关系到我国经济能否可持续发展,其更加强调和谐、良性互动、可持续等特征。新型城镇化充分考虑资源环境承载力,并以自然规律为准则建设资源环境友好型社会。因此,推进新型城镇化建设进程是高起点推进美丽江苏建设的必然要求。具体而言,一是以城市作为企业技术创新的重要载体,推动技术创新活动集聚,促进资源要素合理高效的配置。立足于产业结构优化升级,推进制造业向创新驱动转变,促进制造业服务化及其他行业的现代化等。产业结构的优化升级能够为产业间配置结构优化与效率提升注入源源不断的动力,进而强化城市的创新效应与规模经济效应,不断加速新型城镇化进程。二是强化人口集聚力,刺激产品与服务新需求。注重将人融入城市化发展进程中,促进人们收入提高与消费结构升级。人口集聚能够有效降低工业生产成本,促进服务业发展,刺激新的市场需求,进而化解产能过剩,凸显经济产出效应。不断

完善城市公共基础设施、社会福利、环境治理、教育医疗等,促使农村转移人口真正融入城市中,并持续扩大人口集聚效应。

(二) 合理引导城市公共服务投资,加大环保投资力度

公共服务是城镇化良性发展的基础,以往城镇化片面追求城镇化率,而忽视了相匹配的公共服务建设。过往政府以 GDP 增长为绩效评价核心,致使城市建成区规模不断扩张,这在造成产能严重过剩的同时,还对社会保障、就业创业、公共服务等产生严重压力。推动新型城镇化进程需要有效引导政府财政公共服务投资,为社会公共服务营造良好的投资环境,不仅能降低企业投资成本与生产成本,还能有效提高资本边际生产率。公共服务的不断完善能够有效促进生产要素流动与重组,从而实现产能利用率的提升与资源要素的优化配置。完善公共服务也能拉动相应的消费需求,以此来消耗过多的产能。此外,加大环保投资力度,为新型城镇化建设增添绿色底色。新型城镇化本质上就是解决生产企业污染外部性问题,以此达到环境与经济共同发展(龚利和叶爱山,2022)。加大环保投资力度,完善环境规制政策可以有效淘汰旧产业与加快新产能,短期内可以明显降低污染,长期内可以促使整个产业结构的优化调整。一方面,环境规制强度的提高可以有效降低旧产能生产要素投入量和优化产品市场供给;另一方面,迫使旧产能淘汰或者积极采用新技术、设备,促进资源要素的优化配置,实现创新效应赶超成本效应。为此,政府部门需设立技术创新专项资金,以及完善企业治理污染的激励机制等。

五、提升自主创新能力,加速化工产业转型,推动产业结构优化升级

(一) 从抓好绿色转型产业基础方面,提升自主创新能力,加快产业转型升级

江苏省近年来加快调整经济结构,转变经济发展方式,并取得了一定的成效,然而重化工业占有相当比重的工业结构基本面在短时间内尚难以根本改变。江苏省钢铁和水泥的产量均位居全国前列,各类建筑工程施工面积超过 5 亿平方米。在支撑经济总量持续增长以及城镇化加速发展的背景下,江苏省寄希望于把能源消耗和排污总量逐步控制在生态环境可以承载的范围内,进而彻底扭转工业结构重型化的基本面,任重而道远。具体而言,一是利用好区位优势,优

化产业结构。加强政府责任担当,提高利用外资水平,加快复制推广上海自贸试验区改革创新经验,引导部分地区有规划地承接上海产业转移,加强创新驱动转型升级,优化产业结构,形成产业多元支撑的结构格局。以市场需求为导向,因地制宜调整江苏地区产业或企业进入标准,在产业转移中注重沿江开发区、工业园区和工业集中区等载体建设,最大化利用产业集聚的知识和技术溢出效应,提升产业竞争力。二是注重产业发展带来的环境污染保护治理。深入贯彻实施"263"专项行动,统筹兼顾、上下贯通,完善并优化与江苏绿色转型发展相配套的应急管理、生态补偿、污染控制三大政府调控制度,既治"已病"也治"未病",从源头保护和源头治理视角提升江苏的生态环境保护与治理能力,高起点推进美丽江苏建设水平。

(二) 从突破转型重点方面,有序推进化工企业整治、加速推动化工产业转型

一是明确江苏化工产业发展方向。引导江苏化工企业向精细化工生产过渡,重点延伸技术含量高、资源消耗低、附加值含量高、污染排放少的新型化工产品,推动沿江化工产业向高质量发展转型。二是对江苏化工行业进行长远规划。对当前的化工设施、化工产品、化工企业、化工园区等化工资源进行充分的梳理、整合、重组、提升,积极落实江苏高科技氟化学工业园区、扬州化学工业园区、泰州滨江工业园区、江苏滨海经济开发区沿海工业园、江苏泰兴经济开发区、江苏如东沿海经济开发区、镇江新区新材料产业园、江苏常州滨江经济开发区、南京江北新材料科技园等国家首批"中国智慧化工园区试点示范(创建)单位"的工作开展,推进江苏省智慧化工园区的建设进程。三是明确沿江化工企业整治标准,有效避免沿江化工监管标准不统一问题。江苏严格实施《关于加快全省化工钢铁煤电行业转型升级高质量发展的实施意见》,坚决关停问题化工企业,制定和完善停产化工企业关停、改造、扶持的处置标准,有效引导保留企业。四是分类引导沿江化工企业。鼓励企业在遵循绿色环保标准的基础上适当外迁。江苏省政府可以提高对化工企业的补贴标准,加强化工企业科技创新。

总结与展望

党的十八大提出把生态文明建设放在突出地位,融入经济建设、政治建设、文化建设、社会建设各方面和全过程,努力建设美丽中国,实现中华民族永续发展。十九大进一步对建设美丽中国做出部署安排,并将其纳入社会主义现代化强国目标,明确2035年基本建成美丽中国;二十大明确指出了坚持山水林田湖草沙一体化保护和系统治理,统筹产业结构调整、污染治理、生态保护等一系列推进美丽中国建设的举措。美丽中国建设思想顺应绿色发展和可持续化的时代浪潮,是合理解决我国资源短缺和环境恶化问题的最根本途径和全面建成小康社会的必然要求。2020年新冠肺炎疫情的暴发和蔓延,既空前地凸显了坚持绿色发展理念、建设生态文明的特殊性和重要性,也在一定程度上反映出我国生态文明建设过程中政府监管、市场运作、法律保障和公众参与等层面存在不同程度的短板,应对生态文明建设及其理论研究提出更高的要求。江苏省顺应美丽中国建设的时代要求,在新时代的美丽省域建设方面走在前列。努力使"美丽江苏"与"美丽中国"建设齐头并进,使江苏省成为全国建设的先锋和榜样。改革开放四十余载,虽然江苏省的经济体量已经领跑全国,但人口集聚与环境承载间的突出矛盾、多煤多化的产业结构、仍需规范的生态环境秩序成为美丽江苏建设的发展短板,美丽江苏建设依旧面临着巨大约束和挑战。在后疫情时代,江苏省要持续高标准、严要求,将高起点推进美丽江苏建设转化为新时期生态环境保护的重点工作方向。研究如何高起点推进美丽江苏建设、突破关键问题约束成为重中之重。

本研究得出的主要结论包括:第一,从整体上看,2009—2019年的11年间,全省各个地级市的美丽江苏建设水平呈现出一个持续上升的趋势,美丽江苏建设水平的推进态势良好。其中,美丽江苏建设发展水平在空间上存在显著的"南高北低"式的差异,南京、苏州、常州等苏南地区的增长态势更为明显。第二,环境规制与技术创新是"源头防控"视角下高起点推进美丽江苏建设的重要抓手和关键着力点,但环境规制与技术创新对美丽江苏建设不同维度的建设水平存在差异影响且存在显著的门槛效应。环境规制对美丽江苏建设的推动作用具有显著的短期冲击作用,技术创新在推进美丽江苏建设水平方面具有较强的可持续特征。此外,环境规制的创新激励效应随着时间的推移存在衰减特征。第三,在不建立"协作共治"机制的情形下,区域倾向于选择放任污染。"协作共治"机制的建立会改变区域的策略选择,当"协作共治"机制发挥作用的概率超过 0.6 时,区域决策将以极快的速度趋于严格治理污染。退出成本的提升将会增强"协作共治"机制的影响效应。协作成本的提升将会削弱"协作共治"机制的影响效应,并将其发生作用的阈值提高到 0.9~1.0 之间。惩罚力度的适当增加将会增强"协作共治"机制的影响效应,并将其发生作用的阈值降低至 0.4 附近。第四,"共同参与"的多元共治机制是有效的,在政府和企业形成一个合作共赢的治理局面之下,引入适度的公众参与可以形成良好的福利效用提升效果。政府在高起点推进美丽江苏建设中占据着绝对的领导地位,当政府越重视江苏经济、社会、生态等各方面的建设时,美丽江苏的建设水平将会越高。企业是经济发展的核心主体,企业的经营目标不仅应当注重短期效益,更应当着眼于长期效益。江苏公众是美丽江苏建设的直接参与者,高起点推进美丽江苏建设离不开社会公众的监督与评价,使社会公众的意愿能够得到回应与满足,是高起点推进美丽江苏建设的根本目标。第五,2015—2019 年江苏各地级市的新型城镇化水平基本呈增长趋势,苏南地区和苏北地区的新型城镇化水平差异明显,以南京为代表的苏南地区新型城镇化发展水平整体高于苏北地区。"新型城镇化"与美丽江苏建设的协调发展状态较好,大部分地级市至少处于初级协调水平,南京及大部分苏南城市处于中高级协调,苏北城市协调度略低,造成这一现象的原因可能与人口规模、城乡差距、地方财政实力、产业集聚等因素有关。第六,江苏不同层面的产业结构升级水平差异较大,且存在一定的区域异质性。其中,产业结构整体升级水平和产业结构高级化水平方面均表现为"南高北低"式的差异。而在产业结构合理化水平方面,苏南地区在产业结构演进过程中,对产业结构合理化的控制较好,偏离均衡状态程度最低。此外,不同层面产业结构升级对美丽江苏建设水平的影响效应不尽相同,城镇化率和对外开放是抑制美丽江苏建设的关键因素,信息化水平则能够有效助力美丽江苏建设。

  本研究在梳理美丽江苏建设概念内涵的理论基础上,科学合理地测度美丽江苏建设水平，明确美丽江苏建设的现状和关键问题，并以宏观、中观、微观三个层面为切入点，分别从"源头防控""协作共治""共同参与""新型城镇化""产业结构升级"五个研究视角，深入探析高起点推动美丽江苏建设的作用路径，并结合现实案例的成功经验，设计科学合理的推进美丽江苏建设的机制，为政府工作提供切实可行的对策措施。本研究内容对于打造具有江苏特色的高起点推动美丽中国建设的样板，实现经济发展和环境保护的双赢，形成人与自然和谐发展的现代化建设新格局，具有重要的理论参考价值和现实指导意义。

在未来，相关的研究主题仍存在值得进一步深入探讨的问题与方向：

一是关于美丽江苏建设的现状评估缺乏微观层面的实地调研，本研究对美丽江苏建设水平的评估主要侧重于城市发展的宏观层面，对美丽江苏建设的微观调研有待日后进一步深入开展。基于深入的微观调研能够更加准确地把握当前美丽江苏建设进程中的关键问题，能够为高起点推进美丽江苏建设的路径研究提供更加细致的微观证据，进而也为深层次考察美丽省域建设与美丽中国建设问题补充更为丰富的研究成果。

二是关于美丽中国以及美丽省域的概念范畴在未来有待进一步丰富完善。美丽中国以及美丽省域建设需要根据时代变化特征不断改变丰富其概念内涵。当前，对于美丽江苏建设的研究仍处于攻坚阶段，在未来随着社会的进步及城市的发展，新的城市问题、形态以及负效应不断涌现，如城市格局的分化、人口流动的多向叠加以及城市发展的机制转换等，都会不断更新美丽省域建设的范畴。因此，未来的研究也会将美丽省域建设的概念内涵不断推往新的边界。

三是高起点推进美丽江苏建设的实现路径有待进一步拓宽。本研究主要从"源头防控""协作共治""共同参与""新型城镇化""产业结构升级"五个视角对提升美丽江苏建设水平进行传导路径分析，高起点推进美丽江苏建设的作用路径在未来值得更深层面和更多维度的拓展，如从省域空间布局优化、美丽乡村建设以及顶层设计层面挖掘更多推进美丽江苏建设的传导路径，从而不断深入理解高起点推动美丽江苏建设的宏微观机制。

参考文献

Agrawal A, Galasso A, Oettl A, 2017. Roads and innovation[J]. The Review of Economics and Statistics, 99(3):417-434.

Aniscenko Z, Robalino-Lopez A, Rodrigue T E, 2017. Regional cooperation in dealing with environmental protection. E-government and sustainable development in Andean countries [J]. Environment Technology Resources Proceedings of the International Scientific and Practical Conference(1):13.

Benito-Hernández S, Platero-Jaime M, Esteban-Sanchez P, 2016. The influence of cooperative relations of small businesses on environmental protection intensity[J]. Business Ethics: A European Review, 25(4):416-439.

Chen M X, Liang L W, Wang Z B, et al, 2020. Geographical thoughts on the relationship between 'Beautiful China' and land spatial planning[J]. Journal of Geographical Sciences, 30(5):705-723.

Diaz-Siefer P, Alexander N, Eduardo S, et al, 2015. Human-environment system knowledge: A correlate of pro-environmental behavior[J]. Sustainability, 7(11):15510-15526.

Finch K C, Snook K R, Duke C H, et al, 2016. Public health implications of social media use during natural disasters, environmental disasters, and other environmental concerns[J]. Natural Hazards, 83(1):729-760.

Friedman D, 1991. Evolutionary games in economics[J]. Econometrica, 59(3):637-666.

Hofbauer J, Sigmund K, 1990. The theory of evolution and dynamical systems[J]. Acta Applicandae Mathematicae, 18(3):297-300.

Holtzeakin D, Newey W, Rosen H S, 1988. Estimating vector autoregressions with panel data[J]. Econometrica, 56(6): 1371-1395.

Hosseini H M, Rahbar F, 2011. Spatial environmental Kuznets Curve for Asian countries: Study of CO_2 and PM_{10}[J]. Journal of Environmental Studies, 37(58):1-14.

Hu Y L, Zhou M, Zhong M, 2019. Research on green development of county agriculture from perspective of ecological remediation based on the analysis of forestry in Jinzhai county, Lu' an city[C] //Proceedings of the 1st International Symposium on Economic Development and Management Innovation (EDMI 2019). Paris: Atlantis Press.

Lenzi C, Perucca G, 2021. Not too close, not too far: Urbanisation and life satisfaction along the urban hierarchy[J]. Urban Studies, 58(13):2742-2757.

Li X B, 2011. Sources of external technology, absorptive capacity, and innovation capability in Chinese state-owned high-tech enterprises[J]. World Development, 39(7):1240-1248.

Lieberhal K, 1997. China's Government system and its impact on environmental policy China environment series[M]. Washington, DC: Woodrow Wilson.

Nkengfack H, Temkeng D S, Kaffo F H, 2020. Governance, institutions, and environmental protection in the countries of the ECCAS[J]. Economie Rurale, 371(1):5-22.

Rees J H, Klug S, Bamberg S, 2015. Guilty conscience: Motivating pro-environmental behavior by inducing negative moral emotions[J]. Climatic Change, 130(3):439-452.

Han R Y, 2018. Research on the industrial foundation and financial support of green economy development-Take the green economy of Jiangsu province as an example[J]. Open Access Library Journal, 5(9):1-8.

Shao X D, Lian Y J, Yin L Q, 2009. Forecasting value-at-risk using high frequency data: The realized range model[J]. Global Finance Journal, 20(2):128-136.

Smith J M, 1973. The logic of animal conflict[J]. Nature, 246(5427):15-18.

Sun F, Liu H, Wang Z, 2018. Evaluation research on Jiangsu green economy development capability: A case study of Xuzhou[J]. IOP Conference Series: Earth and Environmental Science, 113:012211.

Wang W, Li Y, 2022. Can green finance promote the optimization and upgrading of industrial structures? Based on the intermediary perspective of technological progress[J]. Frontiers in Environmental Science, 10:919950.

Wang Y, Shen N, 2016. Environmental regulation and environmental productivity: The case of China[J]. Renewable and Sustainable Energy Reviews, 62:758-766.

Yu X, Wang P, 2021. Economic effects analysis of environmental regulation policy in the process of industrial structure upgrading: Evidence from Chinese provincial panel data[J]. Science of the Total Environment, 753:142004.

Zhao X, Sun B W, 2016. The influence of Chinese environmental regulation on corporation innovation and competitiveness[J]. Journal of Cleaner Production, 112:1528-1536.

Zhao X, Yin H, Zhao Y, 2015. Impact of environmental regulations on the efficiency and CO_2 emissions of power plants in China[J]. Applied Energy, 149:238-247.

蔡澄,2021.美丽江苏建设水平评价指标体系构建与应用研究[D].南京:南京大学.

蔡海亚,徐盈之,2018.产业协同集聚、贸易开放与雾霾污染[J].中国人口·资源与环境,28(6):93-102.

曹献雨,睢党臣,2021.中国人口质量的时序变化和地区异质性分析[J].统计与决策,37(3):76-80.

曹鑫,2020.江苏全省设区市生态文明建设评价及路径探究[D].南京:南京大学.

陈楚九,2019.种好新时期的"碧螺春":关于苏州高起点接轨上海的若干思考[J].苏州科技大学学报(社会科学版),36(2):29-31.

陈峰燕,2021.打造美丽江苏南通样板研究[J].商业经济(9):24-25.

陈娟,2021.高起点建设美丽江苏[J].唯实(2):69-71.

陈胜东,周丙娟,2020.生态移民政策实施农户满意度及其影响因素分析:以赣南原中央苏区为例[J].农林经济管理学报,19(5):602-610.

陈诗一,陈登科,2018.雾霾污染、政府治理与经济高质量发展[J].经济研究,53(2):20-34.

陈涛,牛帅,2020.基于社会治理视角的美丽江苏建设[J].唯实(10):75-77.

陈小卉,胡剑双,2019.新中国成立以来江苏城镇化和城乡规划的回顾与展望[J].规划师,35(19):25-31.

陈永辉,2013."美丽中国"视域下民族传统体育生态文明与建设研究[J].武汉体育学院学报,47(9):41-45,49.

陈瑜鑫,刘惠篮,2021.我国城市建设水平研究[J].重庆工商大学学报(自然科学版),38(4):111-117.

程海燕,程宇,2012.基于Sims-VAR模型的产业结构与金融发展互动研究[J].求索(7):26-28.

程清平,钟方雷,左小安,等,2020.美丽中国与联合国可持续发展目标(SDGs)结合的黑河流域水资源承载力评价[J].中国沙漠,40(1):204-214.

仇方道,沈正平,张纯敏,2014.产业生态化导向下江苏省工业环境绩效比较[J].经济地理,34(3):162-169.

储红琴,2020.用生态建构思维推进新时代企业生态文明建设[J].南京林业大学学报(人文社会科学版),20(5):10-19.

褚敏,靳涛,2013.为什么中国产业结构升级步履迟缓:基于地方政府行为与国有企业垄断双重影响的探究[J].财贸经济,34(3):112-122.

邓锴,杨茗涵,孔荣,2020.西部地区农民工的增收潜力与创业意愿:来自陕西和甘肃的调研数据[J].财经问题研究(8):84-91.

翟坤周,2016.经济绿色治理:框架、载体及实施路径[J].福建论坛(人文社会科学版)

(9):191-197.

段晨,2021.习近平生态文明思想的逻辑构建、理论创新与时代价值[J].中国经贸导刊(中)(9):70-72.

方创琳,王振波,刘海猛,2019.美丽中国建设的理论基础与评估方案探索[J].地理学报,74(4):619-632.

方世南,2013.深刻认识生态文明建设在五位一体总体布局中的重要地位[J].学习论坛,29(1):47-50.

傅利平,李永辉,2014.地方政府官员晋升竞争、个人特征与区域产业结构升级:基于我国地级市面板数据的实证分析[J].经济体制改革(3):58-62.

盖美,王秀琪,2021.美丽中国建设时空演变及耦合研究[J].生态学报,41(8):2931-2943.

甘露,蔡尚伟,程励,2013."美丽中国"视野下的中国城市建设水平评价:基于省会和副省级城市的比较研究[J].思想战线,39(4):143-148.

干春晖,郑若谷,余典范,2011.中国产业结构变迁对经济增长和波动的影响[J].经济研究,46(5):4-16,31.

高峰,赵雪雁,宋晓谕,等,2019.面向SDGs的美丽中国内涵与评价指标体系[J].地球科学进展,34(3):295-305.

高卿,骆华松,王振波,等,2019.美丽中国的研究进展及展望[J].地理科学进展,38(7):1021-1033.

葛继红,2011.江苏省农业面源污染及治理的经济学研究[D].南京:南京农业大学.

葛全胜,方创琳,江东,2020.美丽中国建设的地理学使命与人地系统耦合路径[J].地理学报,75(6):1109-1119.

耿露,2016.生态文明建设的协同治理研究[D].苏州:苏州大学.

龚利,叶爱山,2022.新型城镇化视角下化解产能过剩的路径研究[J].西部学刊(9):168-171.

龚正,2014.深入推进美丽杭州建设实践 加快建设美丽中国先行区[J].杭州(周刊)(6):8-11.

谷树忠,胡咏君,周洪,2013.生态文明建设的科学内涵与基本路径[J].资源科学,35(1):2-13.

关海庭,王海欣,宋鑫,2003.高起点不间断地推进人文社会科学教学改革[J].中国高等教育(15):10-13.

郭海红,刘新民,刘录敬,2020.中国城乡融合发展的区域差距及动态演化[J].经济问题探索(10):1-14.

郭珉媛,2010.生态政府:生态社会建设中政府改革的新向度[J].湖北社会科学(10):45-47.

郭显光,1994.熵值法及其在综合评价中的应用[J].财贸研究(6):56-60.

国家发改委,2020.发布《2020年新型城镇化建设和城乡融合发展重点任务》[J].城乡建设(8):4.

何立峰,2017.高起点高标准推进河北雄安新区规划建设——新华社记者专访国家发展改革委主任何立峰[J].中国经贸导刊(12):4-5.

洪大用,范叶超,肖晨阳,2014.检验环境关心量表的中国版(CNEP):基于CGSS2010数据的再分析[J].社会学研究,29(4):49-72,243.

胡乙,2020.多元共治环境治理体系下公众参与权研究[D].长春:吉林大学.

胡宗义,赵丽可,刘亦文,2014."美丽中国"评价指标体系的构建与实证[J].统计与决策(9):4-7.

黄宝连,2016.高起点推进杭州国际化大都市建设[J].浙江经济(5):23-25.

黄娟,詹必万,2012.生态文明视角下我国社会建设思考[J].毛泽东思想研究,29(5):92-96.

黄蕾蕾,2019.习近平"美丽中国"建设理念研究[D].广州:华南理工大学.

黄勤,曾元,江琴,2015.中国推进生态文明建设的研究进展[J].中国人口·资源与环境,25(2):111-120.

黄群慧,倪红福,2021.中国经济国内国际双循环的测度分析:兼论新发展格局的本质特征[J].管理世界,37(12):40-58.

黄群慧,2021."双循环"新发展格局:深刻内涵、时代背景与形成建议[J].北京工业大学学报(社会科学版),21(1):9-16.

黄贤金,曹晨,2020.美丽省域:内涵、特征及建设路径[J].现代经济探讨(10):1-6.

黄贤金,2018.美丽中国与国土空间用途管制[J].中国地质大学学报(社会科学版),18(6):1-7.

黄滢,刘庆,王敏,2016.地方政府的环境治理决策:基于SO_2减排的面板数据分析[J].世界经济(12):166-188.

霍艳丽,刘彤,2011.生态经济建设:我国实现绿色发展的路径选择[J].企业经济,30(10):63-66.

季元祖,2015.瞄准林业发展需求,高起点谋划发展目标,甘肃省稳步推进林业标准化建设[J].甘肃林业(6):15-17.

江帆,2019.持之以恒建设美丽浙江[N].浙江日报,05-14(2版).

江苏省交通厅通信信息中心,2016.实现交通智能化需加强政企合作[J].唯实(2):51-53.

江苏省政府,2013.省政府关于印发江苏省生态文明建设规划(2013-2022)的通知[J].江苏省人民政府公报(19):16-57.

姜欢,2019.中国国家中心城市宜居性评价体系构建与测度研究[D].西安:陕西师范大学.

姜楠,2019.环境处罚能够威慑并整治企业违规行为吗?基于国家重点监控企业的分析[J].经济与管理研究(7):102-115.

蒋微,占丽,沈洁,2021."在线城镇化"对江苏城乡关系的影响:城乡在线融合[J].现代商业

(24):95-97.

焦晓东,2021.弘扬特色生态文化 助力生态文明建设[N].中国经济时报,08-19(4版).

金碧华,杨佳楠,2020.环保社会组织在美丽中国建设中的实现路径[J].中国集体经济(14):29-31.

金瑶梅,2018.论美丽中国的五重维度[J].思想理论教育(7):41-45.

康宗基,2015.生态文明视域下中国环保社会组织的发展[J].大连海事大学学报(社会科学版),14(5):50-54.

蓝庆新,陈超凡,2013.新型城镇化推动产业结构升级了吗?[J].当代社科视野(12):26-26.

李芬,甄霖,黄河清,等,2009.土地利用功能变化与利益相关者受偿意愿及经济补偿研究:以鄱阳湖生态脆弱区为例[J].资源科学,31(4):580-589.

李逢春,2012.对外直接投资的母国产业升级效应:来自中国省际面板的实证研究[J].国际贸易问题(6):124-134.

李宏伟,2018.建设美丽中国的四个维度[J].紫光阁(1):51-52.

李洪亚,2016.产业结构变迁与中国OFDI:2003—2014年[J].数量经济技术经济研究,33(10):76-93.

李琴,2018.中国生态福利绩效的时空演化及其收敛性:基于自然断点法与空间收敛模型[C]//中国生态经济学学会、中国社会科学院农村发展研究所.生态经济与健康中国:中国生态经济学学会2018年学术年会摘要集.北京:中国生态经济学学会:36.

李双杰,范超,2009.随机前沿分析与数据包络分析方法的评析与比较[J].统计与决策(7):25-28.

李曦辉,弋生辉,黄基鑫,2021.构建"双循环"新发展格局:中国经济发展新战略[J].经济管理,43(7):5-24.

李翔,邓峰,2018.科技创新与产业结构优化的经济增长效应研究:基于动态空间面板模型的实证分析[J].经济问题探索(6):144-154.

李晓愚,袁光锋,2021.新媒介环境下的跨文化传播:以讲述"美丽江苏"故事为例[J].传媒观察(1):12-20.

李正华,2020.党的十八大以来改革开放的重要特征[J].马克思主义研究(1):33-42,163.

李宗尧,2018.创新思维方式 建设美丽江苏[J].群众(3):62-63.

林珊珊,陈清,2021.长江经济带绿色发展的效率评估与提升路径[J].科技与管理,23(2):63-69.

林毅夫,2013.新结构经济学的理论框架研究[J].现代产业经济(S1):18-23.

林毅夫,2011.新结构经济学:重构发展经济学的框架[J].经济学(季刊),10(1):1-32.

刘冬梅,尹贵斌,2019.浅谈新时代美丽中国建设的内涵、路径及意义[J].改革与开放(24):

1-3.

刘峰,2017.推进"美丽湖南"建设机制创新研究[J].湖南社会科学(3):72-78.

刘华兴,曹现强,2019.供给侧改革背景下城市居民生活满意度及影响因素分析:基于山东省公共服务满意度的实证研究[J].东岳论丛,40(11):174-182.

刘炯,2015.生态转移支付对地方政府环境治理的激励效应:基于东部六省46个地级市的经验证据[J].财经研究,41(2):54-65.

刘军英,2020.我国城市绿色经济发展指数测度研究:兼析绿色经济发展的差异化及空间溢出效应[J].价格理论与实践(5):73-77.

刘峻源,成长春,2021.打造美丽江苏重要示范区[J].唯实(1):32-34.

刘某承,苏宁,伦飞,等,2014.区域生态文明建设水平综合评估指标[J].生态学报,34(1):97-104.

刘庆云,2018."一带一路"倡议下美丽中国建设的实践意蕴[J].新西部(33):47-48.

刘胜,顾乃华,2015.行政垄断、生产性服务业集聚与城市工业污染:来自260个地级及以上城市的经验证据[J].财经研究,41(11):95-107.

刘伟,唐培涛,陈燕,等,2019.绿色城镇化多维度响应实证分析:以江西省为例[J].萍乡学院学报,36(1):11-16,21.

刘伟,张辉,黄泽华,2008.中国产业结构高度与工业化进程和地区差异的考察[J].经济学动态(11):4-8.

刘伟杰,师海娟,2019.公众参与生态文明建设路径探赜[J].生态经济,35(11):217-221.

刘玮换,2020.绿色发展视域下美丽中国建设研究[J].大连干部学刊,36(3):12-17.

刘小青,2012.公众对环境治理主体选择偏好的代际差异:基于两项跨度十年调查数据的实证研究[J].中国地质大学学报:社会科学版(1):60-66.

刘云,2019.高起点规划,实现城乡发展完美对接[J].农村·农业·农民(A版)(12):19-20.

刘志彪,2013.深化产业结构调整 打造江苏经济升级版[J].群众(8):57-58.

龙开胜,王雨蓉,赵亚莉,等,2015.长三角地区生态补偿利益相关者及其行为响应[J].中国人口·资源与环境,25(8):43-49.

娄勤俭,2020.高起点推进美丽江苏建设 打造美丽中国的现实样板[J].群众(15):4-5.

卢爱桐,2018.江苏省工业COD排放与经济发展关系及影响因素分解研究[D].南京:南京大学.

卢春天,洪大用,成功,2014.对城市居民评价政府环保工作的综合分析:基于CGSS2003和CGSS2010数据[J].理论探索(2):95-100.

鲁钊阳,李树,2015.农村正规与非正规金融发展对区域产业结构升级的影响[J].财经研究,41(9):53-64.

陆树程,李佳娟,2018.试析习近平美丽中国思想的提出语境、主要内容和基本要求[J].思想理论教育导刊(9):29-34.

路甬祥,2014.清洁、可再生能源利用的回顾与展望[J].科技导报,32(Z2):15-26.

罗斯托,1988.从起飞进入持续增长的经济学[M].贺力平译.成都:四川人民出版社.

罗斯托,1985.经济成长的阶段[M].郭熙保译.北京:商务印书馆.

吕永刚,2020.构建绿色产业体系 夯实美丽江苏根基[J].群众(17):8-9.

马延吉,王宗明,王江浩,等,2020.典型区"美丽中国"全景评价指标体系构建思路[J].遥感技术与应用,35(2):287-294.

马莹,2010.基于利益相关者视角的政府主导型流域生态补偿制度研究[J].经济体制改革(5):52-56.

聂辉华,2020.从政企合谋到政企合作:一个初步的动态政企关系分析框架[J].学术月刊,52(6):44-56.

牛月,甄峰,孔宇,2022.美丽城市建设规划编制思路与连云港实践[J].规划师,38(4):92-100.

潘苏楠,李北伟,聂洪光,2019.科技创新与美丽中国建设的协调发展:基于系统耦合视角[J].技术经济,38(3):60-66.

潘文卿,陈水源,1994.产业结构高度化与合理化水平的定量测算:兼评甘肃产业结构优化程度[J].开发研究(1):42-44.

庞立昕,崔三常,2018.新时代中国特色社会主义背景下的美丽价值观内涵基础[J].未来与发展,42(11):25-29.

裴长洪,刘洪愧,2020.中国外贸高质量发展:基于习近平百年大变局重要论断的思考[J].经济研究,55(5):4-20.

彭海珍,任荣明,2003.环境政策工具与企业竞争优势[J].中国工业经济(7):75-82.

彭芸蕾,2014.产业结构高度化测度方法的文献综述[J].商(6):214.

钱力,张轲,2021.长三角地区城乡融合发展水平评价与空间演变分析[J].中国石油大学学报(社会科学版),37(4):31-39.

乔永平,吴宁子,2019.镇江生态文明建设协同治理的实践探索[J].中国林业经济(5):128-133.

秦书生,张泓,2014.公众参与生态文明建设探析[J].中州学刊(4):86-90.

秦书生,2018.习近平关于建设美丽中国的理论阐释与实践要求[J].党的文献(5):28-35.

任致远,2021.新时代宜居城市思考[J].中国名城,35(3):1-5.

厦门市经济社会发展战略研究办公室,厦门市计划委员会,1989.1985年—2000年厦门经济社会发展战略[M].厦门:鹭江出版社.

尚虎平,孙静,2020.失灵与矫治:我国政府绩效"第三方"评估的效能评估[J].学术研究(7):50

-58,177.

邵光学,2019.系统把握中国生态文明建设的贡献[J].系统科学学报,27(4):70-76.

沈坤荣,金刚,2018.中国地方政府环境治理的政策效应:基于"河长制"演进的研究[J].中国社会科学,269(5):92-115.

沈明,丁云生,段洪涛,2020.基于地球大数据的"美丽湖泊"SDG 6.3.2综合评价体系构建[J].遥感技术与应用,35(2):295-301.

石贵琴,唐志强,2014.基于熵权法的张掖市生态城市建设评价[J].河西学院学报,30(5):1-9.

时朋飞,熊元斌,邓志伟,等,2017.长江经济带"美丽中国"建设水平动态研究:基于生态位理论视角[J].资源开发与市场,33(11):1317-1323,1395.

史方圆,2019.中国省域生态环境竞争力比较研究[D].福建师范大学.

史欢欢,林影,陈俊梁,2020.新型城镇化发展质量综合评价研究:以江苏13市为例[J].农业经济(9):72-74.

孙大鹏,孙治一,于滨铜,等,2022.非农就业提高农村居民幸福感了吗?[J].南方经济(3):17-36.

孙静茹,2018.践行生态文明观,实现绿色发展[J].人民论坛(16):150-151.

孙林,康晓梅,2014.生态文明建设与经济发展:冲突、协调与融合[J].生态经济,30(10):132-134.

唐鸣,杨美勤,2017.习近平生态文明制度建设思想:逻辑蕴含、内在特质与实践向度[J].当代世界与社会主义(4):76-84.

唐正东,2016.关于大力推进生态文明与美丽江苏建设的几点思考[J].常熟理工学院学报,30(1):72-77.

滕敏敏,韩传峰,2014.区域环境治理的企业参与机制研究[J].上海管理科学,36(2):6-8.

童纪新,曹曦文,2020.江苏省水污染、环境规制与高质量经济发展[J].水利经济,38(3):7-12.

童健,刘伟,薛景,2016.环境规制、要素投入结构与工业行业转型升级[J].经济研究,51(7):43-57.

汪功平,吴学兵,冯倩倩,2020.习近平新时代以人民为中心的生态文明思想初探[J].佳木斯大学社会科学学报,38(1):1-4,8.

汪侠,徐晓红,2020.长江经济带经济高质量发展的时空演变与区域差距[J].经济地理,40(3):5-15.

王凤,2008.政府、企业与公众环保行为博弈分析[J].经济问题(6):20-22.

王冠军,2019.完善我国生态文明建设的公众参与路径研究[J].华北水利水电大学学报(社会科学版),35(5):98-102.

王巧林,2016.美丽城市的建设:内涵、评价与对策[D].广州:华南理工大学.

王士兰,庞乾奎,2000.对浙江省沿海城镇规划"高起点"问题的探讨:以台州市路桥区为例[J].城市规划汇刊(3):73-75,80.

王首然,祝福恩,2021.美丽中国建设合力系统研究[J].哈尔滨工业大学学报(社会科学版),23(1):131-136.

王天琦,2021.夯实美丽江苏建设的生态环境基础[J].唯实(6):16-18.

王文举,姚益家,2021.北京经济高质量发展指标体系及测度研究[J].经济与管理研究,42(6):15-25.

王右文,张艳,2020.农村家庭教育消费满意度研究:基于辽宁省农户调研数据[J].农业技术经济(4):117-126.

王雨辰,2021.高质量发展与美丽中国建设的理论特质及当代价值[J].思想理论教育导刊(5):55-61.

王允端,2018."一带一路"背景下西北地区生态文明建设的困境和破解[J].开发研究(4):27-32.

王振波,梁龙武,林雄斌,等,2017.京津冀城市群空气污染的模式总结与治理效果评估[J].环境科学,38(10):4005-4014.

吴江,2021.高起点打造美丽中国建设的江苏样板[J].群众(20):6-7.

吴瑾菁,祝黄河,2013."五位一体"视域下的生态文明建设[J].马克思主义与现实(1):157-162.

吴媚霞,2018.新时代背景下美丽中国建设研究[J].湘南学院学报,39(6):20-23.

吴爽雨,2020.以党的政治建设为统领建设美丽中国[J].产业与科技论坛,19(5):5-6.

吴文春,2014.美丽中国建设的实证分析:以龙岩市为例[J].唐山师范学院学报,36(6):110-114.

吴艳霞,罗恒,梁志康,2020.长江经济带生态安全测度研究[J].生态学报,40(19):6761-6775.

武翠,谭清美,王磊,2021.要素市场扭曲对中国产业结构升级效率的影响:企业家精神的中介效应[J].科技进步与对策,38(6):48-54.

习近平,2019.推动我国生态文明建设迈上新台阶[J].求是(3):4-19.

夏春萍,2010.工业化、城镇化与农业现代化的互动关系研究[J].统计与决策(10):125-127.

夏美武,2014.当代中国政治生态建设研究[D].苏州:苏州大学.

夏雨欣,王紫凤,李晶,等,2021.中国公共卫生治理体系变革与治理效能提升研究[J].经济管理文摘(15):175-176.

向云波,谢炳庚,2015."美丽中国"区域建设评价指标体系设计[J].统计与决策(5):51-55.

肖建华,2020.省际环境污染联防联控治理的空间逻辑[J].探索(5):41-51.

谢炳庚,向云波,2017.美丽中国建设水平评价指标体系构建与应用[J].经济地理,37

(4):15-20.

谢海燕,2020.绿色发展下循环经济的现状及方向[J].宏观经济管理(1):14-21.

谢花林,2020.公众参与生态文明建设行为的驱动因素与作用路径分析[J].老区建设(10):56-65.

谢兆霞,2021.产业互联网发展形势下江苏制造业转型升级研究[J].江苏科技信息,38(23):8-10.

新华社,2014.国家新型城镇化规划(2014—2020年)[J].农村工作通讯(6):32-48.

熊万,高凯,汪泓,等,2020.长三角地区高技术产业集聚的环境污染效应[J].生态经济,36(10):173-178.

徐伟,王媛,2018.我国东西部城市群绿色发展竞争力评价研究[J].经济界(5):41-46.

徐盈之,高嘉颖,2016.基于源头控制视角的长三角环境污染治理研究[J].中国科技论坛(10):90-95.

徐盈之,张瑞婕,孙文远,2021.绿色技术创新、要素市场扭曲与产业结构升级[J].研究与发展管理,33(6):75-86.

许敬轩,张明,徐玲,2019.中国式政府竞争、地方环境治理与企业避税[J].河北经贸大学学报(1):60-67.

严宇珺,严运楼,2021.江浙沪地区城市绿色发展竞争力评价指标体系设计与实证研究[J].生态经济,37(8):49-54.

杨凤华,2018.以系统化思维高质量推进江苏全面深化改革[J].南京邮电大学学报(社会科学版),20(4):16-24.

杨景良,2020.美丽中国建设内涵意蕴的多维解读[J].现代交际(1):238-239.

杨立华,刘宏福,2014.绿色治理:建设美丽中国的必由之路[J].中国行政管理(11):6-12.

于立,王艺然,2021.乡村振兴背景下我国乡村中产化的实施路径探讨[J].经济地理,41(2):167-173,193.

于善波,李菲菲,2015.区域生态环境协同治理与美丽中国建设研究[J].企业技术开发,34(12):69-70.

余泳泽,尹立平,2022.中国式环境规制政策演进及其经济效应:综述与展望[J].改革(3):114-130.

郁红,2020.优化财政政策建设美丽江苏[J].唯实(12):68-70.

原毅军,谢荣辉,2014.环境规制的产业结构调整效应研究:基于中国省际面板数据的实证检验[J].中国工业经济(8):57-69.

岳书敬,高鹏,2020.以绿色创新走出生态优先绿色发展新路子[J].群众(24):21-22.

张劲松,2020.推动河长制高质量发展 写好美丽江苏水韵文章[J].中国水利(20):6-11.

张莉,周年兴,2016.江苏省城镇化水平与生态效率相互关系的实证研究[J].资源开发与市场,32(10):1155-1160.

张嫚,2006.环境规制约束下的企业行为[M].北京:经济科学出版社.

张士霞,2020.开展全民绿色行动 推进美丽中国建设[J].环境保护,48(5):52-55.

张伟,闫海,胡剑双,等,2021.新时代省域尺度城乡融合发展路径思考:基于江苏实践案例分析[J].城市规划,45(12):17-26.

张滢,2019.让环保税助力美丽江苏建设[J].群众(7):59-60.

张运书,曾德凤,刘雅庆,2019.基于变异系数法的长江经济带绿色治理能力综合评价[J].山西师范大学学报(自然科学版),33(4):56-60.

赵玉民,朱方明,贺立龙,2009.环境规制的界定、分类与演进研究[J].中国人口·资源与环境,19(6):85-90.

郑楠,2014.江苏省新型城镇化发展与农民收入关系的实证分析[D].上海:上海师范大学.

中共江苏省委省政府,2011.中共江苏省委江苏省人民政府印发《关于推进生态文明建设工程的行动计划》的通知,苏发〔2011〕26号[J].江苏省人民政府公报(25):5-14.

中共江苏省委省政府,2020.关于深入推进美丽江苏建设的意见[N].新华日报,08-13.

中共中央国务院,2018.中共中央 国务院关于全面加强生态环境保护 坚决打好污染防治攻坚战的意见[Z].中华人民共和国国务院公报(19):7-16.

中共中央国务院,2020.中共中央办公厅 国务院办公厅印发《关于构建现代环境治理体系的指导意见》[Z].中华人民共和国国务院公报(8):11-14.

中央党校采访实录编辑室,2017.习近平的七年知青岁月[M].北京:中共中央党校出版社.

周昌林,魏建良,2007.产业结构水平测度模型与实证分析:以上海、深圳、宁波为例[J].上海经济研究(6):15-21.

周凯,2020.乡村振兴背景下江苏省美丽乡村建设存在的问题及对策[J].乡村科技,11(36):40-41.

周岚,施嘉泓,丁志刚,2020.新时代城市治理的实践路径探索:以江苏"美丽宜居城市建设试点"为例[J].城市发展研究,27(2):1-7,15.

周亮,车磊,周成虎,2019.中国城市绿色发展效率时空演变特征及影响因素[J].地理学报,74(10):2027-2044.

朱喜安,魏国栋,2015.熵值法中无量纲化方法优良标准的探讨[J].统计与决策(2):12-15.

朱喜群,2017.生态治理的多元协同:太湖流域个案[J].改革(2):96-107.

朱亚平,2015.高起点上新发展机遇与挑战并存:2015年上半年渔业经济形势分析[J].中国水产(8):8-9.

宗雪,2017.内外资对江苏省大气污染影响的比较分析:基于工业二氧化硫排放的实证分析

[D].南京:南京财经大学.

邹博清,2018.绿色发展、生态经济、低碳经济、循环经济关系探究[J].当代经济(23):88-91.

《梁家河》编写组,2018.梁家河[M].西安:陕西人民出版社.

后　记

本书是在本人主持的江苏省重大项目"高起点推进美丽江苏建设关键问题研究"(21ZD005)最终成果的基础上形成的。在书稿即将付梓之际，首先感谢江苏省哲学社会科学工作办公室的资助，在该课题的资助下才有此专著的问世，同时也促使我发表了11篇CSSCI论文和SSCI/SCI论文，形成了一批较有影响力的研究成果。

在本书的写作过程中，参阅了大量的国内外文献，以尽可能地追踪学术前沿，这些前期成果对本书的写作具有重要的启迪作用，在此深表感谢。尽管作者对本书力求完善，但由于知识修养和学术水平有限，书中难免存在缺陷或错误，恳请学界同仁和读者批评指正。

感谢我的学生们，本书也是我的博士研究生范小敏、史修艺、董碧滢、李玥和硕士研究生沈勇、朱晓妍共同努力的成果。和这些思维敏捷、充满朝气的学生相伴成长，使我每天都过得异常充实，有你们真幸福……

感谢我的同事们，特别要感谢我的老领导徐康宁院长多年来对我学术和生活上的关心与帮助，让我铭记在心，终身难忘。正是他们一直以来对我的鼓励和支持，才使我一直追踪着学术前沿，在学术道路上不断进步。

感谢国家留学基金项目(202106095003)的资助，使我能够有机会到日本著名学府东京大学进行为期半年的学术交流，获得宝贵的充电机会。同时也要感谢东京大学技术经营战略学专攻西野成昭教授的热情接待，无私提供给我很多的学习机会。东京大学先进的软硬件条件、浓厚的科研氛围和丰富的科研资源也使我受益匪浅。

感谢江苏高校优势学科建设工程经费的资助，同时感谢东南大学出版社编辑刘庆楚老师的辛勤付出，本书才能顺利地与读者见面。

感谢我的家人对我一直以来的大力支持和呵护，使我可以心无旁骛地从事自己热爱的学术研究。

感恩生活中的一草一木、一粥一饭。

感恩家人、爱人、朋友的扶持和帮助。

愿我们都奔走在自己的热爱里,活成自己喜欢的样子……

徐盈之

2022 年初夏之际于东京大学